日本史籍協會編

伊達宗城在京日記

東京大學出版會發行

伊達宗城在京日記

緒言

一本書は前伊豫宇和島藩主伊達宗城が文久元治慶應の交勅を奉じて上京せる時の日記なり侯爵伊達宗陳氏の祕藏に係る今同家の承諾を得て印刷に附したり

一宗城の事歴は伊達家の家譜に據りて別に記載せり宗城英邁にして夙に賢諸侯の譽あり嘉永以來島津齊彬松平慶永等と共に國事に奔走せしが安政五年幕府の忌憚に觸れ自ら請うて退隱し家を嗣子宗德に讓る文久以後世態漸く一變するに及び朝廷の召に應じて上京する事前

後四回朝廷と幕府との間に立ちて周旋盡力の功頗る多く島津久光山內豐信松平慶永と名聲を等くし世に四藩の稱あり其出所進退は直ちに時局に影響せるのみならず常に公武の政事に參預せるが故に本書記載する所の事實概ね機密に渉り且一家の私事を交へざるを以て全編の文字悉く皆貴重の好史料たり就中公武合體派と討幕派との軋轢、幕府と雄藩との乖離、長州處分、兵庫開港、王政復古、鳥羽伏見の變の如きは著者が直接關係せる大事件にして能く其委曲を詳悉したれば之によりてはじめて事の眞相を闡明すべきもの多し

一本書凡て七卷あり、第一卷は「奉蒙御內勅上京始末密誌」と

題し文久二年十月上京の勅命を蒙りしより同三年二月十四日に至り、第二巻は「依御内勅在京日誌」と題し同三年二月十五日より六月の歸國に至り、第三巻は「文久三癸亥初冬依勅命上京前後手留」と題し同年八月上京の勅命を蒙りしより元治元年正月十四日に至り、第四巻は「文久四甲子在京日錄」と題し同年正月十五日より三月晦日に至り、第五巻は「元治元甲子四月朔日ゟ在京日錄」と題し同年四月朔日より五月朔日に至り、第六巻は「慶應二丙寅九月七日上京勅命ヨリ手留」と題し同年九月上京の勅命を蒙りしより同三年八月の歸國に至り、第七巻は「慶應三丁卯臘月再度上京日錄」と題し同年十月上京の勅命を蒙りしより明治元年二月十一日に至る以上諸巻の内第一第三第四第五第七の五巻は宗城の自筆に係る第六巻は伊達家に其自筆を傳へずたゞ寫本を藏するのみ又第二巻は早く散逸して同家に存せざるが故に今傳寫の一本を以て之を補へり

一原書は匆卒の筆に成りたれば擡頭平出闕字等體裁一様ならず脱字誤字亦尠なからざれども皆舊に從ひて改めず校者の按文を附したり按文には◎符を加へて之を本文と區別す原書又行首に朱圏墨圏を施したる所多し今朱圏には⭘符墨圏には○符を用ゐたり

一終りに濫み侯爵伊達宗陳氏が貴重なる原書の謄寫を許

し且會員に頒布するを許されたる好意を感謝す

大正五年四月

日本史籍協會

宇和島 伊達家家譜

従二位宗城ハ山口相摸守直勝第二子文政元年戊寅八月朔日江戸ニ生ル小字知次郎同十一年戊子九月五日家臣伊達壽光養テ子トス同十二年己丑四月十三日宗紀立テ世子トス天保五年甲午十一月朔日始テ大將軍家齊公ニ謁ス同十二月十六日従四位下ニ敍シ大膳太夫ニ任ス同八年丁酉二月廿五日父宗紀第三子宗徳ヲ養ヒ世子トス弘化元年甲辰七月十六日封ヲ襲キ遠江守任セラル同三年丙午十二月十六日侍従ニ任ス守故ノ如シ安政五年戊午十一月廿三日仕ヘヲ致シ同廿五日伊豫守ニ任セラル文久二年壬戌十月廿五日關白近衛忠熈内　勅ヲ傳ヘ積年國ノタメ憂慮ノ忠ヲ賞シ且入京ヲ命セラル同十二月十八日上洛ス同十九日傳奏　勅ヲ傳ヘ入京ノ速ナルヲ賞セラル同三年癸亥正月三日初テ　龍顔ヲ拜シ奉リ　天盃ヲ下賜フ同二月十二日幕府ヨリ大政參謀ヲ命セラル固ク辭ス聽サレズ同三月四日大將軍家

茂公ニ謁ス慰諭甚タ篤シ同廿四日攘夷ノ議決定スルヲ以テ邑ニ就クヲ請
ヒ允サレ同廿五日參謀ヲ辭シ同廿七日京師發途同十一月三日再ヒ　詔ヲ
奉シ京師ニ入ル同十二月晦日大政參預ヲ命セラル元治元年甲子正月十六
日幕政ニ參謀ス同四月十日宗城去冬上京長々滯京公武之間ニ立入御一和
之筋盡力拔群周旋苦勞　思召之間被賞之左近衞權少將ニ任セラル守故ノ
如シ同十一日願ニ依リ御暇下シ賜ヒ京地發途同十八日大將軍家茂公亦勤
勞ヲ嘉シ奏シ從四位上ニ敍セラル慶應二丙寅年九月從　朝廷德川中納言
言上之趣モ在之諸藩衆議可被聞食候間速ニ上京致シ決議之趣者中納言ヲ
以テ可有　奏聞旨蒙　御沙汰慶應三丁卯四月十日出立同十五日着京同八
月六日兵庫開港長防御所置事件ニ付島津中將並宗城ヨリ末書之通奉伺ス
先般兵庫開港御差許相成候就御達振事實顚倒仕候樣猶又奉伺候趣御座候
處兩事件銘々見込遲速之異同ハ有之候得共大樹並大藏大輔伊豫守等參
內之上寬開之歸着者同樣ニ付御取捨之上被　仰出候云々御達之御書面奉

拜見候防長之儀者大膳父子官位復舊平常之御沙汰ニ被爲及幕府反正之實
跡顯然タル上ハ天下人心安堵仕國内一定之基本モ可相居筋ニ御座候得ハ
第二外夷之事ニ及兵庫開港時務相當之御所置相成候而順序可相適ト之鄙
見御座候得ハ固ヨリ寛開之歸着者同樣ニ而更ニ異儀無御座候得共順序遲
速之異同ハ瞭然相顯候儀ニ御座候處其段者趣意徹底被爲　聞召置候由難
有奉存候就而者當節上京之四藩モ同樣申上候間誠ニ不被爲得止　御差許
相成候廉ニ可有御座哉御取捨之上公裁之御旨趣一圓安堵難仕當惑之至御
座候其節之模樣大樹へ可承合　御沙汰ニハ候得共不容易　朝議樞機筋違
へ可承合道理無御座再應　聖論之趣者奉恐入候得共前文之次第柄ニテハ
御請可奉申上條理辨別難仕候ニ付不顧多罪奉伺候處誠ニ不被爲得止　御
差許ニ相成候儀ハ開港ノ歸着ハ同論候間　先帝既ニ被爲止置候得共時勢
誠ニ不被爲得止御差許ニ相成候儀ニテ四藩言上ノ順序遲速ノ場合ニテハ
無之歸着一理之儀ニテ諸藩四藩同樣申上候トノ　御沙汰ニ候大樹へ可承

受　御沙汰之儀大樹參　內ニ有之候間始末承知之儀故模樣柄ヲ可承樣ノ
儀ノ旨御演說書被相下同十七日依願國元ヘノ御暇ヲ賜リ參　內仕候處奉
拜　龍顏裡付御狩衣夏御扇子下シ賜フ同廿三日歸藩同十二月廿三日復
勅ヲ奉シ上京同廿八日議定ニ任セラル明治元年戊辰正月三日昨今不容易
形勢ニ押移リ候ニ付而者多年勤王之旨趣愈勉勵　禁闕警衛可仕旨並公卿
御門邊人數少ニ付人數差出候樣　御沙汰ニ依リ人數差出同日軍事參謀ニ
任ス同八日願ニヨリ軍事參謀ヲ免セラレ同九日議定職更ニ被　仰付同日
德川御追討ニ付錦御旗二本公卿御門ヘ被爲建候ニ付御守衛被　仰付同十
二日此度外國掛被　仰付同日國家多難之砌度々登京周旋盡力遂ニ　王道
ヲシテ前古ニ復セシメ候段　叡感不斜愈以忠志ヲ勵ミ　皇室ノ維域タル
ヘキ旨　御沙汰成下サル同廿二日大坂鎭臺外國事務兼職ニ被　仰付同廿
四日自今襪ヲ免セラル同日思召在之金一萬五千兩下シ賜フ同廿五日公卿
御門警衛並御旗御預之處宗城下坂ニ付願ニ依リ免セラレ公卿御門警衛並

御旗蜂須賀阿波守人數ヘ引渡ス同廿七日改大坂鎮臺爲同所裁判所副總督同二月二日大坂ヘ發途同六日備前藩士外國人ヲ及殺害候事件ニ付兵庫ヘ出張同十二日歸坂同十六日高知藩士堺ニテ佛國人ヲ及殺害候事件ニ付天保山沖碇泊佛艦ヘ罷越同十七日歸邸同廿四日高知藩士佛人ヲ及殺害事件ニ付山階宮佛艦ヘ御出宗城御附添罷越ス同三月十七日大坂裁判所副總督ヲ免セラレ外國事務兼職故ノ如シ同閏四月六日於　行在所　行在中議定職ニ付日々參　內盡力仕候段　御滿足被　思召旨ヲ以テ自　御手錦二卷御肴一臺下シ賜フ同五月四日是迄之職務被免外國知官事被　仰出同日御用多端ニ付當分之處當官ニ而議政官出仕議定同樣之心得ヲ以テ勤仕被　仰出同十日參議ニ任シ從三位ニ敍セラレ外國知官事故ノ如シ同十五日來ル廿一日可在賀茂下上社　行幸供奉之事被　仰出同八月廿八日東京　行幸供奉之事被　仰下同九月十四日春來勵勤格別之　思召ヲ以テ直衣ヲ聽サレ同廿日東京　行幸供奉トシテ京師發途同十月十三日東京ヘ着同廿日

權中納言ニ任シ從二位ニ敍セラレ同日議定被　仰付外國官知事兼勤同廿
四日此度氷川社へ　行幸之節供奉被　仰付同廿七日供奉ニテ發途廿九日
供奉ニテ歸着同十一月六日鹿毛西洋馬下シ賜フ同十一月十三日願ニ依リ
暫時歸省ノタメ宇和島へ發途同十二月十六日宇和島發途御用ニ付西京へ
暫ク滯在同二年己巳二月十一日歸京同三月三十日御紋散御短刀下シ賜フ
同五月十六日議定ヲ免セラル外國知官事是迄之通同六月廿六日是迄之職
務免セラル國事御諮詢ノタメ麝香間詰被　仰付同七月四日是迄之勤勞爲
御賞御直垂一領御馬一疋御鞍鐙下シ賜フ同六日英國王子渡來ニ付領客使
ニ任セラレ同十四日麝香間祗候同八月七日明八日濱殿　行幸供奉之事被
仰下同八月廿二日領客使ヲ免セラレ白羽重三疋蒔繪菊御紋付御硯箱下シ
賜フ同九月十四日民部卿兼大藏卿ニ任セラル同十月十九日積年力ヲ　皇
室ニ盡シ丁卯之冬大政復古ノ時ニ方リ速ニ上京今日之丕績ヲ助ケ候段
叡感不斜仍テ其功勞ヲ賞セラレ候趣ヲ以テ祿千五百石終身下シ賜フ同十

一月二日鐵路製造決定ニ付英國ヨリ金銀借入方條約取結之全權御委任被仰付同三年庚午七月十日本官ヲ免セラレ專ラ大藏卿ニ任セラル同四年辛未二月廿九日東京府貫屬タリ同四月廿八日欽差全權大臣トシテ條約取結ノタメ清國へ被差遣候段被　仰付同五月十五日於　御前拜領使清國欽差全權大臣御委任狀我國清國ト壤土隣ヲ爲ス宜親交往來スヘシ爰ニ爾宗城ヲ以テ欽差大臣ト爲シ清國ニ往キ隣好ヲ修メ條約ヲ訂メ委ヌルニ全權ヲ以シ便宜事ヲ行ハシム爾宗城其能兩國ノ好ヲ成シ以テ朕カ望ニ副ヘヨ同五月十七日清國へ發途同九月十九日歸　朝同廿七日本官ヲ免セラル麝香間詰是迄之通同五年壬申二月廿八日一昨廿六日邸類燒ニ付以　叡慮金百兩頂戴同五月廿七日魯西亞國親王渡來ニ付接待御用掛被　仰付同六月廿一日肥前長崎へ出張同十月十六日歸京同十一月五日魯國皇子接待御用相勤候ニ付白羽二重一疋御手焙一箱下シ賜同日　主上御寫眞拜領被　仰付明治六年癸酉三月廿三日宗城同席申合左之通願書外史中村弘毅へ差出臣

等切リニ海岳ノ　朝恩ヲ辱シ而シテ空手徒食毫モ國家ニ報スル所无シ實ニ恐悚ノ至ニ不堪窃ニ惟ルニ歐米諸洲今日文明強大ノ隆盛ヲ致所以者皆人民合心協力結社自國ノ大業ヲ興セリ臣等モ之ニ倣ヒ曩ニ英國龍動留學蜂須賀茂昭及至願候鐵道汽車ノ儀相談申越候通共同會議シ會社ヲ結立シ鐵路汽車ヲ興スコヲ希望ス仰願クハ臣等ノ素志ヲ遂シメ前件興立ノ儀御允許ヲ蒙リ候得ハ臣等隨テ廣ク同志ヲ募リ共ニ此擧ニ従事セシメ　皇國隆盛ノ萬分ヲ裨補センコヲ奉懇願候　同日宗城ヨリ建白左之通博物館ヲ設ケ世界ノ古器物ヲ陳列網羅シ人民ヲメ之ヲ縱觀考證セシメ時代ノ沿革ヲ知ラシメ發明諸課ノ原因ヲ得セシムルハ歐米各洲同一規ノ急務ナリ然ルニ今文部省中此設アリト雖モ其列品盡セリト云可ラス適々昨年町田久成等奉命大和近國社寺ヲ巡廻　勅封改緘古器物檢査ノ擧在リト雖モ未タ其物品ヲ保護スルノ順序相立タス遺憾ニ堪エス此際追々散亂スルモノ有ルヨシ頃日日本人新奇ヲ競フ風習ヨリ古代ノ事蹟ヲ考證スヘキ珍物寶器

漸々散逸シ十年ノ後ニハ盡ク外國人ノ有ニ屬スヘシト嘆息ノ由外國人自語就中梨子地漆器及金銀銅器等ハ潰滅スルカ或ハ外國人エ賣拂アリ速ニ保護ノ策ヲ爲サヽル可カラサル必（マヽ）セリ今之ヲ防カンニハ其策他ナシ政府之ヲ償ヒ保全スヘシ併シ又人民有志ノ社ヲ結ヒ官費ヲ助ル者ハ許スヘシ且三都府ニハ必館ノ設ケアランヿヲ希望ス人情日ニ浮薄ニ趣キ必一年ヲ期セスシテ其形跡モ窺ヿ能ハサル勢歎息ノ至速ニ至當ノ等級練熟ノ者ヲ撰テ派出シ畫工撮象工等ヲ付シ模形縁由ヲ記セシメ詳細ノ印本ヲ作リ人民ノ考證ニ供セン宜御評議相成度奉伏願候也

同年四月十二日　皇太后宮宗城住居へ入　御被成下同年十一月三日又
主上御寫眞拜領被　仰付同年十二月十九日　主上隅田川邊　行幸被爲在
宗城住居へ爲御小休臨　幸明治七年甲戌二月廿三日自　御手宸筆御詠拜
領同年三月三日　皇太后宮皇后宮御詠拜領被　仰付同年五月十五月　皇
太后宮皇后宮御寫眞拜領被仰付 ◎以上ハ伊達家ヨリ修史局ヘ提出ノ家譜ニ従ヒ以下ハ本會ニ於テ補フ

同十六年修史館副總裁ニ任セラレ同十九年麝香間祗候ヲ命セラル同二十二年勲一等ニ敍シ瑞寶章ヲ賜ヒ同二十三年旭日大綬章ヲ賜フ同二十五年二月特旨ヲ以テ從一位ニ敍セラル同月二十日薨ス享年七十六

伊達宗城在京日記目次

奉蒙御内勅上京始末密誌

（文久二年九月廿六日――同三年二月十四日）

依御内勅在京日誌

（文久三年二月十五日――五月二日）

文久三癸亥初冬依勅命上京前後手留

（文久三年八月晦日――元治元年正月十四日）

文久四甲子在京日録

（元治元年正月十五日――三月晦日）

目次終

奉蒙
御内勅上京始末密誌

文久二壬戌初冬
十九日ゟ起毫

薩藩

中川宮
伊丹藏人

長藩

因藩

土藩

細 ハン頭
仕江甚兵衛
宮部定藏

越藩
マヽ
平井平四郎

退

老ヽ施

正十二立
蒸キ東下

新納攝津
本多彌右衛門
藤井良節
高崎佐太郎
同　猪太郎
大久保市藏

直目
毛利登久
佐久間佐兵衛
佐々木男之
松崎彌八郎
前田孫右衛門
村田二郎三郎

安達清一郎
松本謙三郎

留
平井收次郎
探索方
武山吉平
マヽ
武士中平太
小原与一郎
乾作七
手島八助

一當秋　幕府大變革新政施行仍而諸大名參暇解緩三年目百日位詰方被
仰付候是救疲弊省冗費充軍備之深意ニ依之遠州より九月廿六日以　上
使御暇被下九月廿八日爲御禮登　營同月◎か十五日關東發程十九日宿伏見
驛
一金剛山隱居晦巖兼而清水眞一此時下阪金子孝太郎一旦歸國又上京中付船中之一同京
地爲觀密◎か察遣置候處本陣へ出直ニ見聞之次第入聽方今之形勢寄京無
之候而ハ唱義之浪士とも於途中相拒ミ寄　京義可申立も難量候故是非
々々一旦上京可然旨申出評議最中大原三位殿ゟ內使者ょて寄京無之而
ハ不都合ゐるへしと必添申來無止寄京と相決候由其內主意無之ニ付當
節柄故伺
天機と申所ニ相成候得とも服中故如何可有之哉と大原へも及相談候處右
ハ
關白殿へ得指圖候樣返答有之幸陽明家ハ不外事故右伺ニ眞一出京之都

〔付箋〕大原使結城一郞同伴久留米（マヽ）內周施方松崎誠藏と申者之

〔付箋〕大原使者口上
骨子極々御內々之義ニ而當今京師不容易形勢ニ付而諸家御建白之次第も

有之追々御登京勤王之御忠誠被相盡候時合然ルニ伊達家ニ於ハ前々ゟ御名家之御聞有之殊ニ伊与守殿御美名天下ニ不知者無之尤幾久敷相連御家之義ハ

主上ニても御依賴被思召候處此度遠江守殿御歸國ニ付當驛御止宿之趣御親子之御事御同然之御義と被思召此度御旅行極ゟ御寄京可有之と日々被爲待候位之御事に候右之次第故一ト先御參京之上御歸國

合ニ成候

一廿一日眞一陽明家へ致參殿候所兩殿も留守ニて不相分罷歸候

一大原家へ伏見驛迄心添有之爲挨拶罷越候處被逢候趣ニ而罷通候得ハ父子一席目通り致候處近敷色々談話有之內左之ヶ条被申出候

○此方隱居之次第委敷尋當時愼抔ハ無之哉と申所委曲尋ニ付聊愼隱居と申ニハ無之此方ゟ願ニ而一通り隱居之旨相答候處大原云當今時勢於公邊も大御改革相成候處

朝廷ニ而も御同樣之義追々御改革御取調相成候處右御評議御相談御依賴之人物も少於此方も兼々高名ヲ聞及居候義

主上ニても御　聞及ニ相成居何卒此度御相談御相手ニ被遊　御依賴度と之義ニ有之所當主ニハ自國政務且海岸警衞等ニ御暇も有之間敷候得とも此方ニハ隱居之事故同樣ニも有之間敷且御上京と申ニ相成候とも供連抔も御當主御同樣ニも及ましくニ付入費も左程ニも有之間敷事故

可然歟乍失
敬御心添申
度彌御誠實(マヽ)
之御心服伺
旁以使者申
述候由之

御命(マヽ)も有之候ハヽ上京差支申間敷ヤ尤御警衛抔ヲ被　仰付候にも無之事故極少人數よて上京相成可然又微行と申ニ而も宜敷何樣上京ハ差支間敷ヤ其方存慮ハ如何有之ヤと尋故右御答よハ甚當惑仕一存よて何とも申上兼候義御坐候得とも當御時体之義故　公邊へ被對候而ハ差而懸念も有之間敷カニ候得共右御意之通諸御大藩御滯京之上ニ而御依賴之御方も少故よ伊与守を御依賴と申而ハ深く心配可仕義と奉存候且兼々内分も行屆兼ル義故何ら不都合之義も有之心配可仕哉と奉存ル旨申上處(マヽ)乍去

朝廷ゟ指而

勅命下リ候ハヽ如何よと被仰候ニ付左ル而ハ何とも難申上と申答候由

一眞一大原ニ居候内陽明殿ゟ出候樣申來候ニ付黑田半四郎罷出候所

關白殿へ遠州爲伺

天機參上ハ服中よても不苦候故廿七日廿九日之内參殿可致外よも御用有

之候故暫可致滯京旨之
但眞一致下阪候頃迄ハ更ニ前文之次第可相成見聞無之由其前建仁寺
天章と申僧（晦巖弟子筋之）より御内
敕之望ハ無之哉と相尋（マヽ）事有之所御大藩とも違右樣之義御坐ㇾとも長
在京入費抔不行屆第一自國警衞充備行屆候樣致世話候義第一之急務
今日之勤故中々弊藩抔ニ而ハ御内
敕相願候抔ト申義ハ難出來事故若左樣之見聞も有之候ハヽ重々相賴
置候由
右天章内話之趣よてハ十二家蒙
御内敕候内よハ密々願候者有之可申哉と令推察候之
一同廿五日遠州發伏見六条東學寮假ニ本陣とし宿ス
一同廿七日陽明殿へ遠江參上伺
天機其末御懇遇よて夜四過本陣へ歸候由御用之義ハ三四日中よハ可被

仰出旨ヽ由
一十一月朔陽明殿ゟ櫻田主水罷出候樣夕景申來卽時參殿いゑし候末別席
へ通し今大路民部權小か◎少輔ヲ以　關白殿御直ニ可被仰聞處無御餘義
御差支ニ付民部權小輔御名代ヲ以被仰聞候由よて
御內勅命書相渡候ニ付罷歸可相渡旨申述候所外よも色々相話候趣ニ付罷
歸可申聞と答而致退出候由

一ト二日トノ間ニ朱圏アリ

一○二日立京都ゟ之別便十日亥刻相達右之義申來遠江自書令照手候處
御內敕書自身不遠可致持參旨よて寫到來左之通り
○蠻夷渡來以後
皇國之人心不和を生し當時不容易形勢ニ至リ深被惱
宸襟候ニ付　皇國御爲ハ勿論
公武猶々御榮久之樣去五月關東へ　勅使被差下被　仰出候　御旨趣有之
候處　大樹家も去七月朔日

叡旨御請被申上　御満足之御事ニ候近々追々制度改革之旨
叡感候猶以　叡念彌以速被行候樣被遊度　思召候將又今般以
勅使攘夷之事
被　仰出候ニ付而ハ諸蠻ヘ漏聞難計
帝都非常之御備無之而ハ
御不安心之義ニ付御備之義同關東ヘ被　仰出候得共猶又於遠江守茂防禦
之心得方有之度
思召候父伊豫守ニハ先年以來殊ニ國忠丹精之趣兼達
叡聞候上京も有之正論被　聞食候ハヽ可爲
御満足　御沙汰候事
十月
右嗽盥奉拜讀不覺感泣數行ニ及ゐ了愚劣不肖之微軀無存懸至重之奉蒙
勅命候段冥加至極難有奉恐悚候彌抛身命

天朝皇國御爲盡心力可申覺悟候得共御裨益之義も無之と奉恐入候之
本朝政典厩戸王政家憲法
十五ヶ条曰造士從政止於敬以勿弛學以明忠順之道守法而勸(◎勤か)行以己
好不隱罪以己恨不掩功進退於　勅命死生於忠義　遇(◎偶か)閲隨誌
十月十二日三條中納言爲
勅使東下持參之由(副使姉小路小將之)
○勅文
攘夷之義先年來之
叡慮到方今更ニ御變動不被爲在候於　柳營追々變革新政を施行し
叡旨遵奉ニ相成候条不斜
叡感被爲在候然處天下人心一致ょ難到且國亂之程も如何ニと被惱　叡慮候
間於柳營彌攘夷ょ決定有之速ニ諸大名へ布告有之候樣被
思召候尤策畧之次第ハ武將之職掌候間早速被懸衆議候而至當之公論ニ決

定有之醜夷拒絶之期限迄も被議
奏聞之樣　御沙汰之事
十八日遠江着
御内勅書謹而奉盥讀候前有之寫之通りニ付別ニ不誌
○關白殿ゟ達シ添書如左ニ民部權小輔（マヽ）演舌迄書取候事
當今不容易時世ニ在之被爲惱
宸襟候折から遠江守殿參京被奉窺
天機ヲも且御存意之趣も委細達
叡聞候處不淺被遊　御滿足候依之今暫滯在警衛も有之度被爲
思召候得共自國防禦手當何も尤ニ付此度ニ於ハ勝手ニ被致歸國猶精忠賴
被
思召との　叡慮ニ御坐候委細ハ　御書之通り
御沙汰ニ御坐候

同廿日爲御禮桑折駿河上京之用意申付候
同於廣間一統へ
御內勅爲致拜聽候之
同廿二日　諭書監察へ出ス
　此度上京申出候處京地形勢不容易趣追々及傳聞壯士よ𛀙輕卒迄身上不
安心ニ存詰可致出京樣子義氣甚敷却ゐ予ら深慮と違心配故一左右迄ハ
相控可申旨申出候事
同廿三日
　前日之輩兎角鎭靜致兼候故監察（須藤三轉）申付爲及教示夜ニ至皆難有恐入落
意いゐし候事
同廿五日
　京都へ桑折駿河出立する
同廿八日

京ゟ眞一歸事情承候之

同晦日夜

江戸過十七日立別便達ス

前樣御發程申來候

右便ニ而若年寄へ大阪留守居武田仁右衞門ゟ用通之內左之通申越候故

寫置候事恭賀々々

（廿一日晝後より以下七行原本代筆なり）

廿一日晝後參殿可致旨申來候ニ付則罷出候處左之通中川宮內少輔ヲ以被

仰渡

今般遠江守殿御寄京被成御懇談御坐候處猶春山殿江御咄被成度思召候

ニ付御寄京被成候樣從

關白殿被　仰出る

右之通ニ付極內々半四郎ゟ御用人迄爲相尋候處右ハ立派之被仰出之

旨申述候由

臘月二日爲上京發程

同三日土州景翁過日之返書到來城下ゟ送越候申遣候要事左之通返答

一土佐守滯京中女諸事三條殿周施（旋か）被成下參
　內等無滯相濟候事

一勅使京發駕前一日土佐守出京於品川待合同日着府と相成候事

一此度之　勅命ハ專攘夷之趣被　仰出候由之事

一於關東攘夷之

勅諚御遵奉被爲成尤策略遲速之義ハ關東へ御任ニ相成候由之事
　　但本文之通候得共即時打拂よハ相成不申と相察候事

一此度之　勅使越方之御扱とハ御格別よて春岳殿閣老中品川迄出迎ニ相
　成候由之事

一勅使十二月中旬頃江戸發駕土佐守ニ茂同時出立相成候由之事（十一月十二出京）
　同月廿七日着府

但　將軍様當時御痲疹ニ被爲成候由ニ付　御對顔御模様ニよ𛂞御延

引ニも可相成ヤ之事

一二月中旬之頃　將軍様御上洛之御沙汰ニ候事

一容堂事御上洛前後よ上京合之事

一諸國浪人共大牛京地引拂候哉春夏之頃ニ比候得ㇵ靜ニ有之由之事

一中川脩理大夫御不興蒙リ候處御詫被申上穩ニ相濟候由之事

一當方連枝並家老在京無之候事

同十三日國ゟ別便參候處去月廿八日京都ゟ孝太郞申越儀有之左之通

十一月十二日自武傳島津三郎功勞被　仰立以

叡慮斷然守護職被　仰付度旨云々別紙有之

同月廿日於關東御沙汰

井伊かもん　父勤中不束之義有之十万石被召上

間部下總　同壹万石被召上　四万石

堀田備中
酒井右京
安藤對馬

蟄居

貳万石被召上
蟄居

十二月望大阪へ着

同日京ゟ駿河文通旅宿綾小路ニ而三ヶ寺町奉行以世話借受相整候旨申越候事

寺町四條下ル
本陣　浄光寺
下陣　透玄寺
同　聖光寺

同月十八日京着

一近衞殿へ去月蒙

御内勅候御禮尙着之吹聽も申上候事

一諸司代へも到着達罷越候之

同月十九日

一朝五半時中山殿ゟ雜掌奉札ニ而用人早々出候樣申來候故武田仁右衞門出候事

一九時前仁右衛門歸候處左之通之書付大納言殿直渡可被致處呼出間違遲刻ニ相成候故參　內ニ相至候故直ニ被相渡候振合ニ取計相成度と以雜掌相渡候由

○　寫

伊達伊豫守先年已來國忠丹精之趣達
叡聞候間上京有之正論等被
聞食度去十月（十月ハ十一月之誤と存候）
御沙汰ニ付速上京之由
御滿足
思召候暫滯京有之樣被遊度被　仰（◎出脱か）候事
十二月

同月廿日朝松閑叟黑谷旅宿へ騎馬計ょて參り得面晤候廿年近く不逢候故心緒万縷候得共方今緊要事件而已致密談候今朝同兄關東へ發足故暫時

よて歸候昨日依
勅命ゟ之参内（本月朔日又十八日）兩度之
同廿日照手信疑不可知

勅答寫

勅書謹而拜見仕候
勅諚之趣奉畏候策畧之儀ハ御委任被成下候条盡衆議上京之上委細可奉言
上候恐惶謹言

文久二壬戌年十二月五日

臣家茂

又寫

今度被　仰出候攘夷之
叡慮天下へ布告仕候ニ付ゟハ
御親兵之義　御沙汰之趣奉拜承候就ゟハ家茂征夷之重任を辱且右近衛大
將をも兼任仕候上ハ

御守衛之義職掌ニ候間乍不背か◎背　堅固ニ御守衛等之手配可仕尙不足ょも
被爲　思召候ハヽ諸藩ゟ召登ょも可仕候得とも〔原註〕此所脫字可有之一体外夷攘候ハ
皇國全地警衛肝要ょて列藩之義ハ國力を被爲養九州ハ誰々奥州ハ誰々と
申如く藩鎭之任を專ニ爲仕候ハヽ可然哉と奉存候仰願ハ此旨被爲
聞召分候樣仕度奉存候猶明春早々上京之上警衛之方略具ニ奏聞を可奉經
候恐惶謹言

同廿二日

松相撲守へ自書出ス主意ハ明春御上洛之義尋遣且
勅命實か◎貫　達粉骨と感服之義申遣候十九日江戸ゟ着
○松土佐守昨日江戸ゟ歸る
○閑叟使者古川與一參候
蒸氣船價付
覘マヽ銃之事申來

○京尹永井主水正へ自書遣ス
此寺院御上洛有之とも逗留不差支樣頼遣候事
○久世宰相殿ゟ今朝太刀馬代畫後逗留爲見舞菓子一折肴代目錄抔致到來候
參　内抔ニ付用事有之候ハヽ無遠慮相頼候樣且何卒彼方へ一度ハ緩々參候樣申來候事
○半四郎陽明殿御家臣へ目錄相贈候ニ付遣し尚又參殿之義御多忙ニ候ハヽ暫時拜眉奉伺
天機度旨爲申述候處明日四半時ゟ八半時迄ハ御手透故出候樣申參候之
○永井ゟ返事參候處同役申合候處無差支候間當寺本陣可致旨返書到來致安心候事
當月十七日立足輕中早夜亥中刻達ス安寧
○三條殿持參之

勅書並ニ書取春岳兄被相渡候書面共左之通

敕書寫

攘夷之　念先年來至今日不絶日夜患之於柳營各々變革施新政欲慰　朕意怡悦不斜然擧天下於無攘夷一定人心難至一致乎且　恐人心不一致異亂起於邦內早決攘夷布告于大小名如其策畧武臣之職掌速盡衆議定良策可拒絶醜夷是

朕意也

勅使持參

御書付寫

今般攘夷之儀決定有之天下へ布告ニも相成候上ハ外夷何時海岸を劫掠し幾か◎識內ニ闌入之程も難測候間　禁闕之御守衛嚴重被　仰付度被思召候然處海國ハ夫々防禦向も有之海岸ニ別離候諸藩ハ救援之手當等有之候事ニ付邊鄙より幾（マヽ）內ニ警衛差出居候而ハ自然不行屆之筋も可出

今般以下被仰出候事まで六十四行原本代筆なり

來且自國之兵備手薄ニ相成國力之疲弊ニも可相至候間京師守護之儀ハ
御親兵とも可稱警衛之人數を不被爲置候而ハ實以
震襟をも不被安候間諸藩より身材强幹忠勇氣節之徒を令撰募時勢ニ隨
ひ舊典を御斟酌相成御親兵と被遊度被　思召候右親兵被爲置候ニ付而
ハ武器食糧等准之候間是又諸藩へ被　仰付石高相應貢献致候様被遊度
候但是等之儀ハ制度ニ相渡候事ニ付於關東取調諸藩へ傳達有之様被
仰出候最卽今之急務ニ候間早速評定可有之御沙汰被爲在候事

御書付寫

此度
勅書之通被　仰出候ニ付而ハ銘々策略被爲　聞度被　思召候間見込巨
細相認來二月
御上洛前迄ニ早々可被差出候依而ハ御國内之人心一致ニ無之而ハ難相
成ニ付兼而も申達置候得共猶此上別而入念武備嚴重相整候様可被心掛

光委細之儀も衆議之上
叡慮御伺ニ相成候間方今無謀之所行無之様銘々家来下々へも屹度可被
申付置候事

　春嶽殿演達之寫

先年以来御政事向品々不宜候事共有之被為對
天朝恐入被為　思召御官位御一等御辭退被遊度との　上意ニ付中納言
殿始一同奉恐入再應申上候得共此程御咎筋等夫々被
仰出（◎脱か）候も畢竟御不行届ゟ之御儀ト深被為　皆御許容不被為在候誠以
恐入難有　思召ニ候条銘々厚可相心得候事

　又

先年田安大納言殿御後見中御政事向御不都合之事共有之對京師深く被
奉恐入依之此度御官位一等御辭退且御隠居御願も有之都ゟ無御據被
思召候ニ付右之段京師へ被　仰進猶御沙汰可有之候得共為心得相達候

事

十二月十六日廻達

此勅書戊午秋水府へ被相下候事と存候

先般墨夷仮條約無餘義次第ニ而於神奈川調印使節へ被相渡候義猶又委
細間部下總守上京被及言上之趣候得共先達而
勅答諸大名衆議被
聞食度被　仰出候詮も無之誠
皇國重大之儀調印之後言上
大樹公
叡慮御伺之御趣意も不相立尤
勅答之御次第ニ相背輕卒之取計
大樹公賢明之處有司心得如何と御不審被
思召候右樣之次第ニ而は蠻夷之儀は暫差置方今御國内之治乱如何と更深
被惱

叡慮候何卒公武御實情を被盡御合躰永久安全之樣ニと偏被
思召候三家或大老上京被　仰出候處水戸尾張兩家愼中之趣被
聞食且又其餘宗室之向も同樣御沙汰之由も被
聞食及候右ても何等之罪狀ニ候哉難被計候得共柳營羽翼之面々當今外夷追
々入津不容易之時節既ニ人心之歸向ニも可相拘か◎拘　旁被惱
宸裏か◎衷　候兼而三家以下諸大名衆議被
聞食度被　仰出候ても全永世安全公武御合躰ニ而被安
叡慮候樣被
思召候儀外虜計之儀ニも無之內憂有之候而ても殊更深被惱
宸襟候彼是國家之大事候間大老閣老其他三家三卿家門列藩外樣譜代共一
同群議評定有之誠忠之心を以得と相正し國內治平公武御合躰弥御長久
之樣　德川御家を扶助有之內を整外夷侮を不受樣ニと被
思召早々可致商議

勅諚之事

又

先年中水戸中納言殿へ御渡ニ相成候

勅諚か◎諚其頃井伊故掃部頭等不都合之取計致し置候ニ付此度改而御承奉

之儀水戸中納言殿へ被　仰出候

右

勅諚之趣銘々厚く相心得候様被

仰出候事

同月廿三日五半過發宿四過陽明殿へ參關白殿左大將殿初而拜顔申上候七

時歸る

天機奉伺　御內勅御禮申上候事且追々

敕諚ヲ以被仰出於　幕府御遵奉被爲在候故當今可申上樣之義も無御坐微

臣所存ハ

叡旨よて被　仰出候と乍恐符合仕重疊恐悚難有奉存上候旨申上候處至極
御尤之義尙又今夕參　內いたし候故達
叡聞候樣可致御參　內之義も折角早くと被　思召候得とも年内無日合候
間早春よ可相成旨御話御坐候

○閑叟ハ度々罷出候半と申上候處三度參候由御答同人見込ミハ申上候ヤ
無遠慮相話候當今此地御警衛大切ニ付長崎受持ハ御免之末御當地守衛
いたし度との願候得とも關東よても段々
叡旨遵奉相成候義且長崎受持ハ今日ニ至云々とハ難被
仰出候故其趣申述候尙又此上因循不相成候樣周施（ママ）有之樣關東よて盡力候
樣被　仰付候由
　右閑叟仰願ハ甚不可解事と存候近衞殿御返答御尤千萬ニ存候

○因州より返事到來
同月廿四日

陽明殿へ昨御禮大原へ見舞鶴爲持眞一差出ス
○肥藩士古川與一呼越逢候近衛殿へ三度參殿贈物久世殿家內御家來男女
承度調爲差越候筈之
△元込ミ六響銃崎へ頼置候之
同廿五日
薩士藤井良節參候長州御暇被下度趣內々陽明殿へ申上候樣相含候之去
月初於江戸長人崇布か◎周政之助始之處置サツ高崎某容堂使者之一条承候
○粟田御所參殿之義も申置候事
晝後北野因州方へ參候事
松淡路落合候
○方今追々之
叡旨於　大樹公御遵奉相成御誠實も相顯候義ニ付諸大名奉命在京之者
御上洛前皆々引拂被

仰付諸事
公武御赤心ゟ御評決相成度
勅命ニて出候面々ハ兼而防禦被　命候場所〳〵彌嚴整可仕旨被　仰付度
と申談一決する
○相摸守ニハ大阪受持故早々彼方へ罷越滯留守衛可被申付事本意と存候
旨相話候處同意
○同家中佛船の評(マヽ)傳承脫走之面々臣子之情尤候得とも防禦場ニも無之
帝都へ君命を不待出候段不可然と申述候處同意追々引拂ワセ候由
○當水府密話歎息之
○明日近衛殿へ出候故參候樣被申候間彼方伺不苦候ハヽ可致參殿と申候
六過立馬提灯借用
同廿六日
相摸使安達精一郎參候關白殿へ密奏草案持參細川良之助へも為見候由

相談故少々心付も有之候得とも先々良之助へ持參之末又被差越候ハヽ
心付候ハ加削可致と申差歸ス（一昨日結城一郎長士怒切と申チクテンの由藤堂へ密事漏候故と申令歎息候之）
○薩之良節參候
○昨朝陽明殿へ賴候筋少々考有之故相控候樣申置候
○良節身分尋候處先年井上出雲と申候者之由此方筑前賴よて世話致候厚
禮申出候如夢存候
○結城一郎之事承候得ヽ右ハ最前藤堂上京之時水口迄出迎居此頃彥根ゟ
先代不首尾ニ付何等　朝廷へ勤功いゑし度と存候ニ付
齋宮御造營永久成上度御內願出多分ハ如御願可相整左候時ハ御國內之
義殊に
御場所ゐら井伊家へ云々よてハ御首尾も如何御外聞も不宜義と奉存私
義ハ筑前之者よて御間柄之御義旁難默止內々心付候故申上候只今之內
御上京早々御願相成候ハヽ此方へ御願取可相成と申候處よくこそ申呉

候とて藤堂大よろこひ上京早速願候處被遊　御滿足候旨よて願濟右の事よて一郎被持立色々品々拜領致候義內實ハ井伊家之事跡方も無之由又中川大阪よて三藩士關白殿ゟ御使ニ參候一条ニ付ゐも同人周施（マヽ）有之よし彌藤堂よて岡十二人之者先ツ預リ三藩へ中人と相成候ハヽ可治抔申嘘（マヽ）を唱又藤堂ゟ信用され候處皆無跡形依ゐ薩土人ハわらひ居候處長人殊の外立服（腹か◎）一郎を本間之如く可致と申候故早々筑へ可遣と福留守居へ申置候處少々間違手延ひ相成よふ／＼一昨ちくてんいたし候由津へ參候樣申候事候

○眞一歸リ陽明殿ゟ無差支候間出候樣申參候九時供の含急ニ卽刻と申出候

○安達精一郎又參候

九時出門半前陽明殿參殿松相摸守長岡良之助先へ參居候事諸大夫（へ脫か◎）口上申述候

○無程諸大夫案内御小坐敷へ關白殿左大將殿拜謁

○三人より當今心付之義以連名申上尙委曲申上候事

○關白様ゟ御親兵之儀を見込如何ャと自分へ御尋ニ付不可然旨申上候處至極御同意之旨被　仰候間相摸といろ〳〵申上候處兎角議奏抔異存申被成御困候幸不殘參殿致居候間呼ニ可遣候故無服◎(腹か)臟相話候様ょと被　仰候間夫ハ甚恐入候◎(脱かと)申上候處少も御心配ニ不及候故乍迷惑待居可申ャと候間聊不苦相控候旨三人ゟ申上候事殿下ゟ諸大夫召只今三人とも參居とも〳〵談度事有之故不殘參候様可申遣と被　仰付候○少々手間取候故湯付給候様ょと候故御斷申上候處用意いたし候間是非々々と被　仰難有御請申上御居間へひらき頂戴申上候事

○又御兩殿御出之上議奏申遣候處難去御用ニ取懸居候故斷申越其上もてャ參(マヽ)時刻おくれ候故乍御苦勞明日御出ニいたし度議奏も呼可申と被　仰御いとま申上候事

但此頃御痰氣ニて御濁聲明後日之處陽明殿へ出候樣とハ伺候得とも
もし學習所へ出候事ニるも難計三人ともニるとも伺不申候故倚諸大夫へ
賴置候之

同月廿七日

○眞一古川与一方へ參内其外之都合申含承ニ遣ス

後
○晝時過ゟ騎馬計ニて松淡路旅館南禪寺へ參候途中祇園へ參候之相撲良
之助落合候事

前
○藤井良節參候處　粟田宮ゟ明日出候樣被　仰下候故陽明殿へ出懸出候
由申候事

○宮ニても上洛前諸大名一旦歸候義被仰述候由
尤宮ハ長土無法論申候故兩家と被仰候由乍然昨日三人ゟ心付書面殿
下へ出候義良節申上候ニ付宮之御論ハ追而ニ被成候由

同廿八日四頃出門

出會公卿
中山大納言
テ坊城大納言
正親丁大納言
飛鳥井中納言
三條中納言
野宮宰相
阿野宰相
予は專ら三条ト談ス

○粟田宮ヘ初而拜謁
○陽明殿ヘ相談良一同
傳　奏議奏不殘拜話
尤其前殿下ヘ拜眉傳奏以下密議相伺候事
○一昨日之建言尙申上又いろ／＼論判唱義之徒暴發御懸念之事右ハ尙再考可仕申述候自分專ら轉法輪と話候事
但最前殿下ヘ壹人拜謁內密伺候處一昨日之心付書付傳議始異論有之其上書面振ょてハ勤王之心も薄くや　將軍上洛前ょも追々成候故機嫌取いゐし候ヤ抔相評候と御內示も被下候故相摸守兩人素ゟ爲（實心吐露の外無之　ママ）
天朝身命を差出し奉
勅仕候故萬一勤王之心薄く又ハ幕府機嫌取ょてもいゐし候樣ょとも御心得被下候事ょも候得ハ首をも差上可申服（か◎腹）きつと御目ょ懸可申盟（か◎誓）て左樣未練之心底ゟ申上候義ょハ無御坐と申切候處諸卿頗仰天

閉息轉法輪發言夫ハ存外之義聊以右樣ニ存上候義皆々毛頭無御坐其所ハ御安心可被下左無御坐而ハ御談判も出來にと被申候故兩人ゟそれから大慶仕候と申候事

○此方ハ諸家と違特之

勅命殊ニ他と引合候義も無之故御暇云々ハ申間敷筋と申事評有之と殿下御話も御坐候故左之通り私義ハ丁度諸卿被評候通り他と引合候事も無御坐太段不存寄

御内勅奉蒙冥加至極難有奉存候得とも御爲筋ニも相成間敷奉恐悚居候位の事身命を抛ち

勅命ニ進退仕候覺悟故將軍上洛頃迄滯在仕候とも聊以彼是申上候筋ハ無御坐候ての書付ハ想か◎惣体之義を申上候義ニて自身之義ハ不申上と申候所諸卿其御心得とハ存候得とも只今尙委しく伺甚感心申上候何分宜しく御考置被成度と挨拶之

〇五半時相摸同伴大原へ參初而對話相州ハ四比先へ歸り候
〇大原　勅使東下之話
〇此度建言主意申述候
〇彼方ゟ大阪且攝河(マヽ)備向之義尋有之談判する
〇親兵之義同斷老人不伏
〇暴發人手當之話
〇洋戰尋海陸荒々相話候
〇書論ゟ御兩親樣之事相話候事
〇九半時歸る
同廿九日　八半時大原出候
〇九時ゟ馬計よて
　粟田宮樣へ出る（伊丹藏人逢候遠き放逐之處近日御免再勤仕之由）
〇在京諸大名御暇一条種々御密話之末

傳奏も昨日申上候よし

皆々御上洛迄ハ古のまゝゟ被成置
長門守へ於學習所浪士共暴發猥之擧動無之様可被仰付ニ決ス
○大阪町家引移り之御話有之大原も居候敵も不見退候も十分ゟ無之人氣
騷き可申萬々一之時ハ自曉◎焼か之愚見も申上候
○幕守衞計ニ相成候而ハ三藩始も異論可起意味　官家も其念あり
○自分參謀之御密話重々御辨◎辭か退申上候得共御聽入無之故容堂と一同
と申上置候尤御上洛迄と申上候

癸亥元日
○晝後ゟ北野天神へ參候末松相摸守本陣へ參致密談候昨日　宮御話之義
之
○三日參内可致旨坊城留守(マヽ)呼出達有之
○大阪防禦之話圖も見候
○一橋殿四日着の由
○明日學習院へ出候筈候處狩衣間に合不申乍殘念病氣申立不參之含と申

候處用意之狩衣借シ可被申旨勘（か◎斟）酌よて被申候間大慶本意之厚礼申
述借用いたし候事
○明朝ハ國持柳間も控所一席之由右ニ付松長門守ハ清和家柳間と一席不
快ニ付病氣と申不參可致模様坊城抔傳聞甚以不尤存候旨噂有之大切之
天朝へ御祝義申上候義爲技葉云々よてハ不本意と申合候之
○六半過歸リ長門へ右之事ニ付自書進候事
同二日六半時供揃よて五半時過出門學習所へ罷越候無程謁傳　奏謁席前ニ見合
候哉と貫首方承候間見度旨申述皆揃候上參見置候事
主上親王様准皇（か◎后）様
敏宮様へ年頭御祝詞申上候事
口上左之通
御所々（マヽ）様益御機嫌能被遊　御超歲乍憚恭悦至極奉存候年頭御祝義奉申
上候

但右申上候時ハ脱劍ニて三尺程進み申述候事前席へ戻り帯劍兩卿へ

自分之挨拶申述罷坐席畧圖

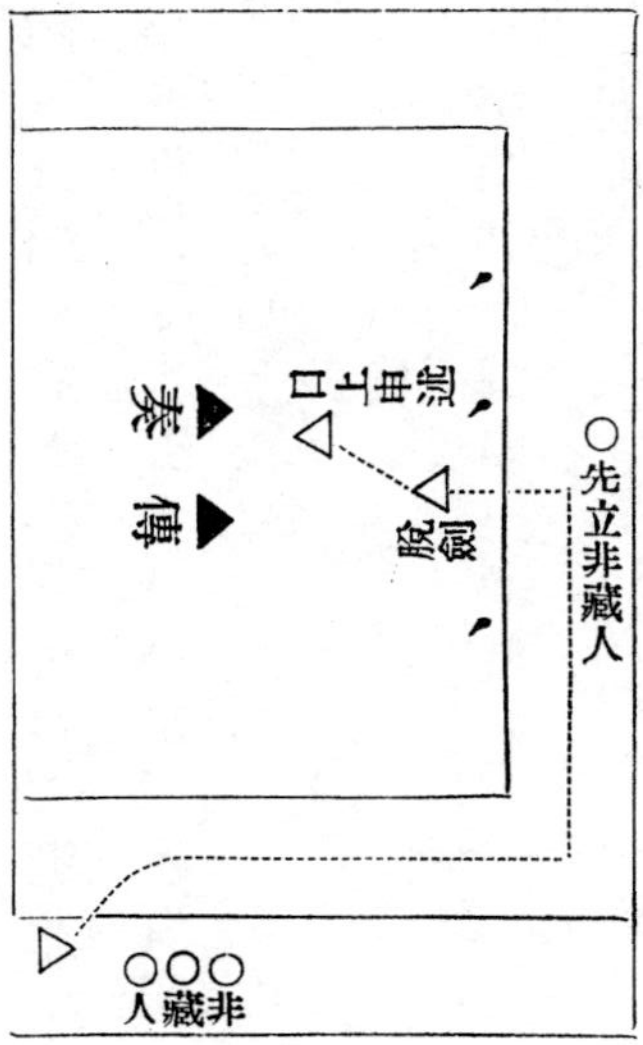

出席傳奏

坊城大納言

阿野宰相中將

同席

松平相摸守

狩衣　松平淡路守
自分
直垂　松平土佐守
狩衣足袋ナシ　四品　龜井隱岐守

右壹人宛出候

他席

中川修理大夫
加藤遠江守
本家召連　毛利淡路守
本家名代　池田信濃守
大紋之　當主名代　長岡良之助

退出ゟ自分年禮左之通勤候所傳奏議奏司代ハ幕府へ申上自分のも申述候

一飛鳥井　二近衞殿　四中山

三野宮　五阿野　六轉法輪
七坊城　八正親町　九諸司代
右相勤九半頃歸リ候
非藏人ハ賴み候之
○長門守ゟ側使者參候此間內之挨拶昨夜の礼も申越ス
○昨日坊城ゟ明三日參　內之達有之ニ付御請使者差出ス
殿下　傳奏　坊城　野宮　議奏不殘
最前陽明家ゟ傳達ニてハ家老呼出シ達有之御請も家老と申調尤御請も
勤之處翌日ニて宜敷旨畢竟簡易之御調ニ相變候事と存候
○傳奏坊城ゟ留守居呼出雜掌ヲ以明日參　內手續書一通被相渡左之通
參　內之儀
一伊達伊豫守參
內鶴間着座

一傳奏出會伊豫守自分口上被申述傳奏退入言上之後更出席告可有
御對面之由
一出御之後傳奏鶴間出席誘引小御所取合廊下北方着座
一伊豫守自分御禮貫首申次御太刀折紙持參置下段於廂被拜
龍顏
一伊豫守於下段
天盃頂戴
一關白殿於麝香間被謁
一於鶴間御礼申述退出
正月三日晴夕少々雨又晴
參　内之爲六過出門下皆上陽明殿ヘ罷越相控候事口上如例諸事前以頼置
候之
○臓煮蛤吸物被出候

○殿下衣冠一式被下置候之
○髮直し衣冠着ス
　但前以頼置殿下御近習よて致くれ候事
○大原三位被致参殿逢度旨御用人へ申置一寸面會スル
○晝飯御料理被差出候
○萬事用頼候御用人兩名逢候而挨拶申置候
○左大將殿於御居間御逢
　但殿下ハ舊臘ゟ御風邪ニ而〳〵不被成候故御引入之由
○傳奏ゟ參　內案内之使者有之趣ニ付御暇申上控所へ歸る
○坊城殿使者御用人案内ニ而逢候處最早致參　內宜敷旨申上候樣申付候
　と申ス
　態々御案内忝存上候只今參　內可仕宜しくと返答ス
○七時之無程供宜出殿參

内落椽脱履石よて脱履非藏人案內鶴之間へ着座致ス
但用賴非藏人皆々出致挨拶候
鶴の間着坐抔圖別ニ在之
今日參　內被　仰付者如左

再　松平相摸守
初　松平長門守
初　自分
　　松平土佐守
柳間
初　毛利淡路守

一無程傳奏兩卿出席壹人宛進出口上申述候
御所〳〵様益御機嫌能被遊御座乍憚恐悅奉存候今日ハ參　內被　仰付
重々難有奉存上候

右相濟自分挨拶いたし退入之
○無程議奏衆不殘出席一同自分致應對候之
○傳奏衆誘引ニ從而於　小御所致習禮
但取付御廊下ニ相控居淡路守迄相濟鶴間へ罷歸候事
○相摸守自分よ里坊城野宮へ
出御御間も被爲　在不苦候ハヽ何卒　紫震（マヽ）殿清涼殿等拜見願敷旨申述候
處只今ハ　紫震（マヽ）殿抔も御餝付も無之掃除もいたしおく候得共聊拜見ハ
不差支御案内可申と被申候故相賴　小御所
御座抔ゟ委曲相か◎拜見追々兩卿案内敎示よて委敷拜見いたし候御席々左
之通
紫震（マヽ）殿
嚴儀被爲行時之事野宮へ承荒々左之通
御帳臺之内へ齋宮（マヽ）女兩人

寶劍寶鏡狡持し侍立の由夫ゟ御供有之配膳女官出御式有之由
諸卿（マヽ）朱點之所へ座候由
○紫震殿御額加茂保孝揮筆と承候處只今も左様御坐候ャ野宮へ
尋候處保孝筆之御額嘉七炎上之時火消方取出し候得共餘程損
候故當時ハ御始末ニ相成右を被摸製作と被申候
左近陣座
清涼殿
夫ゟ
御車寄御廊下へ出傳奏衆へ分れ鶴間へ歸
七半時頃
出御御イロメキニ付傳奏衆被參誘引小御所取付廊下へ居並候無程順ニ
罷出拜
龍顏　天盃頂戴仕諸事如手續首尾能濟重々難有仕合冥加之至奉存候　圖

別ニ有之太刀引ヽ飛鳥井小將
但舊臘粟田宮へ參殿之時御密話ニ近々參內可被　仰付其時と篤
龍顏被拜候而平伏有之樣傳奏ゟ可相達候得とも尙御心得可有之且其時
可被遊
御せた候間心ヲ付候樣且
天盃も實ニ被　召上候故頂戴之末目を付候樣申可置との
御內沙汰之由恐入奉畏右ハ誰〱まても左樣ニ御座候ャ伺候處何之御
譯候ヤソナタニ限候事と奉存候と被　仰候故彌恐入難有旨申上置ル
故太刀目錄進献於廂と篤奉拜
龍顏候心得候得共自然と平伏仕乍恐
玉體半上白半下赤と奉拜候而已畢而御廊下ニ相控居候內宮樣如仰
御せきハ何分不奉伺若シ伺損候ャと心痛無限奉存候再度膝行御下段ニ
入

天盃頂戴御酌三献
二献頂戴の時
御咳相伺不思伏地申上候
天盃恭持取付廊下ニ而非藏人相待居此所ニて相撲守致拜味候故卽
御盃致拜見候處
御口被爲付候ャ兩所ニ御酒流レ候跡有之實ニ恐入ぞつと致候間掌中へ
御酒うつし戴き候て非藏人へ相渡候事
鶴間へ歸候後相撲守何故御酒を掌ニうつし戴候ャと非藏人共居候處
ニて不審有之宮樣御密話も不被申候故私ハ
天盃へ口を付候てハ何も〳〵
天盃〳〵と貴ひ候譯ハ無之ャと心付候故之と申のあれ候事
○各天盃迄頂戴濟候時相撲守長門守土佐守ハ別ニ相控候樣ニと有之故壹
人鶴間へ相越候事

無程三人被相越是迄周施（マヽ）申上候ニ付以
思召御ゐゟ付之
御衣之　御袍頂戴の由吹聽御品拜見とも〳〵奉感銘候事
○直盧（マヽ）代間へ傳奏衆出席相摸守御暇被成下浪華備向國元手當共彌相整候
様且京師ニ何等之義候ハヽ早々罷出候様御書付被相渡候由吹聽拜見い
ゑし候事
○傳奏出席如過刻壹人ツヽ出席今日之御禮申上候跡ニて自分之挨拶厚く
申述候事
○順々致退出候末傳奏議奏廻勤陽明殿へ罷出候
　相摸守待居用談いゑし
○左大將様御逢茶菓子頂戴退坐御湯付被下無程退去
○五過歸リ大安心致候事
四日昨夜相摸守密談有之候故春岳兄へ途中上候様急用自筆彼方留守居へ

遣候主意
關白殿御退職之義ニ付粟田宮御沙汰も有之相摸ゟ春岳兄へ御差留東ゟ
無之而者於
朝廷最早御聞屆之外無之旨申遣置候處同人ハ御暇ニ付尙又自分ゟ再應
懸合候樣被相賴候旨申通候事
右自書遣候處當月十三日蒸き船ニ而發東故途中へ差出候義難出來旨申
越直書返ス頗當惑之

五日
年頭且參　內濟ニ付兩地へ飛脚相立候事

夕刻
安達淸一郎使ニ參候尤昨晝大阪へ相州ハ發駕之
春岳兄ゟ之返事昨日出立と申所へ達候由卽返書大意
近來關白殿始總而關東へ御問合之末進退共被　仰付候處此義被相止候

ニ付此度陽明殿御辭職御差留と申義ハ六ヶ敷候得共當節柄之義ニ付陽
明殿御辭職之事ハ春岳上京迄ハ御見合被爲在度旨以繼飛脚傳　奏へ被
相達候樣諸◎（所か）司代へ申遣候趣先々右よて當坐安心
○一橋中納言殿着本陣前通行馬上之
○清一郎話候相州御暇之義浪士又ハ土藩抔甚不足因周施（マヽ）をおそ御留不申
と御立服◎（腹か）暴論申張困り候由之
六日　長門守玄關迄被參候
江戸歲暮便別便も參候奥平ゟ義三郎早々引取度旨申越候事之
○良節參　宮御使先日建白取消之義尙殿下へ申上候樣被仰越候事
舊臘念九轉法輪參殿唐突之義被申上甚御憤怒被爲在良節も樣〳〵申上
候得とも不被爲解明日ゟ薩士ハ不及罷出追々御本山へ御引込可被成と
被仰候由良節御暇申上高崎佐太郎へ致密話候處同人も致仰天直ニ參
殿種々悲歎之御話申上よふ〳〵少々御氣嫌被爲解御本山へ御遁住ハ被

此夜長藩前田孫右衛門宮ゟめし藩士暴發云々之御話被爲在孫右衛門も甚恐怖いゑしいろ〱申上候得とも三條ゟ御承知同家へ長土云々不伏申上候由土も同樣と被仰述一言も申

爲止候由
　三條申上候御憤怒之譯
朝野是迄御依賴申上候處近來薩因循之脫◎〔説か〕ニ被爲迷御見職◎〔識か〕も不相立其上御側向始薩士被差置長土兩家甚不伏奉存暴發も難測次第ニ而
當今却而
幕府を御助のみ遊し候段心得難く奉存候大意右之通
宮樣發〔マヽ〕之御意外之義被申上甚御憤怒爲差御返答も不被成候故三條も御暇申上退出致候由
右ニ付良節三度迄御使被成下候處折柄家老嬉◎〔喜か〕入攝津明朝殿下へ罷出候故諸事取計抔致段々及延引候由
元日早朝罷出候處例と違甚御不機嫌御立服〔マヽ〕之御樣子ニて是迄其藩士共永々相詰太義候今日ゟハ最早不及其義候尤甚無人不自由ニハ候得とも夫ハ如何樣と脫◎〔もか〕いゑし可濟此方も近々本山へ戻り再度隱居可致旨御

上樣無之恐入早々取調可申上と御請退去の由跡の爲よハよろしきやと存候

意故甚仰天仕何故ょ右樣被　仰出候ヤ當今之御時合候得ハ何ハともかく御本山へ云々ハ思召被爲止候樣申上候處中〱御聞入も無之藩士不罷出義も尙申合御請可仕と申上退散仕候由歸宅之末高崎佐太郎へ及密話候處同人も左樣有之而ハ片時も不相濟一大事と早速同人罷出段々悲歎諫奏申上候處よふ〱御本山へ御歸リ之義ハ　思召被止候（相下候）由其跡へ

良節罷出候處以前ゟ大分御機嫌被爲直候由

良節二日ょ罷出薩士引拂候而ハ跡甚御手薄之處夫ゟハ甚以御不都合恐入候得とも三藩ゟ打込相勤候樣被仰付候ハヽ三條樣云々被仰候疑念も相止可申と申上候處御氣ょ入不申樣子候得とも段々奉懇願終ょ御承知被爲在候由扨藩士へ其旨申傳候處甚一統不伏長土士と打込相勤候義迷惑の由申候得とも三藩ハ兎も角も百藩恥りとも御爲ょ相成候義ょ候ハヽ打込勤候可申義四海同胞と相心得熟和いたし不相勤候而ハ不相濟旨重々理諭申よふ〱承伏仕候故乍御不都合打込ミ相勤候處ニ相成候と

申候
元日三條ゟ昨日申上候事ハ先々御聞流し可被下と呈書ニ而申上夕刻參
殿も被致候由彌以御激怒有之齟齬之事とも申上此宮を愚弄するよ似ゑ
りと御逢も無之二日よも三條被出候處御逢も無之由右ニ付正親町三條
ゟ轉法輪へハ心添有之樣良節抔骨折候趣
○舊臘陽明殿へ出候時左大將樣御話よ三條へ
先頃參向之時ゟ關東取扱も相改尊王之意彌相顯れ宜都合と被仰候處
三條ゟ
夫れハ當然之事よて格別宜しきと申程よも無御坐候
左殿
當然之事候得とも是迄ハ絶而右樣之取扱無之處當節ゟ相改候處ハ誠
實之意相顯╴候故申候邪乎と(マヽ)
三條ゟ

随分左様ニハ御坐候得とも右等ハ細事ニて論ニも不足全体昔ハ武藏ハ野故むさしのと称程而も宜敷ニ候

左大將殿も此一言餘程の事故夫ハゝしからぬ被申様と計ニて御取合ハ不被成由實ニ驚歎之一言此念ニてハ百事不可論甚敷心得違全士人ゟ搧（マヽ）動惑亂いたし候事ャと存候

七日

長藩前田孫右衛門参いろ〳〵話候父子とも御暇願候由相話候大膳殿へ御参内濟候ハヽ御暇出可申ャ長門殿ハ六ヶ敷ハ無之哉と申所折角さ様之御もよふ宮様ゟも相伺候得とも何分御一同ニ御歸國御手元御充實無御坐候而ハ攘夷被仰出候今日故不相濟と奉願候旨申候至極尤と存候旨申置候又孫申上候ハ御父子様御暇御願之義外ニても何ゟ御すゑ被成候様風聞も有之様子御藩士之内ニも御壹方様ハ御在京無御坐候而ハ不相濟抔申向も有之甚心配仕候世評色々行違候事故折角申辨し罷在藩士へ

も重々御諭シ相成よふ〳〵壯年向も落意仕候等申候事
朝議もくら〳〵ょて恐入候◎と(脱か)申候之
○關東御處置此後如何可被爲成と思召候ャと申候故從來別懇之春容兩兄ゟも更ニ書通も無之事情も漠然何分考量ハ付兼候と申置候事
○建白書見度由爲見候處父子へ爲見度旨ょて拜借願候故相渡置候結末之文意ょて難有感服仕候旨申居候事
八日　土州玄關迄被參候事
○薩高崎佐太郎參候
春岳容堂發東頃合承度趣ニ付申聞置候兩人着京考合ニ而三郎も上京可致由
○粟田宮御都合承候處三條之義ゟ是迄御不落意被　思召候義正親町三條へ被　仰出候由大意
是迄依　勅命萬機之義御關係被爲　聞候處至重至大之事御聞ニ不入事

又ハ首尾而已御聞ニ入或ハ御承知なき事もなく關白殿始事◎（より脱か）臨而ハ
宮之御考違（マヽ）被申述甚御迷惑且御取扱之處も不被得其意旨委曲被仰遣右
等之義如是迄よてハ最早御本山へ御引入可被成と申事も御沙汰御坐候
故折角思召相達し候樣關白樣傳奏始へも盡力申上居候由○轉法輪御斷
ハ追々と聢有之事と奉存候由○三藩ゟ御番れ事ハ天下之公論と候ハヽ
彌さ樣可被遊由
○殿下御痰氣御難義の由ヲキシメル手製差上度伺呉候樣
○畧服畧供參殿之事も頼置候之
○小松帶刀蒸き船よて渡海今日着京之由近日參候樣申置候之
○建白書致感服三郎へ差上度旨申候故相渡置候事
未刻過ゟ大佛ゟ清水寺矢坂（マヽ）祇園通致歩行申下刻歸り候
（六十九篤實　御用人佐々木權十郎）
酉刻
○一橋公（戌下刻歸）ゟ只今ゟ出候樣被仰下候得とも餘り遲く相成候故御斷申上候處

明日ハ傳奏被參明後參
內との事故其前事情申上置候方可然と急ニ馬計よて出候事小袴之
○御心得可相成と存候事申上候ヶ条
○朝廷成行
○諸藩摸様　浪士之事
○御遵奉之義卓乎御貫徹可(マヽ)有御坐度
○暴發之事
○大阪移居之事
○御親兵之事
○關白御退職御願之事
○御門前ニ旅裝者居御門之處ニ花菱刀筒持居候故武田耕雲着と存震(マヽ)殿
ニ控居候內御取次へ尋候處左樣申候故一寸申通しくれ候樣相賴暫時
致密話候事

同九日
諸司代へ以眞一伺御機嫌今夕無差支候ハヽ參度趣申遣候處七時迄ニ參候樣申越供申付候
○八時過供揃候處牧野ハ一橋殿へ出候ニ付斷申來候故粟田宮へ參殿するゑむらく控居御逢被下候御手さんぬ頂戴致候
御密話
○今日攘夷とも相成候得ハ
公武御一和之末防禦◎〔脱か〕ハ勿論萬般之御處置有之生民安堵いたし候樣被遊度との
叡慮ハ今更不及申候處何分關東處置十分ニ無之樣御用懸之面々相評且一橋春岳容堂因州そゟ良之助薩州抔因循之由ニて自分關白抔も同段とて紛紜議論有之實ニ歎息之至何ハ閣候ゟ關東ニて尊攘奉〔マヽ〕遵も有之候間處置方ミられ十分無之候ハヽ其時又被成方も可有之枝葉の事議論ニて

折角國忠存候ものゝ氣屈し候樣可相至又其内ょハ月日立異船渡來候ハ
ゝ今日因循と被申候者ハ御用立誹り◎(候脱か)者ハ狼狽可致ハ必然ょて實ニ
おゝはゞ候なんでも此所ら大事候得とも自分も聞事も有之不聞不知事多
く候得とも他ょてハ萬事皆承候樣存藩士ともいろ〳〵の事申參迷惑千
萬又まょハ隱居すれハよきゐと存候者も有之と御内情且御痛歎相伺恐
入候義いろ〳〵と御勘忍之事申上候事誠

幕ゟ此頃ハ

朝廷ら六ヶ敷と奉存候一日も早く宮樣御元(マヽ)俗奉希候事申上置候尤是ハ周
施(マヽ)の義申上候之

○長州父子とも國力云々内地手當云々ょて御暇願候處昨日長門守ハ暫在
京從傳奏相達候得ハ難有御請申上候由前後一向ょ不相貫義今日も家來
參候間折角此間ゟ國力云々自國手當云々申候故◎(而か)御暇出候樣申候間
致心配候處昨日云々ょて御請有之候ゟハ前日之話ハ引合不申國力も矢

張續可申實ニ難堪候ハヽ何等御請も可有之筈全ハ此間內申候處なれきりの事と存候旨申置候一向首尾不致義主人なの通り故家來いろ〳〵といゐし候事と推察いゐし候と御話實仰の通りと存候之

○容堂之義因循𛂞りと家來牛平太抔申居候つまらぬ事と御話

○そなゐの乘馬此頃當地ょて第一番と申事故見度と被　仰候故凡骨ょて中〳〵左樣ょハ無御坐旨申上候得とも是非〳〵御庭へ廻し候樣御家來へ被仰付入御覽候

　　高砂

　　ことぬき

○七半過退散暮時歸り候

同十日 二條殿今日御國事懸り御斷の由

○今朝門に落札有之由目付ゟミを候事

◎此所原本六七行空白

同十一日
○國へ別便立候事
○三條家來富田織部式臺へ参
○良節参話ス
○青白傳之事（近大司白）覧
○水戸御家老武田耕雲齋致密談候事
○惣有髪之事
○佐度か◎　土原ゟ田村兵之助参候諸事眞一打合候三十人
○青門樣鷹樣御國事懸今日御斷被仰出候事
同十二日
○島津ゟ兵之助参候使之
○門前書林へ惣髪人参候一条やま師悴ゟ内々申出候
○內藏之助参轉法輪之話致ス　一橋公参　內も

同十三日

○耕雲齋へ自書半四郎ょて遣ス

○佐太郎參候

○札之義長土へ不及申述候樣判談致候由申出候事長孫五右衞門へハ昨日致談論候由

○一公歩行前を輪姉兩人乘拔候致歎話候

○安達參相撲自書持參色々話候事

同十四日

○一橋公ゟ午後出候樣被仰下候處有嫌疑故御斷申上以眞一呈書する

○今朝眞一良節方へ遣ス折角周施中之由

○八時前眞一歸リ御返事被下候

○因州へ自書遣ス孝太郎持參申付候

○小松帶刀參密談する宮御還俗左大臣之事

同暁八時比と存候
庭不寐番火事と申聲聞付候故直ニ起き椽寐（マヽ）雪江内藏おこし庭へ出候處
隣院淡路守内ゟと存候故上り皆々起し候事
皆々灯煶（提灯か◎）手鎗よて供道具ハ進献長棹明きへ入候様申置風悪敷候故
端の寺へ立除（退か◎）見合居候之
一統締合氣を付候追々本陣の方燒進候故歸る
薩州ゟ三十人よ島津ゟも三十人固めよ參候弁當給させ候六時下火ニ付
一寸逢皆歸る

十五日此夜上下尤嚴戒する
良節參候いろ〳〵話候淡路今暁話よ同人家來此間居候處よて四五日中
ニ島津も立除（マヽ）候事有之べしと申候人有之と家來申候故今暁甚心配之由
もしャ付火よてハ無之哉と良節へ話候よし
長門守も再度御暇願候由

○書後小松帯刀ゟ阪本彦五郎差越淡州も兩三日ハ本藩邸ニ居候家來內も
彼方へ引越候者有之故爲加勢同人始三十人程隣寺へ相詰候旨申出候事
右堺境寶壽院ニ居之

十六日
安達參候相州進退之事話候今朝浪ゟ歸候よし
○陽明殿ゟて武田へ逢候由ゟ付近日中
青門樣一橋公へ御逢無之譯ハ十一日御國事御關係御斷被仰出候故一切
其筋公卿へも御面談無之譯武田ゟ宜しく申上候樣傳言賴候事

十七日　國へ別便並とも立候
安達へ孝太郎今朝遣候處密話左之通
○昨夕陽明殿へ出段々因州進退之義相願候處御納得ゟて早速被仰下其末
一橋公閣老圖書頭ゟ以奉書歸國差留相成今朝早ゟて奉書持參の由
○御同家ゟて良節へ出合落札一件申合兩人ゟ殿下申上候云

此方義上京以來實ニ
公武御爲盡力いゐし候ニ付於
叡慮も甚御依頼被
思召候處右体之義御坐候ゐハ卽
皇威之御衰とも可申義ニ付何卒諸藩之面々學習所へ御呼出シ相成右御依
頼且忠誠之段並ニ諸藩末々迄已後右樣之心得違無之樣岐〔か〕◎〔屹〕度御沙汰
被成下度段申上候處於　殿下も至極御同意被　思召候ニ付一兩日之內
片時も早く御沙汰被成下度段申上置且兩奏之內正親町殿へ今日參上右
之趣申上候心得と申候事
十八日安達參候
○青門樣よも何等之御憤怒候ャ御達之末俄ニ今日中御本坊へ御引取之由
○落札一条昨日孝太郎へ致密話候處何分急速參彙可申諸藩へ御達云々よ
てハ與議不快〔マヽ〕と存正親町へ出候處眼疾よて一兩日逢斷依ゐ大原へ罷越

左之主意申述候由

此間落札之義御所内へも張候由之處漠然被爲在折角此方よてハ上京も致正論被　聞召度との御義ニ而彼是粉骨を可仕時合右様之次第ニ相至此方よハ泰然罷在候得共自然此分よてハ所存抔申上候義も控候様可相成張札中

朝命ニ違背いたし列國を離間する抔なるもならぬ事抔認置候義不容易次第何等於

朝廷此方所存浪徒御同意ニ候ハヽ此方へ明白御沙汰被爲在度笘折角先日一橋上京之時分ゟ色々盡力爲よも相成候得共只今之姿よてハ右等も遠慮可致於

朝廷此方所存如何とも不被　思召御義ニ可有御坐候故此方ゟ又家来へ託り此頃云々之義有之候得とも不及懸念彌正論可申上盡力可致旨早々御達し相成度と申述候處大原よハ此方所存ハ承知之義幸今日ハ

諸卿參　内相揃居候故早々出候ゟ可申◎（脫か）上と直ニ參　内相成候由之

○昨日毛利左（マ、右）亮參内見懸候處殊の外奢美ニて主人朝散大夫候處駕脇布衣十二人程厚ぬき牽馬三疋家老ニ候ヤ駕ニて跡へ參候者駕脇十二三人右の者供やり三本有之由

○松大膳昨日參　内濟且此間迄忌中故ゐさ〳〵今日使者遣し候尙拜領物爲聞候處　御太刀頂戴宰相ニ被　任候由之

十九日

佐太郎參昨日清一郎周施（マヽ）之主意關白殿兩役へ早々盡力可致趣申居候事

○一昨夜ゟ青門樣俄ニ御歸坊云々ハ兼ゟ轉法輪過言御不滿以來之義眞ニ如斯と申所御示ニも候ヤ且一昨日萩兄參殿之由

御劍拜領宰相進位之義初ゟ御承知尤御不承知ある御扱殊ニ前以御相談も無之旁御憤怒ニ候ヤ彌右衛門市藏色々申上よふ〳〵御歸坊ハ被　思召止候由れ事

○張札一条ハ最前安達ゟ舊知己故佐久間佐兵衞へ致密話候處同人輕浮藩士漏泄ゟ發起の由申居候事

廿日

○中根靭負參候

春岳兄自書持參廿日頃出船の由色々新古之話いたし候

○近鷹御合一躰ニ被爲成候ゟ青門宮を御助ニ被爲取候ハヽ充分御握權可相成事

一公又ハ竹田ゟ鷹へ云々有之事度（◎度事か）申含候之

○大久保市藏參密話三條心根ハ前内府殿幕ゟ戊午之寃罪ニ付遺恨有之彌暴論を申邪广いたし候由大ょ心得違ょて右ハ在人不在幕事と申候之

○宮様も何分ヒ聢御極ょハ不相成尤十一日御差出之御歎願且御本坊へ御退ハ御差留之由右ょてハ依然之姿故充分とおょてハ無之と存候

○近鷹御一和合力青宮助ニ被爲取候事申談致周施（マヽ）候様申置候事

○安達へ佐太郎ゟ差越候書面寫

前書畧ス豫州公ゟ差出（マヽ）る命を請候樣ニ而も動搖を不免又

朝廷ゟ御聞被成候而御書附相下り候樣ニ而も少し

朝憲怪か◎輕キ樣ニ而右二不穩候故近々之内

陽明家へ被召呼決而其邊之事ニ氣遣無之樣被仰聞候ハヽ前文二ヶ条ニ

ち不相拘良策ニ而ち有之間敷哉片刻も早き方可然と存明早朝本田陽明

殿へ參　殿之節ニ右之段可申上筋ニ申談置候何分前二ヶ条之所も延日

ょも相成彼是不可然歟と返々申談候事

廿一日

武田耕雲齋一橋公ゟ御使ょて參候

○昨日青門公へ御對話相濟候御吹聽御挨拶被仰下候

○昨夜傳　奏衆參會過日被仰立候ヶ条御返答有之由未タ右之御都合ハ不

相伺趣之事

○浪士之者共御上洛前ニハ處置被致度依而左之通御相談有之候事
天朝ゟ浪士取扱方一橋殿へ御沙汰有之候ハヽ各藩へ被相命夫々引取無賴
之者ハ
幕府ニて夫々應人以長技御召使可被成事
但是迄頭取と申者之內不屆之所業いたし顯著之者兩三人ハ嚴重之處
置可被申付候由
愚考御返答
御上洛迄ニ云々御尤千萬之御義ニて實此儘ニてハ
天威幕權ともニ不被行候得共重々御處置有御坐度乍然此事ハ小事ニ似而
大事と奉存候方今疑
幕府信浪士とも可申
朝廷之勢候得共兩役衆抔迅速承知無覺束何を評議之上云々抔被申候時ハ
極密御處置之義浪士へ被漏却而暴發ヲ促シ可申尤左候とも無子細片付

ハ可仕候得とも畢竟ハ一橋公ゟ無理なる事御仕向可相成筋故云々相發
シ兼々被腦（惱か）
叡慮候事端を起し候抔と意外疵付候ゟ
天意ニ御違背抔被成候樣滿
朝可申哉何分一橋公御考之通
勅命下り候處無心元義と奉迎（マヽ）憂尤青門樣陽明殿へハ右等御密話御坐候と
も無子細必御同意ょハ可被爲在候得とも青公ハ御國事御參謀有名無實
陽公ハ御不斷故只御同意とて御議决可相成とも不奉存候夫よりハ昨日
も中根を以申上候通近鷹合心一躰青公を助ょ御參謀被成候ハヽ昇足不
可拔雌（確か）乎御威權乍憚三公へ歸し候故他紳縉家ハ自然と輿議も相や
み可申右樣於
朝廷大臣家御握權之末尙御工夫可（マヽ）有御坐度と存上候
○安達參候

因州も明日着の由

○此方之義本田ゟ陽明殿へ一昨日薩よて申談候處申上候得共折角殿下よ
も此儘よてハ御安心も不被成早々何等とハ相成度と被思召候得とも兩
役抔異論も可有之哉と御懸念之旨右ニ付本田ゟ御相談不被爲◎脫か在直ニ
伊与守を召御沙汰被成下度と申上其處ニ御取極候由今明日共何分御用
多ニ付明後廿三日參　殿御沙汰有之旨今朝佐太郎ゟ傳承いたし候由申
出候事

○大原へハ此間ゟ參申候故開達致候處同卿話よハ轉三條抔ハ心得違居候
と被申候由左樣と察居候之

○良之助ゟ返事參候大意

寫

轉法輪樣へ罷出且又拙寺へ御出時々御應對之內御疑念之次第ハ無之候
間御安心可被下候尤　親軍之御論有之小子申上候よハ

天朝之御趣意与ハ乍申關東ゟ御斷之事故一應
公武御相談可被爲在と奉考察候由申上候小子ハ烏合之衆之事已御苦勞申
上候由御答申上置候乍去尊公よも世上之疑念晴候樣今少御周施（ママ）被爲在
候而ハ如何ャ密々奉言上候轉法輪樣へも小子誠心ㄊ一々同意とハ不申
上書付迄之事と申上置候却而名々之誠心別ょ相貫候ハヽ同轍之議も有
之間敷と奉存候
○本多彌右衛門
○青門樣へ昨日議奏參殿是迄不行屆處ハ甚恐入候爾後ハ大小之事件与
聢申上候間御參謀被爲在度と被申上候右ハ決而御承知御坐候半と奉
存候よし近日之大愉快恐悦（皇國御爲）と存上候事
○陽明殿ゟ此間一橋ゟ此方ニ出候樣被仰下候處心すみ不申義なるゆへ
不出旨申上候由右樣ょてハ決而不宜參候樣被仰候故事情彌右衛門ゟ
申上候ニ付廿四日ゟ參　殿被仰下以後一橋公へも青門樣へも少しも

無懸念參可申との事孫云諸所見物抔尙更可然と申合候よし
○青近鷹一心合躰昇足之義極內意ニ付周施可申との事
○今朝一橋公浪御相談ニ付愚意申上候事話候處極ゐ同意存候由尙申談
置候樣申付候
同廿二日
○中根靭負手紙容堂昨八時大阪へ着之由爲知越候
○永主水正へ自書遣ス
○關白樣ゟ御自書交肴左大將樣ゟ大菓子折被下候
御書寫大意
扨此頃世評ニ其許ヲ彼是惡說ヲ唱へ種々ト申觸し候哉ニ相聞え候事甚
如何之義全何者之業共不分明折角其許御周施之障ニも相成扨々如何之
義ト存候決ゐ右樣之義御採用無之是迄通格別ニ御周施御盡力在之樣存
候事

但前後文省之

御請大意

前文畧云々盡力可仕旨誠以恐入難有奉畏候素ゟ搖動攪ママ惑爲仕候捕風說

ニ可有御坐微臣於胸中ハ乍憚奉對

天朝且鬼神ニ誓而毫も如評心底ハ無御坐晴天白日ニ候得共文中不容易字

面も有之

朝廷之御程合如何可被爲在哉と恐慙愼懼仕甚乍不本意荏苒罷在候處豈料

懇々切々之蒙御諭教不啻奉感泣安心仕候爾後ハ不顧念乍不及以死力微

忠相盡可申ト奉存候且又近日中參　殿之義御沙汰可被爲在候旨廿四日[illegible]ママ頁

節ゟと申參候事　難有奉待上候萬縷心緒其時密　奏可申候將又無存懸美事之海

鱗數尾又

左大將樣結搆之御菓子被下置何とも〳〵恐入難有奉感荷候早速拜味連

日苦悶之情一掃可仕實ニ深き　思召之程徹肺肝難有奉存候云々

右卽眞一ヲ以進呈ス

○頃日以來一統憤歎屈心之事故殿下御投書大意書拔爲安心爲示候事

同廿三日國へ別便立候

○昨夜殿下御投書ニ付國へ別檄差立候事

○良節參

明日島津同樣陽明殿へ出候事昨日近日可致沙汰と御噂被爲在候故何分

之あと何日と被仰出度と申上候得ハ然ハ明後廿四日と可申候故其趣相

通可申との御さゑの由

○青門樣ゟ昨朝議奏ゟ被申上候御請被仰達候由恐賀〳〵

○先頃閑叟ゟ一手を以何分

輦轂之下守衞可成上と強而殿下兩奏へ申述右御返答御當惑ニて良節へ

三藩ニて早々致評議候樣青門樣御さゑニ付退而同人相考候所最前攘夷

被　仰出候時策畧之義ハ武臣云々と御坐候間征夷府へ御委任可被爲在

候筋と奉存閑叟右様所存も候ハヽ幕府可申立と被仰出可然と申上大ニ
青門公も御發明ニて早々陽明殿へ罷出其事申上候様即時參　殿中上候
處是又御悔悟ニて正親町へ出可申述と被仰付出候處參　内後ニ付其事
又殿下へ申上候處則御家來分とあり御所へ出中山と正親町へ申述候處
一寸と落意無之段々條理之御達と申義再應申上漸御落意ニて早速明日
參　内其御處置ニ可被成旨ニて翌日閑叟參　内之末關東へ參候様被仰
付候由
一時閑叟議論嚴敷申張候由乍然心裡不可解事候
○一昨夜或者參リ暴論徒も近日ハ大ニ萎靡致候趣致密話候由
○三郎宿寺無之知恩院と存候處　幕府御立除か◎退場所ニ兼々相成居當惑
ニ(マヽ)至リつまり佐太郎周施(マヽ)ニて一橋公達御聽候處將軍二条之御城御立退
と申事ハ無之もし左様之時合ニ至候ハヽ迅速　禁闕へ被罷出御守衛其
他御處置有之ニそ御職掌之御義　禁闕差置御立退抔可有之筋あく候故

宿寺ヨ困り候ハヽ勝手ニ可致相談と被仰述感服且追々浪徒も傳聞大ニ感賴候由

○市尹永井ゟ返事參候

三条制札之奉行名先夜削取候由抔歎息申越候事一橋ヨて面會之義承知申越候事

○容堂ゟ昨廿二日大阪ゟ之自書到來廿五日上京ニ相成候由候

遠州洋ヨて兩度風雨ニ逢將覆沒兩度モ主従決死の由翌日ハ少々穩其

内安心ハ不出來已ニ二千石位の船破烈か◎裂いゐし居候由

○今日近衞樣如御願御退職内覽如元鷹司樣關白被仰付候事

同廿四日 因州昨夕着今日返事 ゟんび酒到來

九時供揃ヨて陽明殿へ出候

但出懸長土へ年礼爲挨拶參夫ゟ鷹司殿へ出候事

○早春以來色々之御礼申上候事

○近鷹粟御一躰候ハヽ諸卿紛議消減（滅か）之儀と駐被爲在度懇々申上御呑
込宜敷候事
○一橋公浪士處置之義被申出候由　天ゟ一聲ニ至兩役抔異論有之由當時
御よきわ中との御話故此間愚考一公へ申述（候脱か）義御話申上候處御同意
との御事候得共發候後よてハ片時も早く御處置無之而ハ漏泄之所不安
心と申上候且　天ゟ云々無御坐而ハ幕ゟ下手六ヶ敷意味合と篤申上置
候事
○長父子御暇家來いろ〳〵と（ママ）事申上御迷惑故御斷相成候由
○青門御還俗之義伺候處內實ハ御決議の由
○鷹樣昨日ハ於淸涼殿被拜
龍顏御礼今日ハのふし着そめ參內於同御殿拜賀又於常御所　天盃被下
准　皇（后か）樣拜謁之末鶴の間へ退坐徹夜之由
○左大將樣へ伺候昨日ハ左府樣隨身兵仗內覽如舊被　仰出准三皇（后か）

宣下被爲在候ヤ　准皇[マヽ]之義ハ御直ニ御沙汰も再三被爲在候得とも强ゐ御斷被仰上左候ハヽ重ゐ可被　仰出其時ハ被畏候樣との由實ニ奉感服候扨關白御辭退之末ハ親王右大臣之下ニ御坐位相成內覽ハ如舊と候ては何ら御不都合の由尤陽明殿ニハ　准后御例無之其上是迄關白御辭職後四五年後　准后宣下ハ有之卽日と申御例無之旁御斷之由　將軍御上洛時分ハ宣下可相成と御話候事

○主上御力殊の外被爲在候由和歌抔も卽坐五十首詠抔被仰付難題も出皆々こまり候と御一興ニ相成候由抔御話

○宮女緋袴さもきよろしき御話抔有之袴なもの外ハ上下帶ハ無之由

○島津と同伴遠乘[マヽ]話申居候得ハ高砂之義靑門樣ニて御話有之名馬の由此次見度と被仰候事

鷹樣馬御好の由

同廿五日　容堂今日着

○六半時馬計よて東本願寺へ出候昨夜被仰越候故之
○浪徒御處置抔御密話有之候事
○昨日左府様御話之內左の二件申上置候
　○青御內決の事
　○浪處置御よきゟの事
　右等今日青門様へ尙又被仰立候事御話合申候事
　四時前歸る
○容堂へ着乍取込差向話度事有之夕方參度旨以使者申遣候事無程歸り參
　候様申來候事
○大佛脇容堂本陣へきむ計よて八時出る
○五年振得面話互に大慶密談數刻酌酒つゝ愉快不可言
○我藩を治めにして
公武御間ニ周施（マヽ）ハ不出來明日ハ迅速處置致候趣密話いゐし候實ニ此處置

ハ
公武御間ニ大關係之事
○閑叟當地へ參てハ不都合故江戸よて
大樹公文武御相手申上候と申居候由彼圓熟頼ニ不足と致痛歎候事
○十三四日風雨ニ合(か◎會)候話承暮頃下田を出し(ママ)候處五時頃ゟ北風怒浪不
可當船動搖甚敷時ハ二十度位ニ至主從極必死容堂抔三人ゑき合居其儘
おけまろひ候由曉ニ至更ニ地方山も不見其内東南風ニ廻し帆恭よて馳
〔朱書〕○去冬マンパチ歸り春岳へ參候時落馬の話する
り未刻頃八丈島見得候由十四日も鳥羽へ入候事不出來洋面ニ漂動致居
前日ゟ風波共少々穩ニ至候得とも二千石位の荷船眼前ニ而及破沈一統
寒心之極の由夕方よふ〱鳥羽へ投錨(か◎錨)之由九死得一生幸福之至候
話承居候中不覺毛骨悚然いゑし候小性抔今以服ア(ママ)もとゞ合不申由
○容堂娘お光參得面會候五才の由利口之久々振ぞんし居候女中ゐさくみ
抔酌よて酒のみ候寺院よてハ珍敷事奇遇と致大笑五時過歸り候

○因州ゟ手紙參る明晝後當方へ參候趣申來候夕景清一郎よても申參候事同人容堂旅院へ罷越候中根靭負も同院へ參逢いろ〳〵致密話候事同人ゟ容堂へ八日迄ニ於江戸表御相談被爲在候義ハ皆無用ニ相成候◎由（脱か）申居候故實〳〵近日ハ朝變夕化と申勢之と此方申候事

○安達ゟ杢兵衛へ話候よハ昨夜左之方々様へ張札いゑし候由

　青宮　陽明　鷹司　正親町三條　中山　議奏衆

　此内轉法輪ハ無之不可解之一端之

右之如よてハ

天朝を輕蔑いゑし大不敬　禁闕へ強◎奏（脱か）候も同罪不屆至極不堪憤歎存候事

同廿六日

○一橋と春岳へ狀出候靭負今日爲迎大阪へ參候由之廿二日江戸乘船の趣候

○良節參候
一昨夜青門樣御始への張札致歎話候事主意ハ
中山正親町早々御退ケ可被成候左無之におひてハ如島田可加天誅と
の由
中正兩家張付ょハ廿二日於大阪被殺候池内大學の耳を付有之由絕
言語候事之
○昨朝青宮ゟ長佐々木男之被召寄左之通リ御さゐ
薩長土因肥後五藩之内ニハ右樣致不法候もの有之間しくとハ被　思召
候得とも早々相傳候而嚴重吟味之上申上候樣被　仰付同人ゟ薩へも傳
來候由
○右五藩主人ハ不及申其外小藩不行屆之向ハ五藩ゟ戮力いゐし無頼不法
之者早々吟味處置可致と於學習院
勅命被仰出度第一ハ　一橋公會津圖書頭抔へ被仰出度と存候事良節へ致

密話候事
○薩蒸氣船過る廿三日夕大阪出船汽力充分よてもしり候處六過不計明石の洲へ乘當短的ニ船よおに乘り乘組刀をよふ／＼取輕舸よてのかせ候由輕（か）◎怪我人ハ無之船身ハ沈沒帆柱出居候計荷物ハ存外取揚候得とも機具迄も（か）◎は取不申と良節申居れ扨々可惜事數万金を出し候大切之船其儘よてハ如何ニも殘念千萬と存候取揚候工夫重々可有之と申置候事
○靑門樣ゟ明日晝後出可申旨被仰下候事又夕方三日程御斷申參候
○申後閑暇春雨滴々讀書ス漸覺春晚
同廿七日　餘寒
容堂ゟ昨日之返事差越候大意前後文畧省
寫
扨僕大英斷云々今夕下手之心得ニ而當人呼出候所叩頭陳謝實ニ恐縮之狀故先々恕申候巨細ハ可期面晤候靑門宮始へ張紙以之外之事絕言語申

候
〔朱書〕
虚説之
○孝太郎大村藩士ゟ承候由江戸ヨて伊東長壽院も被切候由手(マヽ)塚律藏も可
被切處御堀へ飛入のゐ迄候由〔長藩士之業ヵ〕
御本丸元日ゟ七日迄三度失火ゐヱかゝヱ候由
○大阪ゟ京へ捷路
天満ゟ長柄之渡へ出柴島を經新家之茶屋ゟ吹田道へ下り一丁餘行と右
側ニ立石ゐヱ其所ゟ右ヨ折三寶寺目當ニ行江口へ廻り江口渡を越一ッ
家へ行唐崎迄堤傳ひ唐崎ゟ富田之橋へ(マヽ)渡り山崎へ出ル山崎惣門之外右
側之茶屋之間ニ露路之様なる細道ゐり其所ゟ茶屋へ裏通ひ久世汶目當
ヨ横打(マヽ)へ出ル横折(マヽ)ゟ七条或ハ東寺へ出ル道凡大阪ゟ京迄七里半ヨして
達ス
右阿州新居与一介ゟ借寫
右之道程吟味ニ付彦根人見繕ニ参リ申候由右之捷路を彦根ゟ啓き

天朝へ忠を立し驗と致候哉と新居噂仕候
○長左衛門致參着國樣子も承致安悦候事
同廿八日春寒四十二　大佛前少々燒候
○江戸過ル廿日立達ス眞田ゟ養子之事申來候
○閑叟ゟ自書參江戸ゟ之
○良節參候
○粟田宮樣昨日御還俗之義被　仰出候旨實以爲
皇國難有奉恭賀候
○宮へ自分罷出候義相控候樣御沙汰御坐候譯ハ廿四日投書一件ニ付御處
置中故若シ罷出候而ハ又々何ら申上候樣嫌疑横説等有之も不宜候故之
御沙汰と被仰下難有奉存候
○廿四日宮へ投書之寫尤兩殿も大同小異之由
正月廿四日夜投書（表包油紙ニ包其内を半紙よて封し表書ニ）

青蓮院宮様へ　上書

恐なから謹而奉申上候近來御役人様方御徃ゟ（本ノマヽ）（原註）萬機之事日々姑息偸安之御處置ニ涉り宇和島等之邪說ヨ御惑ひ攘夷之事をもしめ萬事關東之處置任せ滯京之諸大名ハ其國ニ歸候而も宜抔との說御唱への御方不少由甚しきヨ至り候而ハ野史太平記等之如き大ニ名分を誤り候事ヨ均しき說を御唱之御方も有之由不忠不孝無此上事實ニ國賊といふゐし其上御築地內賄賂橫行等之說も有之有志之士大に望ミを失ひ候中山公正親町三条公等ハ先年久我家之反覆ニ御隨從逆賊酒井若狹守等へ御內通なされ候義衣冠之御身として奸賊ニ使令せられ候事其本を二ッヨするのミなからす不忠至極實ニ御罪科なる御身今日ニ至りいまた御改心無之表ヨハ正義を御唱へ內實ハ因循之說御主張賂賄（マヽ）等も數多御受納被成候由風◎か聞世ニ反覆不と罪大なる支無之候如此御方々廟堂ニ被爲在候而ハ決而難相成不日屹度御退為可被遊候全体御新政之初めニ付殿下様初め御

役人様方ハ不及申上御堂上方御一体御遠大之御志深遠之御策略なくてハ決而一新難相成候譬へ衣冠之御身といへとも奸賊ニ使令せられ而ハ實ニ國家之蠧賊と云べく就而ハ反覆之御方ハ二公ニ限らば速ニ御遠ざけ第一忠良之御方を御用ひ言路を御開キ朝廷を御清め被遊今日ゟ斷然果敢之御處置非常之御新政
朝議確乎として御動なく千裁か◎載之御もかりおと屹度御定め可被遊候
申上候迄も無之幕威ニ畏を候ものゝ說決而御惑ひ無之様伏而奉願上候
誠恐誠惶頓首敬白

正月

表包進藤豐後守殿

諸大夫中封之儘御披露

別紙表ニ諸大夫中

以手紙得貴意候然ハ此壹封御主人様へ早速御差出可被成候万一開封等

致し遅滞ニ及候ハヽ、島田宇郷のごとく加天誅可申候已上　正月

○段右衛門岡部へ遣し両奥旅行之事承合候處御上京中不差支の由

○古川ゟ一呼いろ〳〵もおし候

○國へ両奥迎の事別便立候之

○佐竹今日着爲知有之

同廿九日　〔朱書〕春岳浪華へ着之

○安達方へ孝太郎遣す

中山正親町両卿も此間ゟ所勞ニて引込之處昨日御役〔朱書〕依頼之御免之由全く過日之張札故ニて浪士之説御採用有之譯ニ相成殘念千万之御義と存上候一橋始學習所へ出候而御沙汰之義もやみ候よし

〔朱書〕朔日孝太郎薩へ遣候處廿八日本多藤井両人共　宮へ出候而段々申上候處左程之事とも不被　思召候様子故　朝威幕權共不被行譯懇々申上候得ハ御分り相成り夫ゟ即刻両殿下御招ニ被爲成御密談ニて被相決候事と奉存候由申越候得ハ両士之鼻力と可申候

○夜九時頃両傳奏雑掌ゟ留守中當テ奉札到來

寫

御用之義有之候間重立候御家來壹人明朔日辰刻學習所へ御出頭有之候

樣尤御兩役御面會ニ候間其御心得可有之旨可申達旨被申付如是御坐候
已上
正月廿九日

別啓青蓮院宮御還俗御內意被　仰出候ニ付而ハ御歡として若參上並使者之方も有之候ハヽ當時御仮坊ハ狹少御無人ニ候間便宜之節漸々ニ參上有之候樣被遊度無屹度可申入置內々御噂ヨ候事

○右ニ付明朝駿河出候心得申聞候事

仲春朔旦

○今朝孝太郎良節方へ遣昨夜傳奏衆申來候學習院御達ハ何等之事ヤ薄々存知居候得ハ承度と申遣候處一昨日青門公へ同人彌右衞門罷出浪士御處置之義段々申上候處終御納得被爲在兩殿下早速御招御談合之御樣子相伺退出致候故定而右之義可有之主意ハ過日此方被申聞候處ヨ不相變由尤一橋公會津ハ別段諸藩ハ又一統兩役ゟ被達候半脫◎かと申候よし

○中山正親町退役ハ同意致歎息候由正親町ゟ即日長藩へ勤役中之挨拶且深切忠告云々被申遣甚以いゝめられ恐悚よて宮方へ出候藩士も昨日ハ不出よし

△戸島イケス船よて參候由左之通献ス

昨朝位ニ　鯛一ツ 鮑七ツ　頼母

戸島出候　海老五ツ 鮑五ツ　藏人

樣相見得　杢兵衛

珍敷存候之　鯛一ツ 五ツ　內藏

書後駿河歸リ學習所之次第其外左之通

學習所へ一同列坐之上兩役衆出坐上席之長州家老を坊城殿膝元へ召呼御書付主意一應被申述候上書付被渡一同拜見仕候而兩役引入被申皆々退坐

達書寫

近頃無名之投書元来従國忠正議心底相與候義ゟ候得とも却而人心可到騒擾候殊去月廿四日夜關白殿青蓮院宮前關白殿其外兩役家々投書有之候昨年十一月薩長土之三藩申立之義も有之候次第ニ付諸藩士ニ而右様之義致候義ハ尤有之間敷候何人之所作ニ候哉取調有之度關白殿被命候事

但被塞言路候ニハ無之候以来致告訴度義も有之候ハヽ書姓名其筋へ可申立候其上御採用有無而　朝廷之御處置ニ可有之候事

○右ニ付取調之上關白殿前關白殿へ可申出旨坊城殿口達

○同斷ニ付取調餘リ嚴重ニ相成候而ハ不宜候ニ付重々穏便ゟ取計候様野宮殿口達

愚案右御沙汰之書面中甚不敬云々と可有御坐候處更ニ其義なく取調も嚴重ニ不致重々隠(穏か)便云々浪徒ニ尤を被與候而大ニ御勘(斟か)酌之意相見得殘念に不堪事穏便之二字幕ゟて夷へ相對候用方と同斷之

○夜ニ入左之通り相下候

今朝於學習所云々被　仰出候趣も有之所此方不待下知自己之探索い

ゑし候義ハ堅相控可申事

二月朔

右一統へ可申聞候

三やく

仲春二日　賴母出立する

○容堂返事

昨日ハ於學習所云々被

命恐縮之至奉存候扨三條へ參やゝ一時計論評於黄門ハ賢明ニ御坐候何

分衆人之議論ニ疑惑生候樣被察候且又貴兄之事ハ浪士輩惡口之樣ょハ

決ゐ無之御安心可被成夫々期面盡候春岳も去月廿三日出帆同廿九日着

阪之趣昨夜以使者爲知參候御互ニ大力ヲ得候心地之四日入京と申事候

二月二日

○長岡良之助返事畧寫

朝廷之御紀綱も昨日之被

仰出よては卓立仕候本懐雀躍仕候攘夷之義も賢兄紙上ニ溢迄大愉快之

至云々

○彌右衛門參候

一青宮へ出候御時合相伺候事

一陽明殿奥通り同斷

右相賴置候事

一兩人中山正親落職去年岩倉千種抔之前ゟ勤居候人よて此の時も他卿よて御

発と申說相起候處終よ

主上ゟ兩人ハ其儘ニいたし置候樣御沙汰被爲在別而正親町ハ御賴みよも

被 思召候得とも故轉法輪大病中一度も見舞不被參右等甚不快よ彼主

從も存居候よし候得とも指而可申立ヶ條も無之段々今日迄勤居候樣相成候故無名投書ょて云々の處置をもかり候義と存候よし始終兩立ハ六ヶ敷可有御坐と察候得とも此度無名投書ニ付云々ハ恐入殘念と申居候宮樣ょても右投書之夜ハ關白殿のふし初め　禁中諸太（マヽ）夫も留守ゐる事存知居候ハ下ょてハあく上ょ差圖の人可有之と存候よし御話御坐候よし恐入候

○近日五条邊大店茶屋へ長士熊水戸士抔六七十人參會致候由何ら御上洛〔朱書〕此會長門守參候而酌いゐし候由 頃可發哉とも存候義有之去年御上洛之事被仰出候節夫ハ幸と申候者現〔朱書〕右粟田宮へ長士出申上候處譯御尋ニ付一向面体も承知不仕候而ハ如何ニ付右樣仕候由申上候趣實ニ不堪驚歎話 在有之よし去秋頃迄出居候ものハ追々諸藩とも引取此頃ハ委しき事も之不知候故矢張今日も幕吏ハ戊午時分之如く如虎狼之ものと嫌候其實ハ不弁別ゟ起候半と考候よし申居候

○耕雲齋請書出ス水人西宮和三郎

於學習所御達之主意ハ一橋公方へハ御達シ無之由何故ャと存候

同三日

○四時馬計供ょて長岡良之助方へ用談ニ参候二條新地脇寺色々用談攘夷期限之義話合候事

一轉法輪面會之義明日良申候由

〔朱書〕御暇御羽織頂戴間違筋有之え夥し大わらひ春も時計落候由

○八時後土へ参容堂ゆる〳〵致面談用事話候入相頃歸り候

〔朱書〕去冬春岳へ明朝可遣用狀間違即夜九半比参り聞戰中當惑其後內話失笑亦容堂も同樣の事に逢候と大わらひ

國去月廿三日立左之面々今晝致着目見申付候事

次郎兵衛

勇右衛門

兎毛

善三郎

四郎兵衛

惣兵衛

淳右衛門

丸龜ゟ船順よく大阪着のよし

長兵衛
勘六
章藏

○右便よゐ自書參恭賀致安心候事
○今日傳奏衆雜掌ゟ左之通り申來候
然ニ一昨日於學習院兩役御面會ニゐ御達被申入候義御取調之趣ニ一封
ヲ以鷹司關白殿近衛前關白殿之中へ御申上可有之候樣云々

同四日

○四時供揃馬計西陣織屋へ見物ニ參六軒廻る
○北野因州へ參用談する
○兵庫へ英船三只ママ渡來之風評有之由大阪ゟ晝時申來候由　安達東本願（◎寺脫か）へ參候
○松主殿頭落合初て致對面候事
○七前清一郎歸り來候事一橋公方へも風聞申來候由

但因ゟ渡來候ハヽ、所置伺書出候春岳も參殿の由
○大樹公御上洛も御採（マヽ）上ヶ相成候趣書時江戸ゟ申來候由御日取ハ未タ不◎
相分候（◎脱か）
○明日轉法輪へ因出候由口氣申越候約束
○裏辻侍從諸家へ參候由因州へ申越候趣之
○五過春岳兄ゟ自書參返事遣し候
○松長門守嵯峨天龍寺へ引移ヿ候よし
〔朱書〕右異日致暴發候時之爲ょ可有之と被察候事

同五日
本田參候
○宮御傳言當關白殿へ差付罷出候樣尤陽明殿ゟ内々其事ハ御自書ょて被仰遣候樣との事罷出申上候處過日申通し置候得とも尙差付參候事心得可申遣との御事候由

○昇足之義申上能被遊御承知候由

原書丸ノ中ニ朱點アリ

〔朱書〕武田耕雲云西本願寺翠紅庵ニ而相催候よし其事ニの又別ニ兩度ヤ不相分候

◉過日五條茶やよて所謂唱義之徒長門守ゟ呼集慰勞酌抔致シ遣候由右ハ

粟親王へハ長士申上容堂も承知よて猪太郎へ話候由之

○松相摸守參對話明日當關へ出候義伺有之由ニ付此方も明日出可申御否

承度と申置候事

○兵庫英船彌之由

前同斷

◉大樹公廿一日御發舶と申事

蒸氣船一荷船二

○一橋公へ呈一書候

同六日

○因容兩兄へも出し

前同斷

◉夕刻容堂兄ゟ投書

左之通り

略寫

兵海英船一夜津泊翌朝行衞不知成候由僕考ハ横濱へ參候船歟と存候今日ハ有志輩相會シ三條姉小路ハ正議故是ニ背ましき證據に一同血判を致にと申事別條無之候得とも英船云々明白故如此候早々頓首

前同斷

◉長良返翰大主意

寫

一昨日三條へ出候時此方參殿之事御話申候處いつよても參候樣被申候由

○陽明殿日向之助ゟ手紙

今日鷹司殿へ推參可致と粟宮樣ゟ御沙汰之よし若シ出候ハヽ歸懸前殿下よて被遊御逢◎度（脱か）と被　思召度々鷹樣へ御問合ニ相成候處不相分今よも出候ハヽ歸懸可出尤わさ〳〵出候よハ不及申參候故因州ゟ鷹樣伺候處八日迄御差支云々ニ付相控居候旨申上さセ候事

○耕雲齋封書中

○過日翠紅庵よて長門守諸浪人招候時供人

番頭よて君側勤神村齋宮

外ニ貳十八人計

熊藩

任江甚兵衛◎佳江か　宮部鼎藏

佐々淳次郎　山田十藏◎十郎か　川上喜齋◎彦齋か

土

武市半平太　平井收次郎

對

多田庄藏　青木達左衛門◎達右衛門か

石

福波文三郎◎福羽か

長

中村九郎　　　佐々木男之　　　守島忠三郎 島◎寺か

久坂玄瑞　　　松島剛藏

水

十四人　名不知

同七日　國去月廿二日立達に

陽明殿へ出御對面申上いろ〳〵御用談御歎話

○攘夷期限之義越土申合候樣

○朔日御沙汰六ヶ敷譯めやす箱出候位の論のよし其も御尤候得共下となきて入させ候樣の不公平よてハ不相成と申上候事

○裏辻中山侍從之御話侍從ハ昨夜出候よし在上因循よて不相濟御改被成度抔暴論申上候由當關御逢無御坐不伏是非昨夜又出もし御逢無之候ハ、同志一統出候心得のよし祖父大納言も不宜故爲　君よハさし可申と先達口外いゑし候由絕言語候人と存候

○中山親正丁◎正親町か賄賂云々も親類よて御ゑゝし有之處昨年來到來品書付被出候由何も如何ハ無之昨日轉三條持參候得とも直ニ歸し候疑心ゟ起候事轉法もさ溢り居候よし此さまりハ可疑
○例幣使の事
○一橋公御出會疑念入候よし御當惑のよし
同八日
○鷹司殿へ參上致御對面候
　但秀之おや刀取ニ出居候而別段目見ニ出候廣間へ詰候ものと相見得申候
○越中根靭負呼參候傳言申含候之
○攘期限之話する春岳へ傳言之
○尾州ニ而當地再度依御沙汰出候得とも爲何事も不被仰付候云々昨陽明殿ゟ御話之義申候所

意味田宮ゟ靱負へ申候處と同斷之
○肥後轟住江抔も因循之由申候所彌太郎答ハ攘夷云々ハ
勅旨幕ﾖﾘて遵奉相成策畧ハ武臣之任ニ爲御任有之何分衆議ヲ盡シ期限を
大樹公御上洛之末布告可有之筈故當時別段弊藩抔ゟ可申立譯無之と申置
候由戌〔マヽ〕午時分とハ彌太郎も大ニ違宜敷由相話候事
○其他歎話數件
○安達使ニ參候
○三條へ左右兵衛實備之義申候處同意悅候よし五十歩百歩の譯と存候
寮御馬之事
御上洛ニ鞍置二疋
阿州ゟくら置十疋献上當時御預のよし
裏辻激論口才之由
○越土兩兄ゟ自書參候

同九日○前夜江戸別便達ス
お住マヽ下向用事之

○高崎佐太郎參候宮様も彌御快く被爲在候よし

○容堂ゟ返翰大意

〔朱書〕大阪ゟ孫之丞去月廿五日乗船昨日着阪之マヽ申越候間當方ハ粗安心故爲迎江戸へ可參一旦當所へ立ヨリ候樣申遣候
寫

事

扨昨日ハ風雨中着雨衣馬上ニ而　橋黄門へ參り候岡部澤武田も列坐天下之大議粗決定黄門も別而憤勵因循論之口氣毫も無之可賀々々今日ハ春岳方へ參向又決議之心得ニ御坐候

同十日　〔朱書〕江戸へ別便立候戻リ足輕

○容堂返事

昨日ハ猶政事總裁マヽ◎裁方一橋始大會拒絶一條其他決議御坐候夜ニ入鷹殿へ一同々伴委曲可申上候

○八時出門と存候處圖書着致シいろ〳〵話御樣子も詳悉安悦存候

○御書拜見

○轉法輪ハ斷直ニ容堂方へ參候
○拒絕之義御歸營後應接よて可決と昨夜關白へ被申上候今日於學脩〔ママ〕院よ〔ママ〕
ゐ、御尋一橋公へ可有之故昨夜被申上候由
參殿人
一公　容堂　因州　肥後守
○其他浪士御取扱町方〆合も可被申述由
○田安殿ハ御後見中御失職ニ付如御願官位一等被削御隱居御聞屆可相成
よし
同十一日
○容堂來翰今日一橋殿會津尾張前殿へ被參候末關白殿へ參館夫ゟ學習所
へ被出候由申來候
○晝過ゟ春岳邸へ參候處席支よて斷直ニ歸候事
○安達參候昨朝一橋公ゟ期限計よてハ不ゐと不致四月から四月と相成度

と申事昨朝五半時供よて春岳出門故他ニ使用之人も無之同人ニ參候樣被申聞候處直ニ參目見いゑし候得共不平之樣子夫々役人も有之故卽答ハ不致旨被申聞候由大事を安達抔へ被申含候處不同意ニ存被申（脱◎候か）半と存候よし

○陽明殿ゟ夜分御返事被成下候

大意

然ハ一橋始一昨夜鷹司家へ參入攘夷期限被申出候趣ハ委細ニ從關白傳聞候扨於學（脱◎習か）院一橋春岳へ兩役衆面會昨今延引明日ニ相成候事ニ候扨命之通強奏頻ニ有之實以苦心之事ニ候扨三条家へ御出之義日々退出遲々ニ而理有之旨左程日々及深更候事よも有間敷哉と存候閑叟義ハ十四日よ復命參　內被仰出候御暇之義ハ彼是論も有之候而御評議中ニ有之候扨攘夷期限之所其邊ニ而至極之事と存候得とも種々異論も有之心痛候扨何ら苦心之事

共ニ而御察可被下候

同十二日　國へ別便立る

○六時過陽明家ゟ御直書被（マヽ）參卽御請申上候

御書大意

誠よ昨夕ハ御書中之趣代筆よて御答申入候所昨日之形勢一向不承候故御不審よも可有之と存候昨夜深更ニ關白被來朝廷之御次第承候事急迫之義此場ニ至候而ハ實ニ期限之處急ニ決定無之而ハ天下人心不穩義如何樣之變事も難計早々期限　言上候樣有之度存候右之義早々申入度云々

○六半時身仕舞俄然容堂來臨驚愕直ニ面晤

○昨夜四半時頃一橋旅館へ兩役衆八人爲御使被參大混雜早々春岳容堂方へ爲知來九時頃兩人出候而高家之狩衣借用よて候由

最初

兩役衆容堂へ被逢候て
勅諚ゟ（マヽ）御違背有之との義被申述候故其義ハ難心得能〻和漢歷代御勘考
可被成候
勅命なら如何樣な事でも御諫申上候事ハ不出來と申義ハ無御坐まして方
今
皇國御安危之御大事ニ至
勅命まても患害可有御坐と奉存候義ハ其段申上候社臣子之身分本意まて
昔ゟ不可諫之
天子ハ無御坐勿論只今被仰聞候義ハ乍恐
主上之御沙汰ニ候ヤ各樣の御存慮まて御違背仕まし〱との御事ヤと及論
判候處
三条ゟ御沙汰まハ無之と申候
尤左樣可有御坐總而諫奏或ハ所存不被申上樣被成候而ハ乍恐

主上之御徳ニきバ付被申譯よて甚以難心得御義右様暴ある事且又一橋始
よ里私へ先ッ被仰聞候抔御疑念甚敷候而ハ迚も今夜御同席ニ御談合ハ
不出來候故罷歸可申明日ハ早々御暇可相願と申切候ニ付
三条も手ぬる〱よて斷被申然ハ一橋始御一同へ御逢可申と申事ニ候
夫ゟ一橋春岳容堂肥後御逢
大樹公上洛無之とも後見總裁〔マヽ〕抔申合拒絶之期限決定處置出來可申ャとの
尋
春岳實ニ大憤怒突冠之様子よて夫ハと申出候故容堂脇ゟある程時ニよ
り出來候半
大樹上京之時期も一向不相分時候ハヽ處置方も可有御坐當今ハ廿一日乗
船候義決定遲くとも來月十日頃よハ上京可被致と存候故今よてハ上洛
被爲待候方と存候旨申述候由
春岳ゟ　大樹へ不申聞候而ゟ何分差支候と申候故一橋ゟ春岳容堂ゟ申

上候通りもむャ不日大樹も上洛相成候事故只今拒絶之義ハ差支候よし被申直候三条も御尤と申候由夫ゟいろ〳〵論判之末終ニ大樹公御歸營有之候を期限と可致處ニ決シ其趣一橋ニて相認四人名元書入六前八卿ハ被歸候よし
春岳不堪憤怒失言も有之一橋殿ニも失言もなるよしなから先々多分こともとあめニハ不成事と考候由
一橋殿春岳へ對し失言有之春岳大立服か◎腹よふ〳〵容堂ニて丸め候よし
○昨夜ゟ長久阪玄瑞熊藩士關白殿へ詰懸强奏いたし今夜中ニ期限御決定無之候ハヽ御坐をゟあし可申とて申つのる夫故關白殿も大狼狽事急迫ニ至今曉之御使迄ニハ相成候事と致歎話候事
○昨夕土へ長ゟ右之義取扱頼越候故斷然ことわり長門ニて取鎮可被申と返答いたし候由夫故長門鷹殿へ出候事と察申候之

○玄瑞處置容相話候事
○佐太郎參昨夜の話いゑし如此非常之事ニ至最早　粟田樣御參　内委曲
御直　奏不被仰出候而ハ朝威御更張不被爲在瓦解之勢不可當他ニ奉御
依賴候御方無御坐故伏而奉願候旨申遣候事
○一橋公ゟ御自翰ニて只今參候樣被仰下候事
八時過馬計ニて出る
△昨夜之御密話
△玄瑞始處置之義
△明日鷹へ御出の話なり
○佐太郎參る
△宮樣ハ今日御參　内之由ニ付陽明家へ參候處前之殿下も御參　内中
ニ付左大將樣相か◎拜謁相願候事
御話

〔朱書〕宮ノコヲ中山侍従抔國賊ト申由
△昨日長門守淡路守も參殿強奏いゐし候由轟武兵衞始と同意の由
△當關白不堪驚怖直ニ參　内達　奏聞其末退散ゟ宮と陽へ被參仝一箇
よて被取極兩公甚御不服の由
△叡慮を伺又被申上候も議奏ニ限リ候由尤宮關白ハ直ニ　御座へ被出
候由之共外御直ハ不叶
△昨日住江始申述主意書面寫歸リ候跡ニ誌ス

昨日以下寺島忠三郎まで二十六行原本他筆なり

○昨日關白殿へ強奏寫
卑賤之身を以不容易事件言上仕候段誠以奉恐入候得共時勢切迫如何
よも默坐仕ニ堪兼不顧萬死申上候先般
勅諚ヲ以攘夷之義被
仰出尙關東御受申上候得共期限等奏聞無之ニ付天下人心騷擾罷在此
往如何樣之變動出來候も難量候間萬一　大樹公御上洛御延引ニ相成
候ゐハ後見總裁職を以速ニ期限

奏聞被　仰付度候實以未曾（有脱か◎）之大寇ヲ掃攘
皇威ヲ海外（へ脱か◎）被爲遊　御輝候よ就而ハ旣ニ非常之
宸斷を以御親征をも被爲立思召候程之御事柄ニ候得共乍恐是迄之如
御深宮よ被爲在君臣之御間隔絶仕候而も不相叶第一言路御洞開壅弊
（蔽か◎）之患無之御近習衆ハ勿論堂上之御方々
御前へ被召出胸臆を被爲盡候樣有之度候且國事御用掛御多人被　仰
付候處何卒御員數御減少よ而御人才御精撰被爲遊日々列藩之情實國
家之大計等不被　聞召候而ハ不相叶候近來諸大名追々參
內仕
天盃頂戴をも被　仰付程之事よ候得とも是以非常之御破格を以　御
直ニ赤心御聞届之（マヽ）被爲遊度一日之安も千歲之禍ニ付片時も早々攘夷
之御大業其御基本被爲立度此段御裁斷被　仰付候迄ハ差控罷在候ニ
付何卒速ニ御評決乍恐奉希上候以上

〔朱書〕
此事採用無之候ハヽ
今夜よも暴發可致三
人も切服可致と申立
候由

細川越中守家來
轟　武兵衛
松平大膳太夫家來
久坂玄瑞
同
寺島忠三郎

同十三日
○陽明殿へ晝後出候義伺候處宜しき由
○一橋公へ歸り懸出候義伺候處二条御城へ御出故同所可參と被仰下候得共八目ニ觸可申と御斷申上候
○春岳方無差支由歸り寄候之
○容堂轉三ゟ宮へ出候由歸りよ越ニ可被參と申遣候事
○佐太郎宮ゟ歸る

御主意

段々考量之處申上候得共尤之事よて處置之義三郎參候上と被成御待候處昨日之都合ニ至候而ハ最早無止跡之處ハ決而違

勅云々抔相唱候事無之樣被成御含候故一橋春岳容堂會津四人申合候樣春岳ハ宮へ出候故御直よも可被仰聞此方よハ一橋同伴陽明へ出申上候樣尤彌右衛門ハ先ツ右之義陽明へ可申上佐太郎ハ此方へ申候通りと御沙汰其上一橋始四人當關へ出候て是非々々急速學（マヽ）院へ一橋始を被召寄處置方評議決斷被仰付候樣可申取との事

○昨日久々振御參　內ニ而兩殿下御一同被拜

龍顏近日之事情御密奏相成候處乍恐於

叡慮ハ强而不被爲替尤諸卿之內中山侍從抔宮並ニ陽明殿を國賊或ハ刺可申抔申評候事又浪士橫行之義も被仰上候處被遊　御驚愕候由轉三条抔も充分見込申上候程よハ無之由一橋春岳決而御疑念ハ無御坐御賴み

思召居候由之事

○三条御城へ出五年振春岳ニ逢一橋へも拜謁御席々拜見於　御黒書院御
椽（マヽ）坐敷ょて致御用談候事大小監市尹も出候

○春岳ゟ別席ょて

大樹公ゟ先年ゟ以來種々御爲筋厚致心勞誠實之段深被遊御滿足候旨無（◎度脱か）
申達候樣被　命候旨演舌御礼申上候事

○又別に達し左之通

御用談有之節々罷出心付候事共無服臟（マヽ）（◎可脱か）被申聞候事

伊達いよ守

右御礼御請申上退而一橋公春岳へも御礼申述且段々御辭退申述候得とも
是非〳〵可及御請旨兩所ゟ達而被申無據畏候旨申陳候事

○浪士共取締處置いろ〳〵申談候事

○七半過此方先へ陽明殿へ出御逢申候處一春出候而ハ御迷惑之由主意

當關を跡よ去てハ一き分有之且此頃合心一体之義申上置候處何分右よ
も差支青陽御兩所計と相成而ハ
朝廷判然孤獨よて萬事差支候故當關へ先へ參候樣被成度今夜參殿ハ迷惑
不都合との事迚もいけぬと存候故眞一兩所途中へ參左の通爲申候
陽明殿ゟ今夜ハ達而參殿御斷ニ付春岳邸よて御落合可申談候間兩所
とも待合可被申と申遣無程又御對面申上候事
○佐太郎宮ゟ歸リ來逢候處
一春容因會申合當關へ出是非〳〵浪徒所置今夜中被相付度旨御決斷
云々
○四時春邸へ參候容會大小監丁奉行急ニ呼ニ遣候九過迄ニ皆相揃及評議
候事
再度宮の策
今夜五人當關へ參殿浪處置論決之末下手可致云々容堂不落意ニ付見合

一橋公御直　奏之義被申出此論ニ決ス

○七時歸り候

同十四日

○宮へ出昨曉之決議申上候處御同意ニ付一春土會當關へ出願候樣云々

○二条へ登　城四兄と斷決ス

○殿中悉內見いゐし候

○暮時歸る

○春岳兄手紙到來

陳ㇾ一橋小子容堂肥後鷹へ參殿仕候處意外之義よて轉か◎傳議兩官も被相越居候故御相談之吐露ハ出來兼俄ニ外夷拒絕限月之事ニ轉換いゐし漸く是よて留相濟申候彼之都合我之不都合相生殆極當惑申候於楊梅激怒をも被發不申胸を摩し退出申候就夫明朝四時頃ゟ橋館へ御出奉希候云々

依
御内勅在京日誌

文久三癸亥仲春望日ヨリ
至五月二日閣筆

坤

仲春望
○晝頃一橋旅館へ參春岳兄大小監永井も出候致密談候事
○一橋公話昨夜鷹關白殿ゟ不容易御時体ニ付貴賤を不論
玉坐近く被爲召各所存抔可被
聞召との御事故近日十七八日比と申事御達可相成尤初日ハ言路御開き之御手數と
申位の御事多人數故御前ニて存意ハ不申もし申上度と存候輩ハ兩役へ
申述候樣此後ハ緩々申上不苦よし橋公ゟ相應挨拶申上候由
　此事ハ實ハ十二日轟久阪ゟ鷹へ强訴之通りえ口路御開ハ難有御事候
　得とも有名無實又ハ玄瑞抔之爲ニ被爲開候姿如何ニも卑賤之者出候
　儀勿體なき事と奉痛歎候
○右ニ付御直奏之義策致判談左之三等之論申述候事
一明日越參內之上
勅諚も有之由ニ付其御跡ニて御直奏申上候義相整候樣尤出來候ハヽ一公

も參　內跡ゟ可有之事
二近日一統被　召出候時一越土三人ハ特ニ相含候丈之義申上候樣相成度
三靑門公御參　內之末當今危急之事件萬般之事情諸浪士處置之義共御直
ニ御密奏被爲在非常之時合ニ付宮ゟ決を
主上へ被爲取御　勅命御書付よて一橋へ御渡被成下度左候ハヽ奉命鎭撫
も出來可申事
此三條之內三條目ハ甚下策何分第一第二を死力を被竭御周施（マヽ）被爲在度
と
宮へ奉依賴候外無他策旨申述候處兩兄始同意候得とも越ゟ昨夜來の事
猪太郎を以
宮へ申上相成居候間同人參候上と申置候
○本願寺御影堂本堂
東照宮抔拜いたし委敷橋公始廻見いたす

○八過猪太郎歸來委細
親王樣御賢考申述敬服感泣當惑の至奉存候
御主意大略
御參　內御周施マヽ聊御厭ハ不被成候得とも滿朝と申位ニ暴論被行候故御孤獨ニてハ不被行屆依之御熟考被成候處中間ニて三條專ら取用故同人を說得肝要此人解候ハヽ宮之御論も立可申と御考故一昨夜容堂へ此義被仰含候處いよ守ゟ承候得ハ昨日も逢不申由同人ゟ悔悟いたし候樣ときゝ候樣有之度との御事扱ときゝ候ニも中〳〵容易の事ニてハ氷解致ましく与篤熟考三條たをれ候や容堂倒候かと申位ニて決心可致尤於親王三條不解而ハ迚も被成方無之此儘ニてハ建武頃之覆轍ニ相成淺間しき世態ニ至可申見ニ不忍故國事御懸り御斷被仰上山間幽谷へ御潛居被成一越ニても其覺悟可然と思召切候由尤能〳〵當今幕府誠實遵奉崇敬候得共御疑念深く一越土昨年以來富國强兵新政施行忠實

公武御爲粉骨碎身追々
叡慮貫徹ニ至候故御褒賞も可有之處却而讐敵之如く御仕向よて攘夷云々
之今日よてハ彌此三人之如者ハ被爲懸御目候而諸事御相談も可有之
朝憲被爲振候樣相成度最初ハ國忠之念ゟ出而も今日ハ無謀淺慮强濟不敬
之徒ゟ暴說信用抔申樣よてハ中〳〵攘夷とさよてハ無之御國內之擾亂
ニ相至可申右等之義其他心得違之條々弁論可致丁寧反復御敎示有之候
事
○一同も感泣失望乍然何分
親王樣御賢考右之通候ハ丶總裁と自分參り容堂へ可申談と七時過橋館
立ッ
○越一同土ニ逢猪太郎も出候親王御傳言申述兩人ゟも依賴昇力存候間重
々說破候樣申述土素ゟ奉　命敬服明日參　內ニ付三條へ參候故盡力可
致尤一度よて解不申候ハ丶氷解迄ハ參候由談決ス

○土藩士壹人今朝不堪憤歎朋友義理よせまり自盡之由可惜可悲事中平太な刺度事ゟ起候由之

○一昨夜土藩供よまきれ久阪ゟ三條ニ居候事聞出し兩人刺ニ參候處逢不
申由万々一及殺害候後實ハ主命云々よて存外後患相生候程難計且又罪
をあらして公然罰度者故陰殺抔ハ不宜間敷と申候所主從同意

○猪太郎云藩よも兩人有之申出候得共此方申候通の主意よて差留候由

同十六日

○容堂ゟ密翰到來

昨夜ハ乍暫時兩知己と御談判其事重大といへとも御互ニ懇情他人非所
及候昨夜半弊藩ゟ飛投到來藩中意外之生異變候僕昨夜蒙　親王之內命
感激欲奉命候處禍蕭牆よ生シ內外之苦心御憐察被下度候委曲ハ近日得
拜眉可申上候云々參內ニ付三条出懸

右變患何等之事件候や實ニ憂苦ニ不堪此兄一身ハ今日三條說得之一

條ハ重大

皇國之安危ニ係候故尤焦慮之極候

○坊城ゟ留守居呼出シ申来牛四郎出候事

○一橋公ゟ昨夜土之都合御尋ニ付申上候事

○岡部駿河守ゟ文通

畧寫

只今江戸八日十日出両便到来十三日之御發駕無相違有之筈之旨申来候
右早々申上度陸路と變候御趣意種々有之候得共實御尤之次第ニ而　皇
國御爲相考御尊崇之相立候様之御苦心ゟ出候義候英軍艦三隻渡来猶跡
ゟ佛船も参可申旨

○薩土吉井忠助

宮ゟ猪太郎へ浪徒處置之義無差支出来候やと申埀問可有之故斷然不差
支旨返答可致御内通早々一越へ可申との事之由

此事容堂三條說得之功らと考候由候得共是ハ宮ゟ云々尋可然と昨朝
之御返答三條へ被仰候事と存候之
○傳奏衆留守居へ以印封左之書面被相渡候也
寫
○攘夷拒絕期限被
聞食度　御沙汰ニ付別紙之通書付差出候間內々被爲見候事
○大樹公上洛滯在日數十ヶ日与御治定相成候間二月廿一日出帆ゟ海上往
反風波之障等無御坐候得共か◎を四月中旬內攘夷期限ニ相成申候尤歸着
日より廿日御猶豫被下度義を先夜於奉申上候通之義ニ而右之日積ニ相
成候事
二月十四日
松平容堂
松平肥後守

松平春嶽
一橋中納言

○同時傳奏衆達し
格別之以
思召來ル十八日巳之刻御參　內被　仰出候
○同雜掌ゟ爲問合
供連之事
一近衞樣迄ハ不苦御同處ゟ格別御人少ニ而御參　內唐御門內ハ格別減
少
一着服位官冠か◎衣
但供方服紗小袖麻上下之事
一献上物よハ及間敷事
但兩役衆送り物右準

○同時御渡
途中礼節御變定別紙壹通長文除之事
同十七日
越中根靱負ゟ一封
○脱藩之士人取計方之義ニ付關白殿ゟ昨夜御內書致到來候ニ付相談被申度候間今日四時ゟ二條御城へ參候樣申越承知之事且因州も呼可然と申遣候之
○四時過ゟ出門途中越側使ニ而二條ハやめ一橋館へと申參候故一橋館へ參候事
○春容待候間ニ御影堂本堂一公同伴參りくわしくみる
○春容會津參會大小監如例昨夜春へ關白殿ゟ脱藩人處置御依(マヽ)任候ハヽ出來候やと御尋返事致評議爲御任候ハヽ
春岳ゟ御請大意

御任せ被下候ハヽ厚　思召貫徹仕候様至當之處置可取計と一橋申合候事

○右爲御任相成候處置色々密談候事

○尾老公是非〳〵被呼候様すゝめ一越ゟ申通六過御參會之

○五時過立五半過歸候

同十八日

○爲參內六半時供揃よて陽明家へ出候晝暮兩度御面會申上候

尾老（マヽ）藝も落合候之

○八時過傳奏衆ゟ最早參內可致旨被申越歩行ニ而出候事今日ハ多人數故

虎間へ懸着坐相控候事

名元左の通り

虎間

尾張大納言

一橋中納言

松平阿波守
同　春岳
同　肥後守
同　參河守
同　相摸守
同　閑叟
同　淡路守
同　美濃守
自分
上杉彈正大弼
松平容堂
細川越中守
松平出羽守

不參

同　長門守
佐竹右京大夫
松平安藝守
中川修理大夫
毛利左京亮
池田信濃守
松平主殿頭

○一越容肥四人最前拜
龍顔候事
○阿參兩人初ゟ參内奉か◎拜
龍顔天盃頂戴いたし候
右相濟尾阿參始一同於小御所習礼兩傳出會
○七過出御ニ付取付御廊下へ相廻り候今日ハ傳奏誘引なし

○野宮會釋よて尾始順ニ膝行御下段きゟ板椽よて一拜關白近く被進と被
申御中段きゟまて膝行拜伏關白殿ゟ御演達左の通り

寫

近來醜夷逞猖獗數覬覦
皇國實不容易形勢ニ付萬一於有汚國體缺神器之事者被爲對
列祖之神靈是全
當今寡德之故与深被痛
宸衷候ニ付蠻夷拒絶之
叡思ヲ奉シ固有之忠勇ヲ奮起シ速建掃攘之功上安
宸襟下救萬民黠虜永絶覬覦之念不汚
神州不損國體与之
叡慮ニ被爲在候事
相濟一統如初順ニ下り候御板椽よて一拜退去取付御廊下ニ控居候事

○又御濱達入　御後一越土會も此度ハ一同之野宮會釋よて出席此度ハ出
御無之故御中斷リ◎段きて迄平の通り歩行着坐手をつき口達之時一同拜
伏達し濟さ之一拜
寫
一神宮御警衛兼ゐ藤堂ゟ被
仰渡有之候得共
宗廟之事故攘夷御治定ニおゐてハ一際御手當之謀畧被
聞食度事
一隱岐對馬の如き
皇國地勢を離れ候箇所々々隣國ハ勿論互ニ合力防禦之手當被
聞食度事
尾老ゟ何れ申合御請可仕と申述退去
○其後虎之間へ傳奏出席尾老一橋へ書付わたされ候末虎鶴之敷居きてへ

着坐同ゟ壹人ツヽ出候而書付被相渡候
先刻關白殿ゟ於
御前御申渡書付と申
一通
別ニ不容易御時合ニ付御家來抔心付も候ハヽ學習院へ罷出申出候樣
よとの書付
一通
右濟挨拶退入
○今日ハ多人數混雜可致ニ付廻勤ハ申合兩三日中ニ狩衣よて勝手ニ勤候
樣傳奏ゟ被申由非藏人申述候事
右ニ付三日の廻勤わりいゐし候
○順ニ退出暮時迄ニ濟候而陽明殿へ出候兩殿拜謁轉法輪も容堂申論よて
大ニ悔悟ニ至親王公よも御滿足よて右樣相成候ハヽ御參　內も可被成

との御内話猪太郎ゟ承候段申上右ニ付殿下よも御盡力被爲在度段申上
候得とも何分御用心强候ゆへ重々御論判申上置候事
○五時過歸本陣候
同十九日　國五日立達も
○九時ゟ諸司代參り一春容會參會もる
○朝廷ニ而浸々幕權被爲削候御仕向之樣奉恐察候左候而ハ德川ハ閣
天朝御爲よ不宜御大事ニ付後見總裁之兩人奉職も致兼且此場合御上洛有
之而ハ甚御不都合之御義ニ付何分四人ゟ兩殿下中川親王樣へ歎泣陳情
申上候外無之と相談有之故方今無比大依賴ハ中川親王故一越ニ而今夜
參殿御內慮相伺候末御差圖ニ任せ可然と申述候所一同此義ニ決着する
〔朱書〕アッ
越臣本多始十一人參一公始へ所存申述攘夷と御途中ゟ御引返し抔主
張故容兄と論弁說破いゐし候
○野宮ゟ一公へ書狀來ル

〔付箋〕江戸ゟ官便達ル英船四只ニ相成旨申參ル之

脱藩之士人處置之義ハ尤候得共難及御沙汰旨
右意外之事ニ相成一同致驚歎候事
〇容兄と双騎五半過歸る 馬上互ニ瓢酒ヲ呑

同廿日

〇越士靭負より上書大意
昨夜宮様へ罷出候都合至極宜敷橋公之被仰立候御次第一々御嘉納御同意ニ而近年
朝廷甚御不都合之御内情等も御内話被爲在何分此体ニ而ハ迚も埒明不申候間宮様之御見込ニ而ハ明朝五半時頃御案内なしよ當殿下へ御押懸陽明殿下宮様ト御一坐よて被仰立度御義有之と嚴敷御申立ニ相成御兩方も御列坐之上十分御手强ニ被仰立候得ハ宮様御取計ニ而兩役御國事懸等も被仰遣左候而ハ應對ハ御手狭故陽明家へ被爲入御一同大一坐よて御決心之上嚴然確乎と御議論ニ相成可然其上よて又何と

ら御見込付候樣可相成との御教示ニ御坐候惣而御同論ょて橋公春岳も甚降心大慶仕候右ニ付明日朝五半時ゟ橋公春岳容堂君も御出懸何分明日之議論安危存亡之大機會と寒心之仕合云々

○午後一昨日御礼ニ狩衣着シ關白殿兩役衆中川親王へ致廻勤八半時歸り候

○越士靭負ゟ上書

今朝春岳橋公會侯と當土侯ハ御斷殿下へ罷出御對顏有之御申聞御さ候ハ今日ハ無御據御用有之御參　內被成御退出も御遲刻可相成仍之今日之處ハ御斷川宮陽公と御一所ニ御双方之御情實御談合被成度とハ鷹公も兼々御希望之御義故明日午刻ゟ陽明家へ御所勞のよし川宮御同意ょて鷹公も御會集可被成候間橋越會土も御一所ニ御參會相成候樣被成度との御談ょて今日之處ハ無據只今歸宅云々

同廿一日

○昨夜半橋公ゟ明朝五時ゟ二條城へ參會の事申來候故承知申遣候之
○五前出門二條御城へ出候例四兄と會合
陽明殿よて陳情大主意左之通
　萬事之義幕へ御委任被爲在候樣願敷全德川家ニ係候義計ニハ無之
皇朝之御爲懇々切々願しくと申主意
○一同御本丸拜見其末
御三代樣御事且
神祖御召御駕も拜見伊賀越御危難之時之玉かすり左後角ニ一ヶ所太刀
さき右御戸上屋根一ヶ所有之毛穴奉悚然候事
○八時頃一越會土陽明殿へ出懸候
○八半時歸る
○六時清一郎參逢候
一越と相との交り致密談候事

同廿二日

○春兄投書昨夜揚か◎楊（江戸去月廿六／國八日別用達計）到來

間五半迄ニ橋館へ參候樣申來候事

○五半過出門きむ之

四時橋館へ參春會參居候

昨日之もよふ大意

當關よて何もうち明被話候故議論も何も出來不申或人（人名不知）ゟ橋春不宜

故嚴重被仰付他へ後見總裁被命可然ト申出い書付迄も被爲見候よし何

分御國事懸邊の勢ひ强却而壓倒され候由一二ヶ條よても

△十八日參　內入　御後達しも橋始四人ハ別段最前ニ申達候調候處間

違よして一同と混シ候樣いゑし候事

△右申達候時兩役計出席と申置候所國事懸も不殘押而出候由

△脫藩士處置爲御任可相成手筈十八日迄決居候處御國事懸やかましく

終ニ不致承伏候故如十九日被　仰出候由
○天意ハ聊暴論抔御信用ハ不被爲在御側向之衆ニも暴説抔申候者ハ御玄
ゑそけ遊し候由夫故此間當關へ玄瑞輩申立かと〳〵も此意含居候由
叡慮且當關御所存も右之通候得共中以下之衆暴論脱藩士之立論専ら被行
候段實ニ奉伺候程恐入候御義痛歎之至此事候即チ
朝威も不被爲立事ニて候得ハ
幕權云々ニも至候事と存候之
○幕へ御委任之義三公御同意ニ而乍恐參　内之末於
朝廷如是まて萬般御まかせの義被　仰出度との事も御承知ニ候得共何分
兩役以下彼是可申故參　内願候筋昨日御參會も此事件と申事も不被仰
聞候而ハ衆卿不伏故何等考量付候様御頼みなゑやおゑやの事候之
○右ニ付昨日御集會御話申上候ヶ條おしらへ橋始ゟ被上候大意

◎原本三行アキ

○御親兵之事近畿諸大名半年代相成守護職よて差配仕候樣有之度事

○

◎原本四行アキ

○肥後守ゟ昨日傳奏ゟ學院へ取締家來三十人計差出萬一不法之者候ハヽ取鎭可申と申參候處又々不及三十八十五人程出し候樣申來候よし矢張三四十人出シ可然と一春ゟ申居候

○晝後因州へ參り橋春と一和盡力有之度と存候處反覆申述一兩日中橋へ可被參旨〔朱書〕因ハ家來ニ擁閉サレタル故開ク策ナリ

○同人密話いろ〳〵する　鷹公へ淸一郎話候一昨日ゟ浪士出候而正親町中山退役之罪跡伺度と申出候由兩人ハ被逢跡三十人計ハ門外へ控居候よし學院へ出候樣被申聞もし申事取上不申候ハヽ暴發可致由

右ニ付學院へ會兵出候事被申付候と存候

同廿三日　江戸へ飛脚立候

○福岡ゟ自書來急ニ致密話（脱◎度か）候間參くれ候樣明日晝後可參と返事遣ス

○今朝黑半見候由三條河原ニ梟臺風之もの左の木像之首持越のせ置位配（◎牌か）も有之由何者か所爲而法外千萬金閣始よてぬすみ出候事絶言語

札之

初代 等持院殿 尊氏

二代 寶筺院殿 義詮

三代 鹿苑院殿 義滿

右之通下札いたし有之由畢竟ハ尊氏ヲ惡ミ候心より出候事ニ而矢張

王政を希望之比喩而と存候

春岳容堂へ自書出す

同廿四日

○四時二條へ出候一尾越出會

御途中へ外國奉行追懸參り（沼津のよし）英ゟ左之義申出候

生麥ニて之一條ニ付
一罰金五十萬ドル出ス歟
一島津三郎誅候ら
一薩州へ英艦可參歟
右三ヶ條十五日を限り御否承り度由
此處置如何と評議ス衆議紛紜予云主意
迚も右三ヶ條共許諾難出來と存候方今已ニ拒絶之期限迄も御決定有
之上ハ斷然御聞屆無御坐筋と相考候尤御歸營迄ハ因循無事之應接有
之度と申述候處何分尾一橋ハ罰金云々ハ攘夷御決前之義故相渡候方
我ニ非理なく可然との事ニ候得共今ニ至右樣ニてハ
朝廷ら如何樣の義御沙汰可有之も難計諸藩異論も可相生夫ら御決斷候
ハヽ
天朝へも御本意一統も感興義憤可致一致之士氣ニ而御掃攘有之度事と

存候旨再三申述決着ニ相成候事

○退城ゟ大徳寺みの方へ參候英處置密話同意之色々話酒のみ候四時歸

同廿五日　江戸七日便參候　國へも飛脚立候

○九前供ょて二條へ出候

○英船之義兩殿下へ以書面申上可然と衆議決ス

大意

○英船ゟ申立候三ヶ條有之候得共許容難相成事件ニ付應接之末兼テ期限ゟ速ニ開戰端候程不可測右ニ付在京諸大名藩屏之任相立候樣早々歸國仕せ度事と奉存候得とも尙

叡慮之程如何可被爲在や

右今夕可差出處會土不參故兩人へ今夜廻示之末明日橋尾越ゟ差出候處ニ決ス

諸大名へも心得相達候筈

○藤堂ゟ
神宮御守備此間一同へ御尋有之ニ付内海へ砲台築立之事被相達候事
○過日三條河原足代か◎利三代の木首さらし候者壹人會津ょて召取候由致吟味候得ハ矢張彼藩人之よし追々同類も可相分よし正一郎ゟ話候之
○容堂ゟ密翰到來不可言之苦心有之進退困窮致相談度候間參くれ候樣ょと申來候得とも夜分ニ成候故明朝可參と返事遣ス
同廿六日
○四半時供ょて土州へ參色々苦心之密話もる昨日よりハ少々穩ニあるよし是非〳〵御發駕迄ハ參謀有之樣申置候事
○嵐山へ參絶景不及筆舌候之
○歸懸島津へ立寄參内之時都合致敎示候之
同廿七日　二條へ出候樣越申越候
○五半過出門二條へ登城一越參會夕景容堂も出候

○一昨日御途中飛脚相達候處英夷ゟ此間之三ヶ條之內償金之義ニ付六ヶ敷申出候由右飜譯書中抜書

大意一條

日本政府ゟ返書を贈ため其政府へ許したる償を拒み或ハ之を逃れむとし又ハ求むる所の償を確然と採用せさる時ハ其求を拒む返書を請取し後二十四時の內當港ニ在る水師提督大軍を以て其望める償を得ニ要用なりと思ふ所の處置を施すへし又日本政府右二十日の內ニ十分なる返答をなさゝる時ニ於ても同しく大軍を以て其望める償を得ニ要用なりと思ふ所の處置を施るし

右江戸二月十九日付

二十日ハ三月八日ニ當る

右の通彌大乱切迫ニ至候得共何分

大樹公御引返しとも難出來一越始切齒泣血ニ不堪存候事所詮斷然掃攘

之外ハ無之候得共可相成ハ御歸營迄延し度候得共六ヶ敷乍然手ハ盡し
度と申合候之
○昨日水戸途中引返し
和宮樣始大城守衞抔之義申付度　大樹公御旅中故一越ゟ相伺候處傳ゟ
〔朱書〕在京水家老一心齋抔一旦ハ勅命之通上京有之度と强而申立追而相止候事
伺の通りと被仰越候之
○彥根御咎御免江戸御守衞被仰付候事
○當地並ニ兩神宮攝河御守衞兼而御沙汰之向相達候調有之
○尾一越今夕參　內之筈候處尾御斷相成甚不都合ニ付一越ょて尾へ被參
候末參　內の事ニ成下城之
○容堂登城歎話致候
○會津ゟ春岳へ爲知左の通り
奉札大意寫
然ハ左之人列昨夜ゟ今朝迄ニ召捕ニ相成候

建部建一郎

○正月十日門へ張札相認打付候者のよし

○三輪田綱一郎

宮和田雄太郎

諸岡節齋

鎗疵黒谷ニ而死

長澤眞事

高松十輔

青柳健丸

仙石太太雄

自害

長尾郁三郎

此恭平會津ゟ浪徒へ入置此夜も同人周施ゝ盡力の由志可憐もの也

大場恭平

同類よて手ょ入不申者左之通

中島永吉

三月四日於江州召捕
六日京へ參候

野呂久右衛門
石川一
岡文太郎
西川善六
小室利喜藏

取方之者よハ壹人も疵受候もの無之由
〇一越退　朝ゟ諸司代へ集會之筈此方へハ様子次第岡部より申越候様頼置候
七時頃退出半頃歸り候
〇江戸兩奥發駕抔之義老若呼出し密談する
〇九半過傳奏ゟ重役壹人學院へ出し候様申來ル長左衛門可出旨申聞候
〇七過何分一越ゟ何事も不申來候故段右衛門馬ニ而諸司代へ遣し大目付岡部へ都合爲聞候事

○七半頃長左衞門歸り御書付みる

左之通之

今度英吉◎（利脫か）船渡來ニ付夫々防禦之次第も可有之就而ハ歸國ニ可相成哉若於歸國ハ精選之士應在京之人數多少

朝廷爲御警衞當地滯在有之候樣關白殿被命候事

○六時前段右衞門歸り岡部へ承候處左之通

一越致參　內候處案外之事ニて拜

龍顏候事も無之兩役ニ一次　親王關白へ一次撰人加勢へ一次三席ニて外患之義事情申述候得とも馬耳風のよし親兵と加茂御修服◎（復か）大名御暇の談のみと申事夫故一越より通達無之よし恐歎の至候

同廿八日

○九時過より智恩院へ參委敷致見物候事

○閑叟方より春兄へ可參合の處閑ハ春へ福より參候旨福返事ニ申來候故直ニ

春へ參候事関ハ既ニ歸候

○暫待居春と密話

○關と親王へ當今事情陳述いゐし候得とも馬耳風當惑尤兩役ハ少しハ

響き候由

○加茂社御修覆之義

此御時合如何ょも不相當

○大阪之米半分當地へ廻候樣

○加賀米近江ちゟ廻候樣

○湖運路開き候事

○親兵の事

右關親

○夷事情一越ゟ

○親兵論議

右兩役と

○親兵論判不決終に衆諸侯へ御垂問相成天下之公論を以被相定度と一越ゟ申述其所ニ落意

右御國事懸撰人衆と

○萩ゟ昨夜半御沙汰ょ付一万石壹人之わり三十七名貢献可致右手當ハ萩ゟ可仕旨學院へ書付出候旨吹聽春兄へ申來候

○兵庫守衛此度ハ差出候處去年も御達御坐候通り程遠之守衛ハ御吟味も可有御坐趣八十里外へ運送云々ニ付御斷申上度旨も有之

○今夕閑叟參昨夜半學院御達之義相話候ゐ初ゐ春兄も親兵ハ昨夜天下之公論云々申置候事採用無之突然御發令最早盡力もこれ切と泣血申合候事

○萩選士貢献願濟候ゐ一統之事ニ相成候間御聞届無之樣仕度と親王樣へ御歎願今夜出申上候

○一公ゟ正一郎參水黄門途中ゟ引返之義何分當地ニ居候家來中不伏申立候故人數計出候樣御沙汰ニ相成度旨無據一公ゟ周施春へ御頼ニ付傳奏へ親歸りより出候由

右春兄話

同廿九日

○閑叟昨夕御暇出今朝立候由

○福岡帖二條へ出候由申來候

○今夕中川宮轉法輪へ出候事聞繕仁右衛門出す

○九時供揃二條へ出候

○一越會美出會

○七時後宮へ出候容堂も出候色々御密話御酒被下必戰之覺悟申上候處易死難生と呉〳〵御戒被下候事

○一春此間御前願候處何もさしたる論說も無之ちと狼狽ゐと存候糧道の

考も付居不申又　大樹上洛後早々御暇ゟ大阪被參候事抔可申やと存候
處其義も無之との御話

○加州遅參勤
王之志薄く
候故參　内
不相成と寄
人躍申候由
之

○因州大阪へ明日立候と申昨夜參必死の話故盡力之末得勝面會可申陣羽
織進候處夷奴の首五六ッ持參呈覽と申勢ひの由御話ニ付私考とハ違候
中〳〵夷人首容易取候心得ニてハいけ不申よし又取得候ゟも夷首持參
ニも及ましくと申上大笑〳〵

○堂上方必戰とは何分不存由

○幕府へいろ〳〵と無理を仕懸腹立させ候樣の事故其心得有之度候之と
の御密話

同晦日　因州國へ立候

○五半過出門轉法輪へ參しばらく致密話暴論も無之色々懇談する御暇之
事殘し候人數の事も申し置候

○同所家來富田織部へ逢候先年逢候とハ違頗暴論之歸國只今ハ不願方宜

よし申居候

○近衞樣へ出る島津と落合いろ〳〵話候同人今日參　內之御兩所へ御逢申候事

○殿下依舊御歎話而已四日伊勢へ

勅使下向發途の由將軍御行逢可相成と御苦心故御尤之義一越へ傳可申と申上候

三月朔日　圖書出立申付候

○二條へ登　城一越土出會

○福岡出立之

○細川上杉當分都下御守衞被　仰付候事

細富州ハやむ

○水府亦々上京よなる

○關東浪士存意書みる

大主意

尊王攘夷幕府よて御誠實御遵奉相成候末此度御上洛も被爲在候時合英
船云々ゟ開戰端候ニ至而ハ不宜早々拒絕之御沙汰ニ相成候上よて申立
云々應接有之度御上　洛御一式相濟候ハヽ早々
大樹公ゟ御歸營戰防之御指揮被爲在度都下ハ守護職へ兩三名大名被差
添嚴備相成度粗献收
御所御修復堂上方御手當抔ハ一切守護職へ御委任有之度一公ハ暫大阪城
ニ御坐候而兩三名大名被相添御鎭撫有御坐度銘々ハ早々江戶表へ罷下
り御先鋒相勤度由之

○右浪士共下東申付相成候事

○昨日松長門春兄へ參近頃浪士共いろ〳〵之義いゐし候處於父子德川家
御爲御厚恩報し度專一心懸居候よし突然と申述候由化をあらはしかけ
候と申致一笑候之

○懸川御旅宿へ江戸ゟ外國奉行（竹本甲斐守之）出應接之事伺出被相任候由岡部始と同意
ニ付佐和一同御供ニて又上京いゐし候由之
○細上杉ゟ人數詰候場所願出候事
○久世へ參候
同二日　加州島津立候
○猪太郎參候幕府ニて
君臣之分ニ相改候とも彼是不被申立方可然旨厚く申出候事
○陽明殿へ長左衞門出候故一封さし出ス
○七過ゟ急ニ容堂方へ參色〳〵心緒密話いゐす四過歸る
天朝ゟ御內々轉法輪ヲ以被下置候品吹聽ニ被爲見候事
中けゝ被爲持候御品の由
文具銀　筆洗　筆架　水さし
同三日

○一公ゟ御投書

別紙之通申越候ニ付愚存ょハ譬、、、（三字ヨメズ）氣味ニ抱候とも至當之公論を以て斷然と相答候外無之与存候處貴慮如何候や御勘考之上可被仰下候不備

三月三日　　剛

長面公
玉机下

別紙寫

此間浪士召捕之一條會藩所置當否紛々候是とて人心歸伏候歟歸伏不仕候歟至竟之處人心之氣（マヽ）向ニ有之候間不騷擾所置承度存候右召捕候面々近日行刑罰候や之趣も相聞候暫相見合可然存候事

三月三日　　野宮宰相中將
坊城大納言

一橋中納言殿

右一公如御申越ニ而可然其内文面布字後日之口實と不相成樣御綴可然と御答申上候事

○是ゟも致御書通候處御返書左之通

○御用ニ付　神宮へ之

勅使發途定而御行逢有之御心付之處早々閣老迄申遣候事ニ候

○江州八幡之一條御說之通有之申候右ニ付昨夜宮ゟ內々御沙汰ニ例之鳩翁を差遣し說得爲致候ハヽ如何との事至極之思召付之旨申上候處自

朝廷御沙汰之上申付候積り御沙汰ニて今朝傳奏ゟ書面前ニ記ス差越候處行違ト相見え昨夜宮之御沙汰とハ文面相違故相伺候事候

○蒸氣船御拜借勿論無子細乍然何等之御用ニて參候や早々承否從是可申上云々

○本文宮へ猶伺候事ハ未決候事

○書後馬計ニて出候

上下加茂
金閣寺　北野へ出候
七過歸る
○昨日傳奏ゟ此方忌服之有無尋越候故無之旨爲答候事右序ニ何故被尋候
や内々雜掌迄聞合させ候處加茂へ十日頃
御參詣可被爲在其時供奉被　仰付御もよふゐと相話候由
○出入与力吉田文之允ゟ左の通り申出候事
就攘夷
御祈願加茂下上社可被爲在
御幸旨被　仰出候ニ付議奏衆被　命候事
御用懸
三條中納言
橋本宰相中將

万里小路弁

御頃合之義ハ追而御達有之事

三月

同四日

○諸司代へ御着京御參　內濟勤向以書付問合候處左之通差圖

着御御參　內濟共和泉守旅宿使者差出可申事

○大樹公五時過三條通御通駕被爲在五半時よハ着御と奉恐悦候

○容堂ゟ返事ニ同兄申合今夕登　城可致旨春兄よ里連名手帖到來八半時供揃よて出門と申す

○七時前出門春邸へ立寄容堂落合一同ニ登　城ス殿上之間へ控御目付へ爲達候

○三閣老ニ謁シ御祝義申上候畢而自分挨拶致ス

御目見被　仰付候事も達ス

○御黒書院ゟて御目見脱刀之御下段迄進候様春岳申候御懇之御意有之春
御取合申上候自分ゟも申上候事
御意
初而逢候此間一越と申談色々心配の由御大慶尚心付無伏臓申聞候様今
日ハ先ッ下候様追々又も形しきゝ度との御事候
○退出見合候様ゟとの事
夫ゟ御用部屋可參との事容一同ニ參懇談之水野板倉昨夜迄五夜不寢よ
し
同五日
○昨夜半坊城ゟ呼出仁右衛門出候處左之通被相達今日御礼使者出ス
來十一月卯刻
賀茂下上社
行幸供奉被

仰出候事
衣冠單指貫帶劒之事
騎馬之事
○大樹公御滯京十日と御決定之旨大目付廻狀よて申來
○猪太郎參三郎家督之意味合委曲申出候事
○六過ゟ三條へ參候五過容兄德大寺ゟ廻り來候德家之話承候
容兄奥へ參候故是非參候樣申候得とも近親類よも無之殊ニ黄門も留守
故不可參と申候處容兄織部不苦せひ〳〵と無理に引立無止參候事
容叔母へ對面酒出候地走ハあし三家來兩人土人兩人一ハ左膳之容ハ時
々ふる八時過迄待候得共黄門不歸織部
御所へ爲見よ遣候處中川宮一橋も退出無之由餘り遲なり候故織部へ申
七半時立候事六時歸る
禁中之御摸樣如何と痛心之至存候

同六日

明日　大樹公御參　內之由申來候大目ゟ

○春兄ゟ容長へ廻狀到來昨夜一橋盡力ょて吉兆之由早々登城可致善ハい

そけと申參候之

○九時出門登　城

一橋部屋へ參候樣殿上之間春兄水野和州參被申同伴

○一公ゟ昨日御名代參　內

天顏を奉拜玉坐一間半計迄進出左之通御直奏

度々攘夷ニ付

勅使被差向恐入奉存候奉遵奉候ニ付被爲安

叡慮候樣粉骨仕候主意

○近年役人とも甚以不行屆之義仕候而重々恐入候主意

○和宮樣御下向御礼主意

○攘夷拒絶決定仕候ニ付而ハ彌如是迄万事御委任可被成下候ヤ

御返答天意

○是迄之通惣而委任する事ヨ決着いなし居候就而ハ攘夷を専門として忠節を勵むよふに

右之通

御聲なあ〳〵と被　仰出候由

兩關白中川宮へ只今

勅諚之趣与聢相伺候得共　大樹公へ罷歸り爲見度候間何卒御書付ニ而被相渡度旨申上書付被相渡候處

勅諚と大ニ違居候間種々御論判申上三度目左之書付被相渡最初之四字ハ不被

仰出候得共大意ハ無相違候間授か◎受取候由

征夷將軍之義惣而是迄通御委任被遊候攘夷之義精々可盡忠節

實ニ御國事懸寄人抔跡ょて大論のよし橋公盡力誠意達
天朝御委任是迄之通り被
仰出候事忠功感有餘
同七日
○大樹公今日參　内ロロ万端御都合宜と奉賀候
○午後馳馬左之通廻
西本願寺　六孫王　島原
大谷骨堂　丸山長樂美妓數人
○曉七過春兄容兄連楮到來御參　內濟報知
大意
未上刻參　內於小御所被拜
龍顏天盃御頂戴終ゐ於御學問處兩殿下左右大臣と倍か◎陪從茶菓御相伴御
親敷御話被爲在候由

但御控處よて御料理出　大樹公感銘之餘三椀拜味被致候由
萬端無殘所御首尾爲
公武恭賀無量奉降心候
○先頃於小御所關白被申聞
神宮御手當増し之義隱岐對馬抔孤島救援防禦之事所存書付
○於學習所浮浪人共投書之者有之ニ付吟味云々答とも今日持參差出候事
但諸大夫へ渡候之〔朱書〕二條退出遲々故今日出候事ハやめ候之
同八日
○暮時陽明殿へ出如例御小坐(脱か)◎敷よて兩御殿へ拜謁御同伴御奥へ通り候
一條院御門跡御末子十五信君(隨分美之)十六右兩所へも御對面御一席よて緩
々酒頂戴致ス
信君へ小時計上候處甚御大慶之
九半時御暇申上八前歸る

同九日
八時前出門關白殿へ出昨日之書付二通諸大夫へ相渡置候事
○二條へ出仕御用部屋へ參り候
大樹公久敷御出坐之
○春岳今日ゟ引込候事
○ヒヨウ敷革熊あをり陽明へ進上申候此間尾仙兩家抔其外被相尋候得共
無之御當惑之處故殊の外御滿悅の由
同十日
○容堂ゟ急用の由參くれ候樣申越即刻參候處うそにて此間七日之返報之
春岳之事談シ歸り候酒も呑候之
○春岳家來村田仁三郎參候故引入之主意承候事
大意
此御時合退職願上候ハ恐入候得共何分見留も無之故及歎願候由

此方ゟ申述候大意

御見留無之と申事ハ昨年來之事方今改而云々ニも及間敷何分當時御上洛中危殆之極ニ被為在候義候處御一箇之事而已考量ニて御退職と申ハ會以心得かゝく存上候危を見而退き候とハ御不忠義千萬之御事是迄之春岳とも覺不申御歸營後ハ兎も角も只今御斷可被成時ニハ無之樣存候夫とも御一身さえ御無難に候ハヽ乍憚德川御家ハ如何体被為成而も無御頓着と申御心中候哉既ニ昨夕も二條一橋公御部屋江出候處大樹公も被為入正一郎ゟ何か春岳殿方へ參り歸り候樣子ニて御側被為召何か御尋又言上之末それハ當惑なと御沙汰ハ伺候其後他の御話岡部駿河申上居候内ニ春岳ら出タ〳〵と御意御脇さし被為取閣老部屋被為入誰そ早々見テ參候樣ニと御沙汰候處御出仕ニも無御坐甚御殘念なる御樣子ニて一橋公部屋御立戻り被為在實ニ乳兒ら母をしたひ候と申樣ニて御依賴被思召御實情見上難有恐入奉感泣候右程迄ニも被　思

召候御義候處御斷とハ實ニ落意難致事と存申候尤右ハ總裁御職へ對申
述候義よてハ聊無之舊來之御懇交知己之信義御不同意ニ存候故心付候
丈ハ申上候間罷歸可申上と申聞候事

同十一日

今日加茂下上兩社

行幸供奉被　仰付候ニ付夜前九時供よて陽明へ出候事

仙臺も被出居致面會候事

○一橋公ゟ投書

大意

、、、、御直ニ攘夷之義御請相成候ニ付ゐハ別紙の通達し相成候ゐ可
然哉と存候併去年御請ニ相成候節諸大名策略見込等取集衆議一決之上
攘夷ニ取懸可申旨被　仰出候得とも其頃ニハ時勢も一變仕且先日還御
以後廿日相立拒絶之應接可及旨申上置候得とも當時英夷より申立之義

も有之ニ付而ハ右をも不相待應接にも取懸り候方よも可有之ニ付前文之通達し相成候而可然と存候可否共御報相願候以上

三月十日　　　、、、、、

、、、、、

右ニ付異存無之旨返事差出候事

別紙

攘夷之

詔御奉戴ニ付早々拒絶之應接ニ及ひ外夷承服不致節ハ連ニ打拂候樣被仰出候間一同厚相心得御國辱不相成樣可被抽忠勤候

〔朱書〕行幸之義委細別記ス

○六半時供ニ而學院へ參集

○貳番御催よて順ニ乘馬追々御列奉行差圖よて時々動止いゐし候

○七時迄ニ兩社へ

御參詣被爲在候事上加茂休息所へ御使ニ山鹿某被參御杉折三折同席へ

被下置候旨謹而奉頂戴一同ニ御使へ逢御礼申上候事
○卽時御折之內御酢食少々宛奉拜味跡ハ阿波守預り明日施藥院へ參會尙
拜味取分ヶ可申と談候事
○五時還御於紫宸殿御庭奉待候事大樹公も
○無程參內謁傳　奏伺
天機拜領物御礼供奉御礼申述自分挨拶之末勝手ょ退散可致達し
○明日兩殿下兩御役廻勤之義尙又以非藏人傳奏へ爲聞合候處兩殿下計ょ
て宜趣之
○退出ゟ陽明殿へ出着替抔致シ候
○八時歸り候恐賀安悅無量存候之
同十二日
○九時供狩衣着用當關白殿へ出昨日之御礼諸大夫へ申述候事
○施藥院へ會集御杉折開き拜味銘々取分候事

○一統申合當時在京且昨日不參之衆へ頂戴之品致福分旅宿最寄〳〵相贈候事左之人々

松平參河守
同　出羽守
同　安藝守
此方ゟ　同　容堂

同十三日
八過ゟ二條へ出仕容堂も出候
○橋公控所へ參候一昨日之話致候事於上加茂
大樹公御前へ被爲召
天酌天盃拜領關白殿之上坐依　御沙汰被成候由內話
傳奏衆ゟ被相達候由御書付大意
攘夷御請有之末當今英夷渡來時勢切迫不容易候得ハ後見惣裁之內早々

歸府萬事致指揮候様
大樹公ニハ暫滯京人心一和御守衛被行届候様有之度との　御沙汰候事
右之義ハ過る九日出仕之時幕ニて十二日御暇御參　内十三日御發輿ハ
迚も不出來被相延候得ハ拒絶之期をのべ候様相響當惑云々ニ付書付被
差出候との事故容堂と兩人ハ甚不同意十三日御發駕ハ素ゟ御無理故其
譯被　仰立兩三日御延引相成候とも苦かる間敷暫御滯京と申ニ相成候
而ハ如何様之内患腋下ニ生候程難計又日數無之故眞之御合体と參り兼
候云々も尤候得共夫ゟハそら／＼と諸事相濟御發輿被爲在度と申述橋
公始同意候處其後何之沙汰も無之内々關白殿へ被相願
天ゟ云々被仰出候而ハ最早兩人心付も無御坐此後内患相起候時無御後悔
様いたし度依品後ハ心付抔も申上兼候尤私意申張候譯ニハ無之候得共
此先見留無御坐候故御斷申上度と申述置候之
○春岳方へ昨夕橋公被參候話有之兩人ゟ出勤すゝめ候様ニと被申候得共

容ハ不忠不義之兄故最早絶交いたし候由申斷候此方心付ハ家來へ申述置候得共返答も無之故亦と申兼候間橋公板倉と今夕今一應被參すゝめ被申度と申置候實ニ絶言語候之

○二條下ゟ轉法輪へ參候容堂ハ少々先へ參候事

奥へ通り一統へ逢候事

姉小路參候筈之處斷之

　中納言殿少々風邪折々休息いたされ候事

同十四日

○島津三郎今日着阿州立候

○松波參河守參候事

○長左衞門富田織部方へ遣ス

○夜內藏之助出候事

○會津へ藤井◎本鐵石外壹人出候由

○長左歸り御暇願織部考可申よし

同望日

○容堂ゟ昨日御暇自

天朝被　仰出候故明後日出立のよし申來候事

○八時頃ゟ二條へ登城

七時頃一橋御部屋へ參御用談いゐし候先刻江戶ゟ

目付　堀　宮内

外國奉行並　柴田貞太郎

右兩人着のよし過る十日蒸氣ニて參伊勢ゟ上陸のよし貞太郎ゟ承候處日延色々懸合花佛人ニても申入候處京地迄十五日あら往復可致故今十五日ハのもし候樣致承知候趣尤佛人申候ニも此度申立候事英人無理ニ候ハヽ如何とも可申論候得共條理相立居尤之義ニて候得ハ貴國ニても申立之筋ハ御聞屆可相成左樣ゐき時ハ英人之方尤故同盟諸國ハ不殘同

意可致其時ハ五洲と御對戰之御覺悟ニ無之而ハ不相濟と申候由

○御歸營迄日延之事ハ迚も無證據而ハ畏申ましく彼申候ょハ御滯京十日と申候得共四五十日ハかゝり可申萬々有か◎無之事とハ存候得共もしや外之將軍ニ御替りょても相成候而ハ本條約も賴ミ不相成事旁のひ候ハ不安心と申候由御發駕日ゟ御休泊ょても爲見候ハヽ御歸營迄ハまち可申而と存候よし

○永井殿上の間へ參り話候春岳も何分家來六ッヶ敷甚敷ハ春岳を擁し歸國抔と申者有之春兄も扱兼居候由主人を不忠不義ニいゐし候事絕言語候者共と致歎話候事

同十六日

○江戶十二日立別便達ス

○轉法輪へ參

○午後土邸へ參り候

○智恩院島津へ參面晤如舊知己心緒吐露中ヽ人傑之

同十七日

○國と木曾へ別便立候

○一橋へ自書出ス島三郎へも出ス

○土今日二條御暇申上候よし

○大阪邊へ英船參候由昨夜仙藩士參り申出候事

同十八日　島津今曉出立

○（國去月廿二日立 江戸過ル八日立）相達候

○五半時供揃坊城へ參演舌之末御暇願書差出候事

○八時頃ゟ河原町土邸へ參候

○七半時歸り山內內匠參面晤

〔朱書〕此書付ハ取消し相成十九日返上のよし

今日容堂へ傳ょて一橋殿ゟ左之通書付到來傳奏渡り昨日之

英夷渡來關東之事情切迫ニ付防禦之爲大樹歸府之義尤之譯柄ニ候得共

京都並近海之守備警衛之策略大樹自指揮可有之候且攘夷決戰之折柄君臣一和ニ無之候而ハ不相叶之處大樹關東ヘ歸府東西相離候而ハ君臣之際情意不相通自然間隔之姿ニ相成天下之形勢不可救之場ニ可至申候當節大樹歸城之義ハ於〔朱書〕朱點數語不可解事
叡慮不被安候間滯京有之守衛之計略厚被相運奉安
宸襟候樣　思召候英夷應接之義ハ浪華港ヘ相通シ拒絶談判可有之開兵端候節ハ大樹自出張萬事致指揮候ハ
皇國之元氣挽回之機會ニ可有之思召候關東防禦之義ハ可然人躰相撰被申付候樣
御沙汰之事

廻達大目付ゟ

禁裡御處爲御守衛十萬石以上之面々ゟ壹万石ニ付家來壹人宛之割を以身躰强壯行狀宜勇幹之者相撰京地ヘ差出御守衛爲相勤可申候尤取締向

其主人〳〵よて厚く世話いたし壹ヶ年宛よて交代爲致可申
右之趣
御所ゟ御沙汰之趣も有之候間被得其意早々人撰差出候樣可被致委細ハ
牧野備前守可被承合候

同十九日〔朱書〕今夕大目付ゟ廻達有之主意ハ過ル十日橋公ゟ内談攘夷之詔云々之書付之

○國江戸へ並便立候
○關白殿へ出御對面願候事昨夜も御退出八半時過相成今曉七時過ゟ六頃
迄會津松圖書出御逢よて御草臥故暫時被逢候旨諸大夫よて御答無程拜
眉昨日御暇願書差出候義ニ付委曲及歎願置候事
○大樹公御滯京御請いまた無之今日ハ大樹公御參内之由決着と存候
○朝命候得共春岳不致奉命由御内話之
○七時供騎馬計よて出門　泉涌寺へ參詣眞一以手寄御位牌御廟共盡拜致
候

但御本堂ハ紫震（マヽ）殿を被移候由聖賢障子抔惣体如何ニも左様と存候

御歴代迄御神位戰爭之時間ハ少く且質朴ニ候事

〔朱書〕御開祖四條院御木像アリ開帳一拝致候

御廟御在位中崩御之御廟ハ御石門有之御香爐屋透シ菊之仙洞被爲在候

〔朱書〕御廟惣門ニ而脱劍

而崩御之御廟ハ御石門無之御香爐屋透シもいろ〳〵之御紋之

香木役僧持參乍憚

御歴廟燒香一拝申上候事

○入相智積院へ參智鏡院德大寺嫡簾中故鏡齋兄娘ニも逢候

○容堂ゟ昨今禍腋下ニ可起勢密話痛歎々々

同廿日

○今朝坊城ゟ留守居呼出有之仁右衛門出候處封物被相渡候之

寫

○大樹歸府之事段々以

勅諭被　召止候事

〔朱書〕明正院御像有之開帳一拝御廟皆九重塔之

先日　御沙汰被爲在候通將軍職萬事是迄通御委任ニ候就而ハ諸大名以
下守衛萬端指揮於被致ハ　御安心ニ候事叓ニ寄候ハヽ
御親征も被爲遊度程之　思召候事
畏御請奉申上候

三月　家茂

今日召大樹　御直ニ御熟談別紙ヶ條大樹御請被申上候就而ハ大樹公よ
申渡之義も可有之爲心得可申達旨關白殿被命候事

橋密話三月十九日
〔朱書〕
昨日ハ常御所よて御對面被爲在實ニ無御隔意何分大樹公御滯京無之而
ハ御心細く被　思召候旨御懇篤之御沙汰故最前大樹公是非御暇御願故
と御存込候得とも不被堪感銘御請被仰上候由久敷四方山之御話自御手
御拜領物茶菓御相伴之末内親王樣へも御對面長橋局始へも御逢の由
主上御坐と一間計御隔の由

○午後春岳兄邸へ爲暇乞參致談論候得共出仕落意無之依而他事陳情離盃いゑし候事
○二條へ出る橋公始大小監迄列坐議論申述候
△昨日御直諭ニ戰爭ハ御好不被遊候由關白ゟ一橋へも右の義ハ直話ニて罰金相渡候事も御委任云々ニ付以心傳心處置有之不苦旨云々
右ニ付幕議も動き候得共愚見ニハ今日ニ相成候而ハ乍恐
叡慮も是迄天下へ御布告相成居大樹公ニても御遵奉御決斷有之且昨日之
御書付ニも被遊御親征度程と被　仰出候而御內實ハ云々と御直命候とて御施爲ハ難出來幕ゟも先達而英申立三ヶ條ハ皆以許容難致と被　仰上一統へも御沙汰候得ハ如何とも出來申間敷御內
勅命とても御請ハ難被仰上筋ニて萬一罰金抔之義云々御取計漏聞候ハヽ浪士計ニハ無之諸大名之內ニも御違
勅と申立及動搖候時御處置甚六ヶ敷極々御危急と奉存候其時ニ至實ニ眞

之
天意と被仰述候而も承伏ハ不致
天ゟも其勢ニ至候ハヽ　幕府之御不取計と申様可相成旁以万々不得止時
運ニ付内地人望違背不致様よて
叡慮是迄被
仰出候處御遵奉之外無御坐御滯京中よて江府之方實ニ恐入候得共他策
無之守鎭之人御撰早々被遣御拒絶相成度尤眞之
天意通り御處置被成候(マヽ)兼候譯ハ御直　奏關白へも橋公ゟ御内話有御坐度
と申述候事切歯泣血之秋之
主上之思召も微官公家浪徒之爲よ難被仰出とハ時乎時乎
同廿一日
○春岳今曉致發足候由〔朱書〕御役御免ハ不出内之
○三條富田へ長左衞門遣ス

○容堂ゟ返事ニ此方御暇昨日黄門之口氣隨分宜しく乍去一兩日中ょハ出不申と存候知己之情無止樣子ハ申置候由申來之

○國當月八日出迎船大阪へ相廻り文通到來右便ょて進献懸物其外相達候事

○坊城ゟ留守居呼出ニ付仁右衛門出候處左之書付被相渡候事

爲〔朱書〕此書面此間幕ゟ出候とハ違候政令兩途出候姿長大息之

禁闕御守衛諸藩拾萬石以上高割を以壹万石ニ付一人宛貢献致候義於大樹公御請ニ相成候間各忠勇強悍之士を精選有之兵器食料是ニ准し被差出候樣被
仰出候猶御規則制度之義ハ追々可被
仰出候得共右撰士急ニ取極可申出候事

幕府此間被　仰出とハ違居候間尙傳奏承繕可申事

○七時後容堂方へ參依舊心緒吐露愉快ニ致候事

○一昨日參內奥州紀州左京進退大わらひ話候事
○中川宮へ十三日夜中忍入候者有之處中山侍従らしき由宮ヲ欲刺るの事ょ可有之不屆千萬見られ逃候由
○三條河原此間之出家ハ水戸人ょて先日ゟ土小南武地抔へ參候者のよし同藩ょて切候よし
同念二　容堂ゟ自書參候
○大君廿三日御發駕之由
朝幕之議易變事如風中之雲影頗可恠之尙今ゟ關白へ出候間歸後密示可仕候
○容堂ゟ側使者只今ゟ二條へ出候樣申參承知申遣候事
○本彌參り候
中川宮御給料之義相尋候處先頃內々御打合（一橋と宮の方）有之米四百石銀二百五十〆目決候ニ付傳奏一橋ゟ被相通候處突返し其儘相成居只今ょてハ

青蓮院之食客と申上候様ゟて甚以御不都合ニ付何等相決候様有御坐度此方ゟて取扱ハ不出來やと申事故尙一橋へ談可申宮最前御考之處三千石と申所ゟて銀ハ被相止一時ハ御坐右之御品〳〵より被相備候故相應銀御手當有之度と存候由彌右衞門心付申聞候事當前兩殿下御退職御願出候由

○二條へ出候處仙台上杉細川紀伊守備前容堂登城之

右六人昨夜半關白ゟ被召候ゟ大樹公明日押ゟ御發駕之由此間御直ニ御滯京御請も有之末ゟて御違勅之筋ニ相成候間皆々ゟ心添申樣ゟとの御噂の由ゟて登城之處閣老へ及談判候得ハ關白殿被申聞候とハ違昨日一橋始ゟ御歸營之義無。餘。義。次

〔朱書〕罰金ハ不被渡戰爭之外無之　叡慮ハ云々御內々被仰出候得とも今日致方無之早々御暇御願之大意之

第尙又陳情懇願候處至極尤之義無餘義被聞受候得とも尙又兩役始へも不申聞候ゟハ不相濟御國事懸始へも攝海へ英船相廻シ候事やみ候ハヽ大樹公滯京も無益とハ申居候得とも異論候てハ御面倒ニ付尙被仰談候

得共夫々御歸營之手都合ハいゐし候様よと被申述候故一橋始尙相願置
何を明日又伺可申と退散之由全幕ニゐ達捨或ハ押ゐ御發駕と申譯よハ
無御坐由扨此御時合ニ付御歸府ハ仙臺始無御餘義と奉存候間關白方へ
尙參殿五人ゟ可申上此方所存も被尋候故右様の間違ニ候ハヽ其譯參殿
被申上度御發駕之義も同意の旨申述候事
○大樹公卽刻御參內被　仰出候由御直ニ尙又被仰上候事容堂同意一橋板
倉へ申述置候事
○容堂ハ右一條關白へハ隱居之義故不出由此方ハ關白ゟさゐも無之　幕
〔朱書〕關白ニゐ一橋肥後閣老三人へ午内々前日被申聞置物議紛紜ニ付橋始へ罪を歸せ可申との不見識未練絕言語候事
ゟめし候よも無御坐狠兄ゟ申越候故致登城候位の義旁兩人ハ殿下へハ
橋始よも鷹公云々用意之義被申候とも一統御發駕內意及沙汰置候位の義ハ宜敷候得とも榊原始御先へ出立被申付義ハ
不參由申述無程致退出候事關白殿云々一橋始へ被申聞候處國事懸其他
甚不行屆双方共不宜迚も媒ハ不出來と兩人內實申合關へ不申事申述候之
ゟ被責候故違
勅云々と被申出候事よ候半つまらぬ事よて一橋始も餘り沙汰早過不宜
様存候事

○國當月五日立達ス

○上杉返事左之通

拜讀扨關白殿へ相越候處二ヶ條之大不都合御坐候而折角私共之心配ハ無ょ相成殘念之至是も天之無據事ニ候二ヶ條之義ハ水戸殿大樹公へ御直談今日御參内之上御滯京猶又被仰出候ハヽ速ニ御請被仰上候樣と申上候故大樹公よも彼是被仰上候而ハ違勅之譯尤と被思召御請可被仰上と御挨拶被爲在候を水府直ニ關白へ被相越被申上候故大不都合一ヶ條ハ一橋殿滯京と申候所坊城殿ゟ夫ハとふ申譯か只今此通りとて一橋殿明日出立之屆ニ御坐候何と申事ゐ誠ょ不都合之至ニ御坐候右故尙又二條へ御參内前ょと存小子備前兩人乘切登城早速板倉へ談候處甚當惑之樣子其内仙臺初も登城段々評議相盡し候得共致方無之何も歎息計ニ御坐候中々委敷事ハ筆紙ニ申上兼候云々

○大樹公五時御參内九半時御退出之由附申出候ヘ

同廿三日〔朱書〕幕士内外御參内大不平御出門ヲ止メ候故御延引よふ〱御違勅ニ相成と申所ニ畏候得共甚不伏の由

○容堂へ自書遣ス返事ニ中山三四日前ゟ脫走之由

○大目付廻狀二條へ出仕四時と申來候卽刻供揃申付候事

○佐太郎參候

朝廷ニ而も寄人被相廢候由

○九時供ニて二條へ出候一橋板倉致面晤候事

昨日御參內先々爲差事も無之濟候由

御學問所ニて御對面鷹中出席　御十九日

御直ニ大樹公御滯京被　仰出御請相成候處昨日尙又左之通被　仰出候よし

十九日御直ニ滯京之義被　仰出候得共更ニ滯在之上京師攝海守衛指揮有之樣

○老中謁有之御目見被　仰付候由

○一橋御部屋へ容堂と參御用談いゐし候攝河御守備御手當早々無之候而ハ不相濟旨申述候事

○於御休息御目見被仰付壹人宛出候御小納戸頭取誘引兩度上意よて御上段へ上り二尺計の處よて御懇話申上候事

出仕人

仕臺　米澤　熊本

廣島嫡　備前　自分

容堂

○右七人へ以　思召御菓子煮〆一重ツヽ被下於控所頂戴也大目付ゟ達し直ニ御礼申述候事

○一橋閣老一同謁御用談之自分容堂ハ先刻談候故默居候事御目見謁も序ニ申上候事

○薄暮陽明へ出直ニ兩殿拜謁一昨日以來之御話行幸ニ付拜借御礼申上候

左大將樣ゟヒヨウ態皮御挨拶被仰述候事

○關白殿御書帖參御開封之上御まへ長門御暇願之事申參候と御申故不苦候ハヽ拜見致度と申上候處早速爲御見之長門守此方一同御暇願之通御聞屆可相成評議ニ付一應御相談之由誠以難有躍然安悦無此上存候事豈料今日只今慥ニ内密可知とハ

○六過中川宮へ出無程拜謁

對話荒々覺

一昨日ハ一橋始と可致論判含よて參　内之處三條始殊の外違勅之義主張種々難題可申懸との議論有之故關白控所且於御坐前大議論說破被成候故よふ〳〵ゐの位よて相濟候德川家を救助いゑにハ即

皇國之御爲故之

右御論之ヶ條

○幕府へ色々難題被申懸いちめ候様之義不宜大綱正敷有之義肝要之事
と被仰候由
幕府ゟハ　朝廷御無理計故左様之義よてハ決ゟ不相濟候
○朝權被爲張候義ハ今度之機會と申候處決ゟ不宜
公武權をあらそひ候様相成候ゟハ益瓦解ニ可至銘々大鏃か◎藏を頂戴い
るし居候ゟ盡忠勤候得共自ら大綱憲令も被行候譯如當時草莽微賤之
者共之說より　朝廷之議出候様淺間敷事よてハ不相成と被仰候處三
條草莽微賤之者とても人才卓論御坐候由御返答故それハ隨分さ様な
ゐら萬機の事輕輩ゟ出候様ある事よて治可申や貴卿それよて可治と
被存候ハ、勝手に壹人して可被致自分ハ御発願居候故ぞんせぬと被
仰候所三條實ハ私事も獨立よて中〳〵存念之様よハ不相成と申候由
此說ハやみ候由
○一橋ゟ大樹公参内之義内々六ヶ敷候間一卿を被遣度申出候義

御前ニ出居候時傳奏中出候間少も恐怖可致事ょハ無之早々壹人被參候
様申候處餘程こまり候由之
○廿一日關白殿ゟ一橋始へ被申聞候處ハ大意關東時勢切迫ニ付御歸府
之義ハ至極無御據聞受候何頃御發途之見込云々被申候事一橋始四人
承込ミ全御達すて抔御達
勅之筋取計候心底ハ毛頭無之旨委曲申上候處なるほと一橋始へ所存申
述候處一向關白ハ默被居又ハ半途よて退坐抔被致候處ハ閉口之譯も
可有之夫ハ閣當時草莽間之者ゟハ注目いゑし達
勅之名を付度と存候時合且又
公武近日ハ眞之御合体とも可相至時合候所關白一言を賴ミ輕擧發軔之
觸達或ハ先立抔候事ハ容易之取計草莽輩の術中へ入候譯よて不宜爾
後ハ重々前後考量可(マヽ)有之度
○大樹歸營之上寸地を被候取ゟも無申譯滯京中よ候ハヽ被侵掠候ゟも

無致方筋ニて候半

○一橋のみ拜　龍顔候處左樣ニてハ不宜と達而申老中も一同出候事追て　天盃被下候而宜敷と宮被決候由

同廿四日

○高崎猪太郎參昨日宮御手當御屋敷拆之事申置候よしもなし

○兩奥旅中無滯通駕安康之由廿一日妻籠ゟ之飛脚達ス

○八時過ゟ二條へ昨日宮御對話の話一橋始へ申述一橋御礼ニ被出候樣申候事

○近衞樣へ出御對面申上候事

夜中坊城ゟ留守居呼出左之通書面相渡喜悅雀躍初而　朝廷之難有ヲ奉存候事

寫

伊達伊与守

此度攘夷御決斷ニ付而ハ自國海岸場廣島々も有之防禦方苦心之由被
聞召其旨趣尤
思召候間賜御暇候事
三月

同廿五日
○三條へ長左衛門遣し昨夜御暇被成下重々難有以御昇力相整忝奉存候旨
挨拶申遣且右ニ付明後日出立いたし不苦や爲尋候處聊差支無之旨返答
付彌明後日と取極候事
○大阪へ船相廻し候樣早々申遣候事
○九半過ゟ供揃ニて出候
容堂　二條登城　中川宮三條方ニ而姉小路落合猥も參候

同廿六日
○佐太郎參り候色々密話見分書付賴置候事

再度盡力之時を期候義申離候處落涙よて義士之心底致感動候事

○八時頃供揃二條へ出仕御用部屋へ參橋公始密談いゐし候

△昨夜姉小路內話ニ同卿方へ　大樹公側近く勤候者のよし朝倉某兩三度參候由色々議論變動之由右等甚以失体之義故嚴制有之度と存候旨申置候之

○大樹公へ御坐之間よて拜謁御上段へ進ミ愚意陳述致候是迄參謀大義尙
〔朱書〕天朝御尊崇御誠意專要少しの間御滯京被爲在度中川御依賴可被遊事
心付候ハヽ國ゟ可申上時合次第出府もいゐし候樣伊よも容堂も歸り御心細く思召候よし折角厭候樣此羽織旅中用ひ候樣よと御手ゟ被下感泣難有過分存上候事直ニ御礼御請申上退坐御下段ゐゐよ和泉居候計

○一橋始大小監察迄分れを告七過退城再會不可期と甚名殘ニ存候

○關白始兩役廻勤飛鳥井ゐ參り歸り懸門近所よて逢互ニ下輿挨拶又其內出候樣被申候事

○薄暮近衛樣へ出候廣幡ニ逢候事

六半頃御逢ニ付直ニ御奥へ通り候御兩殿と信君之
御吸物出候
○ハコ牡丹相用不苦よし
○今夕內覽如御願御免の由御吹聽之
九時前御暇申上候
同廿七日
○淨敎寺目見申付候
○安達清一郎出逢候
○九時前騎馬計よて出立いゑし候之
○惣勢ハ跡ゟ相揃立候事
○宇治へ廻り上林三入宅へ立寄茶製方見物吸物酒呑駿河段右衞門安達へ
遣も
○ゑばらく休息の末立候平等院へ參りみる此往來伏見渡迄有す川宮之馬

の里候安達參り此馬相撲守ゟ進上の由

○七時伏見へ着此夜內藏之助出候のしめ遣ス

來月四日彌八幡へ

幸行のよし淀御憩ハやみ候よし尤四日ハ御通夜のよし御一宿の事之

同廿八日

大阪邸へ着ヲ

同廿九日

○杢兵衞昨夜着ス

○中川宮ゟ御約束御染筆被下候

○近衞左大將樣ゟゑほし被下候

○兩奥道中高宮過ル廿八日立相達し彌勇ましく通駕めて度安悦存候

眞鏡院ヨも朔日伏見泊りのよし

○柳澤三郞兵衞着ス昨日飛脚達し直ニ出候よし

〇八過ゟ御城代へ參致密談候町奉行〔朱書〕川村壹岐守麟太郎も跡よて逢話

〔朱書〕麟太郎魯人對州ヲ望候ハ英佛ヲ壓倒之遠略此島彼ゟ有と相成時ハ英之大患ニ而今ゟ十年之間ニ魯有と可致候故夫迄ニ英佛ニ而領度と希望するは不容易譯と佛之通弁官より内密承候よし之

暮時歸り留守居役宅へ參島津臣兵之助よひ出候妓五人出候之

同晦日

〇七時前鯨船に乘出船大鵬丸へ移り候快晴順風千祈萬禱先々令安悦候事

同夜酒宴いゑ〻

首夏朔日

朝六時過河口出船順風五時過神戸へ碇泊

同二日雨滯船午後雨止

〇晝後兵庫碇泊薩蒸氣船見ニ參候壯觀不可言候

三十六間　　乘頭

二百五十馬力　　關口源右衛門

同三日六前出船晝頭泊

明石へ碇泊舞子沖薩蒸氣船半沈相成殘念無止候事

同四日七十度　六前出船　八過泊

播差越へ泊

○國去月廿日立相達致安悅候事

同五日雨　六時出船　晝時泊

牛窓港

同六日　六時出船　四時汐懸

潮通シ

同七日不定西風强夕晴風止日比へ泊　潮通ゟ一里よ

同八日晴　六半過出船

四過白石潮懸八時出船

夜四時松山領大濱へ泊

同九日晴

六時出船

九前御手洗へ汐かゝり

入相前出船五半時相島へ泊

同十日晴

六過出船八半時過長濱碇

同十一日晴

六過出船五過磯崎へ着無程上陸晝休

七時八幡濱へ着大悦〳〵

○八幡宮へ致參詣候事

○亭主淺井某へよみて遣しける弘化午の春村浦見めくりてやとりけるよ

思もにもはさおとし文久酉の卯月仲の一日都より歸よと舟りてよめは

梓弓いさたよ今朝ハ船すてゝやもなれもよにとまる嬉しさ

春都よて

異國のおとならん今ハ世のみあも身をもすてよし君さみのな浪

同十二日晴
八半時吉田泊へ着ス
遠州被參居保經も供之一同久々よて逢候冷酒持參重ひらき候事
飯淵庄左衛門用よて目見申付候事
同十三日晴
六時吉田出立
高串小憩圖書出候
四時着城大悦大嬉無量存候之

大阪四月九日便
細川越中於京都國元へ之御暇願之通被　仰出候ニ付明六日同所發駕歸
國爲知有之之
四月廿三日

大奥着致安悦候（去月八日發駕之）

四月廿六日

於佳到着致安悦候事

四月廿七日土州ゟ奉札參

容堂當月十三日着之由致安悦候事〔朱書〕（同兄此方ゟ早致出立候得共歸着ハ同日ニ而大愉快々々）

五月二日

大阪去月廿四日立達ス

同月廿二日坊城呼出ニ付留守居出候處左之通達有之由

外夷拒絶之期限來五月十日御決定ニ相成候間益軍政相調醜夷掃攘可有之被

仰出候事

四月

文久三癸亥初冬依
勅命上京前後手留
同四甲子春正月十四日迄日誌

第一號

文久三癸亥八月晦日傳奏野宮宰相ゟ京地留守居呼出左之御書付被相渡
候

勅書寫

伊達伊与守

急御用被爲　在候間早々可有登京
御沙汰候事

八月

右九月五日奉照手翌日陽明家へ御請旁容堂三郎良之助抔上京被　仰付
度旨申上候事

一九月二日陽明家ゟ留守居へ此方上京之儀ハ追而御沙汰向當家ゟ可申達
候間此節ハ遠江ニ而伺
天機爲御守衛人數召連早々上京可致此方へ之
勅書ハ家來ニ而預置候樣被申達旨

右同月七日達ス

一同十一日陽明家ゟ再度此方出京可致遠江ゟハ若シ於途中致承知候ハヽ引返シ不苦由尤前殿下左大將殿ゟ御連名之御自翰被下於此方ぢ被爲召候事故是非〳〵早々上京可致御懇篤被仰下候故畏振替之都合相決候事

右同月十七日達ス

〔朱書〕勅命之御請之
一十八日陽明前殿下へ呈書別便出ス

一廿三日波止濱渡海之爲船々出船致ス

〔朱書〕中川宮ゟ容堂上京見合せ候樣御沙汰有之再度上京不被仰出旨申越候故此方計へ再度之
一廿八日中川親王陽明殿下へ以別飛檄及呈書

一十月五日夜陽明前殿下ゟ九月十八日之御返事達ス

（勅命下り候處難解候故伺差出島津へも申遣候事）
一去月廿八日呈書之御返翰陽明殿下ゟ被下十月十一日達ス

一中川宮ゟ去月廿八日呈書之御返答御用多ニ付諸太（マヽ）夫（武田相摸守之）ヲ以被仰下十月十二日夜達ス

一當月六日付島津三郎京ゟ返事同十三日達ス
一十七日爲上京致發程候事
一十八日於大洲城下出羽守殿對話家老兩人見（◎目見か）
一同晦日浪華邸へ着ヿ
○松閑叟より返書到來書中書拔如左
　扨貴酬中
朝命幕令之義御尋云々然所八月末不用幕令云々御坐候處同晦日傳奏衆ゟ當番年之譯ヲ以濃州方へ渠ゟ兵端を起候節ハ無論猥ニ打拂無之樣被相達候爾後僕へも長崎表之義關東ゟ拒絕之御達相成候上掃攘可然旨傳奏衆御達御坐候
○御城代へ面晤之義爲申込候處當秋以來脚氣よて引入故斷之由
○お節對面之義同所へ及懸合候心得ニ而保料（◎科か）へ致相談候處右ハ關東へ願濟候上ニ無之而ハ不相整よし

○十一月朔日

○御城代へ於節對面之義御定ハ有之趣候得共昨年於關東大御變革有之妻子國邑へ引取候樣御沙汰ニ付爾後ハ程能時合ニ無之ゟハ不得對面是迄當御地御舊掟も右ニ順御改革有之兄弟抔着阪候ハヽ被逢候樣御城代よて取計ハ出來不申ヤと申遣候處右ハ尤之義關東へ相伺置可申此度ハ此方も隱居お節も婦人故不目立樣出會ハ不苦旨御城代より差圖と立派よハ無之知ゟ不知と申意味

右之如くニ付昨夜保料[マヽ]懸合處明朝下邸よて逢候都合ニ談合濟候處又昨夜半ニ權門駕[マヽ]其外色々使者と申姿ニゟ參くれ候樣懸合越用意も無之故一向ニ斷候ゟ乍殘念今朝ハ止候事

同二日伏見へ着

島津三郎ゟ高崎佐太郎參候八月十七日之顚末相尋陳述ス概略左之通り

大和

行幸御親征御軍議之御義ハ尤
主上ニ而ハ御進み不被遊　尹宮も不宜思召候處暴論諸卿遮而强奏無理無
法ニ三条始取極廿六日可被發
鳳輦御決定此度ハ　内侍所も被爲入候由跡禁闕ハ烏有ニ致し候策表向ハ
何分於幕府奉　勅無之故
御親征と被爲在候ハヽ迅速關東ニ而奉　勅可有之主意實情征幕府之密策
之八月十二日頃　尹宮へ御内々以御使西國諸藩不靜謐ニ付鎭撫大將軍
被　仰付御下向有之度御内意御尋ニ付宮以之外御驚愕且御不審不容易
義故熟考仕御請可申上と被仰置内密　相摸守へ御沙汰ニ而佐太郎考御
尋極微行同人ゟ宮尊慮ハ如何と伺候處所詮御斷御直ニ可被仰上思召のよ
し佐太郎ゟ重々見聞仕度不容易奸策と存候宮ゟハ先々御直ニ御斷被遊
候樣申上置歸り候事
○尹宮御參　内御斷之義御直　奏被　仰上候處

主上よも御當惑の御様子宮此事被畏候ハヽ先ッ
親征ニハ不及御斷相成候ハヽ　御ゐやよ被　思召候
行幸被爲在候様強　奏相成居候趣　御沙汰ニ付頗於宮御閉口左候ハヽ尙
又退熟考可仕ト被　仰上御退出佐太郎召右之御密談此上如何可被遊と
の御義佐太郎よて相考候處此義乍憚宮を云々被　仰付御請候ハ、長州
へ御滯留申上置候而奉發
鸞輿候奸畧ニ無相違候故所註か◎詮　御請可被遊義ニ無之と申上宮仰ニ一策
有之候奉
親王參度と申上候ハヽ止ミ可申佐言上夫ハ御役よ立申間敷とふで遷都之
工ミ故親王も早速御聞屆御下向可被爲在宮之御出都さへ御坐候ハヽ跡
ハ是非〳〵
鳳輦を奉動候決策と申上候處甚御當惑よて尤之考此上ハ如何可致との御
沙汰ニ付佐言上最早廿六日と先も詰り居御油斷被爲在候ハ、姦計よ御

落入可被遊其時ハ如何被思召候とも
主上を奉擁居候得共御手出しハ不相成大事去之時ニ御坐候間御決心ニて被遊御英斷只今迄奸謀之次第御直ニ被　仰上御悔悟被爲　在候ハヽ御處置被爲在度と申上候處久敷御熟考之末御承知ニ被爲成候處何分藩士人少ニ付會津と一致不仕候而ハ御處置行屆兼候故會藩を同意爲仕候上と申上置直ニ下ル

○會津へ參何某〔朱書〕秋月亭次郎へ段々之次第及密話候處於彼方甚以不可解事と竊ニ話合不安堵存候處御所向之義ハ望洋不分明故只今迄打過居候如右候ハヽ燃眉之大變ニて早々御下手被爲在度委曲主人へ可申聞と申候故佐太郎左樣緩々いたし候事ニてハ不相成と氣色立候得共聊遲々致候ニハ無之君臣之手數故主人へ申聞候而と御答ハ申候得とも御不同意と申儀ハ決而無御坐候間早々御施爲可被成との事ニて何ら手筈申談候よし候宮へ出申上候處此頃

御祭中御元服前まてハ御參內御差支故近衞樣へ申上候樣御沙汰ニ付卽時參殿及密奏候處尤之義よハ候得共危き輕擧故先ッ見合候樣御困りの御樣子色々御論爭申上候得とも御納得無御坐然ハ御參　內不被爲在候ハヽ御書ニ而宮被爲召候樣御奏聞被爲在度と申上候得ハ夫ゟ御承知ニ付亦宮へ罷出申上會津へも申通　宮御參內御直　奏ニ相成御聞啓被爲在候ハヽ早速諸太夫(マヽ)武田相摸守を以御通し可被爲在筈まて奉待居處更ニ御沙汰無御坐其內　宮御退散と申聲ニ付切齒失望乍然可爲樣も無之すご〳〵御供申上御歸殿早速御側へ出候處

主上よも尤之義よハ御聞啓被爲在候得とも何分奸黨勢さかん故容易ニ輕卒之事ハ不宜との御沙汰尙考量可致と被　仰出候間無致方再考可仕と申上退き候との御沙汰故佐も殘念不堪切齒候得共然ハ又御賢考被爲在と申上退出屋敷へ歸り同志之者へ申聞候處（御英斷御處置ニ付不得止頭分へハ委敷申聞候由）大ニ致憤激最早難堪是ゟ轉法輪殿へ押寄可申と騷き候故種々となだめよふ

〱鎮靜の由夫ゟ强情者召連酒樓へ參り酒爲呑居候處へ會藩秋月罷越
尹宮へ先刻
御震〔マヽ〕筆相下り急ニ處置可致との
叡慮被仰出候由及密話候處佐云今朝ハ云々との　御沙汰亦左樣被
仰進候儀ハ甚無覺束奉存候得共何分直ニ罷出可相伺皆々ハ歸可相待と申
置參殿伺候處
御震翰ハ被下候處今夜決斷處置可致尤　宮も薩も關係ハ爲ょ不宜因州會
津ニ而爲取計可申との
叡慮ニ有之旨御密話佐言上恐入御義候得とも何分其
天意よて逆も轉禍爲福之御運ひよハ不相至矢張萬事被奉
叡意宮よて御指揮被遊度薩藩後日如何樣ある難澀ニ落入候とも此期ニ至
他藩へ被　仰付而〔マヽ〕不相濟會津と手筈仕置有之故其處ハ
御安慮被爲在度尤此義近衛樣二條樣へ申上御一同御決心奉願候半陽明殿

もし如過日御聽入不被爲在候ハヽ、佐太郎拋一命御諫可申上と申上候處其覺悟なら決心可被致との御意ニ而直ニ二條殿へハ會津ゟ秋月罷出陽明殿へ佐太郎出左大將樣へ段々申上候處迅速御承知二條殿も御同樣ニ付今夜半と御決定薩ハ陽明殿を守衞會津ハ尹宮二條殿參殿を（マヽ）守衞いたし候由大意如右尤一貫ニ認候得とも日次ニよらす次第有之處略之

一同三日午後着京宿大雲院

一同四日　國江戸へ發便

○朝三郎ゟ使小松帶刀參逢候

○晝頃又高崎猪太郎參候使之

對話如左

昨日福岡家老黑田山城三郎方へ出直ニ申述候よハ近頃ハ三藩と唱候薩長不和ニ相成候處此御（脫カ）◎時合何卒御一和ニ相成度事と奉存候由申出候故猪太郎も在側於薩共素ゟ山城申候通不容易時態ニ候得共彼我之曲直

を論し不平ニ存候義ハ無之長州よも限り不申各藩一和致候義
皇武之御爲候得𪜈所望候乍然長藩ニ而兎角抱不平候樣存候旨申述置候由
又山城ゟ三條始當時長州ニ逗留相成居候得共右ハ早々歸洛之御沙汰ニ
相成度左樣無御坐而ハ彼藩彌增悔悟も不致不靜謐ヲ釀候樣可推移御爲
よも不宜候樣奉存候間呉々御沙汰御坐候樣被爲在度と奉存候旨申出候
故三郎より も右脱走之砌
朝廷より早々可罷歸旨被
仰出候處大膳父子三條始共奉
命無之事よて候尤追々被爲
召諸大名も相揃候ハヽ尤之心付故申談執　奏方も可有之候山城又云一日
のひ候程害も深相成候姿よて候得𪜈當時御詰合之御方樣ニ而御談合被
爲在度何れ之道御歸路ニハ可相成遲速ニ御坐候而已ニ付此頃御早く御
沙汰被爲在候ハヽ御爲可然と愚考仕候旨申出於三郎も尤之心付故可致

考量と申置候如何可有之考承度旨趣ニ付何レも熟考之上御否可致旨申置
候事
同夕安達清一郎參候
　應答如左
先頃大和
行幸御親征一條ニ付而ハ主人よも極々心痛仕候内御詰合四方樣へ殿下ゟ
御用向御相談との御沙汰ニ而御内々何卒此一条相止ミ候樣可致周施（マヽ）候
樣よと被爲在皆々樣御申合御盡力相成候處何分六ケ敷候故一同參　内
相願關白殿御始へ拜謁此度之
御親征ハ何卒恐入候儀ニ付御沙汰止ミ願敷尤關東へハ四人一同ニ罷越早
々奉
叡思候樣盡力可仕故御聞屆被成下度懇願之旨申上候處關白殿ゟ最早
御親征之義ハ御決着之儀故願之趣ハ難相成關東へ下り盡力有之義ハ勝手

次第可致と存外反服〔覆か〕之事被申聞意外よハ存候得とも無致方鶴の間　奏
へ引取主人始申合如何よも關白殿之被致方絶言語候事此上ハ御直
相願候而奉伺
天意候外無之と其義御願相成候處被　召出候趣ニ而於小御所拜
龍顔御中段迄進出候處如例御役諸卿御左右ニ列居之由主人一同より最早
〔前か〕關白殿へ申述候主意相摸守始御直　奏仕候處
親征之儀既ニ決着故難相止關東へ參盡力いゐし候ハ勝手次第と御直ニ被
仰出候間尚又可申上と存候處
鷹司殿ゟ最早被相下るしとの事故無力罷下り候處
御直を不時奉願候ニ付恐入申出候樣差圖ニ付一同申出不及其義旨御　沙
汰之由於松淡路關白家格別之間柄今日之存意と過日内々被相賴趣表裡
之儀難心得故退出ゟ被參御對面被願候處御斷之由强而被申述候事ニ候
ハヽ表ニ而立派ニ御對面可有之との事故淡路大ニ憤怒して被歸右の義

廻達以後ハ鷹司家へハ不參抔申越由爾後申合候處右体及懇願候而も
御親征難被相止故關東へ下り候而も何之御爲筋もなく勝手と候故差控可
申他策色々申談中及十八日候旨
○因藩十七日之一条相尋候處
御親征之議論兩端ニ相成候故有御坐度と存詰（長徒ゟ被説得候事と存候）候者共申合側用
人等及切害夫より甚混雜仕且又
御所之御摸樣も疑惑仕旁相摸守參　内ハ夕方ニ相成候由扨右用人共及
切害候者共ハ十七日
朝廷御變動も承知不仕鷹司家へ罷出因循之者取除候故弊藩も
御親征可然と一同決着之段申立候由
右之面々相摸守當地へ殘し出立當時清一郎へ被預候由處置不可解之
同六日　猪太郎參候
密談如左

○一昨日三郎様被仰下候三條始七人歸洛之義致熟考候處山城ハ長より被
頼候故云々申出候半悔悟謝罪ニも至兼候段ハ尤之義其内歸候と申ニ然
り候ハヽ長藩ゟ守衛可參浪徒之供して長へ參候面々も隨從可致而と察
候如何と申候所折角其義ニ御坐候昨日土肥兩藩へも參申談も仕候處肥
後よてハ當節七人歸候義ハ不可然切角都下鎭靜之處へ如御沙汰長藩士
且三条殿之餘光ニ而不及渴命輩警衛ニ而參候ハヽ亦々少々之變動ハ可
有之夫より賢侯様方御揃之上大基本相立候末よて可然而と奉存候由且
福岡藩卽〔マヽ〕山城之此頃長藩の景況も一向不相分候〔マヽ〕見聞且七卿を不奉
勅命滯留爲致置只今よてハ
皇上眞之　叡慮よて無御坐僞　勅等申張居候而ハ尤不宜候間七卿ニも登
京相成最前之不行届義百歩も二百歩もさかりて陳謝申上可然と申主意
兩三輩遣し周施〔マヽ〕いたし試度趣も候故右ニ爲任候而一應被遊御覽てハ如
何哉申合候由ニ付於自分七人へ隨從いたし參候もの亦物論可起而今日

迄御捨置少々之遲速故先ツ御見合之方かと存候且只今申聞候山城ゟ周施(マヽ)之筋整候ハヽ不如之若シ不整とも彼方樣子少しハ可分何も害なき事と存候間可然尙三郎樣春岳賢慮伺候樣申候處折角今朝罷出七卿御引取之義ハ少々御懸念之趣ニ付前文肥藩と申合山城手よて周施(マヽ)之義及言上候處其方可然故尙閣下へ伺候上三郎樣へ申上候樣御同意ニ付罷歸早速可申上と申出候事

○昨日江戶ゟ越へ飛脚參候處

大樹公御上洛ハ御決心之由大和樣へ御沙汰被爲在候趣

○一橋ハ何そよ被爲入候哉不相分由黑川嘉兵衞ヲ於江戶及切害候由一橋御家來何某も箱根而よて被切候由先頃ゟ御上洛一橋上京抔水戶ニ而殊の外拒居候故水藩之所爲と愚考仕由申候嘉兵衞ハ可憐可惜人之

〔朱書〕中根長十郎江戶よて被殺候馬上チ鎗にてツク此間違

○猪太郎當秋崎陽ゟ花旗便船ニ而四日半よて橫濱へ參候旗ハフロセン之由イ異人七情何も不相替候得共兒抔居候處立服か◎腹なき候哉見候處日本人ゟ余程

烈敷悲怒ハ强き樣考候よし養育金之事ハ中〳〵承知不致一歩もひき不申由直應對ニ可及候處一橋公ゟ御沙汰早々當地へ出可申との事故他人へ應接ハ爲任置候

○砲台備砲之義承候處大且長ヲ貴候由砲師も參居候よし當時大阪へ參居候歸候ハヽ早々可申上よし

○宮御中﨟之義尋候處未タ無之御經濟も幕よりハ一錢も不被進弊藩會ゟ差出置頗莫大ニ而當惑のよし兩条周施（マヽ）願候趣申居候事

同七日

○春岳兄より自書來ル

大樹公御上洛御決着之趣本月朔日御布告之由老中ゟ會津へ申來候由之尤御發駕日頃不分候故安心とハ不奉存候

○晝時ゟ關白殿尹宮始廻勤いたし候末陽明殿へ出候之兩殿拜謁種々御密話申上候明後九日頃參　內可被　仰出候歟も難計且禁中御番等も追々

御沙汰可有之よし御話之

同八日

○昨夜飛鳥井雜掌ゟ九月十日頃參內よも可相成哉と申越候故諸事承繕ニ

半四郎遣ㇾ無程歸り候處多分十日ニ可相成由

○過ル四日飛鳥井へ出候伺書今朝以付札被相渡如左

覺

一御築地近邊出火之節

一天變非常之節

右等之節

天機奉伺候義如何相心得可然哉之事

附札

兩樣之節

天機可被相伺事

別段雜掌ゟ右樣時變之時ハ突懸致參

内候様との事尤諸太(マヽ)夫之間へ出候之
○午後諸司代へ參逢
○薩へ參三郎と致密談
○飛鳥井ゟ明日參　内之達し有之
同九日
○六半時陽明殿へ出身仕度致ス御兩殿へ拜謁ス
○八時頃傳　奏飛鳥井家最早可致參　内以雜掌被申越及直答候事
○供揃無程參　内鶴の間へ着坐
〔朱書〕手續書ハ勤方へ為記候故略此畢
手續書飛鳥井ゟ留守居呼出し被相渡於近衛殿受取諸事如右相濟候事奥ニ認候
○於小御所拜
龍顏候事
○飛鳥井ゟ御番相勤候様家來へ可申筈候處丁度參　内故及直話候よし之

○同卿又云此度ハ御用ニ而被　召候間追々御話合いゟし度無御服◎腹か藏被仰聞度との事愚凡者甚以恐入畏候旨申答置候之

同十日

○昨夕禁中御番被　仰付候故春岳兄へ申談左源太出ス

○猪太郎申遣參候

談話左ニ記

○大樹公御上洛之義本月朔發表とハ承候處御頓合不相分兎角水藩抔邪广ヲ入候樣子其譯ハ亦此度御上洛候ハヽ薩始同志之諸侯ニ而詰居候故如何体之御不都合可釀も難測等吹込候樣子

皇武之御合体ヲ諱嫌又薩始ヲモ離間之策故此類之浮說ニ無迷早々御上洛之義昨日横瀨御暇之節ゟ睨被仰出度と申上卽二條德大寺近衞左大將殿よて被命候之尙自分ゟ閣老へ委敷申傳候事横せへ申含候事

○覺
公武御一和ヲ始挽回維持周施(マヽ)盡力之目的事件三郎公へ相伺各商(か)◎(商)議之
末着眼之大綱細目筆記預教示度然ル上處置之緩急輕重得失參會御談合
申度事
○猪太郎云
大樹公御上洛も彌御決着蒸氣船ニ而御航海ニ付弊藩火船も早々江戸へ相
廻候様御供之面々乘組候趣申參過日來被遊御焦慮候間言上仕候旨躍々
然可奉賀之
○黑川嘉兵衞參逢度由此間於江戸被切候趣猪太郎か傳聞致痛惜居處故實
ニ愕然且躍然早速面話種々密話於　幕府閣老始薩始我輩甚疑惑强候故
何分
大樹公御上洛六ケ敷既ニ一橋へ最前出候
勅書ハ不相渡御上洛之義被

仰出候時尚一橋ょも云々と被　仰出候故大ニ閣老も不工合の由何分狐疑計姑息苟安不可言之事情及歎話候事○嘉兵衛切害云々話候處右ハ中根某之傳聞誤ニ可有之由呵々

○橋公去月廿六日出船の筈尤相從者三十二人鎗一本の由

○大樹公ょハ水野御信任板倉頗俗吏之周施[マヽ]松右兵衛ハ如相尋十分ニ無之由之

同十一日

○昨夜春岳兄留守居參り左源太應對今夕別用ょて參候序ニ自書ょて春岳兄方へ今日頼遣候御番割六番長岡兄弟組ニ入度と申事彼兄心付ょて傳奏へ被申述度頼候ニ付懸合候處昨日於朝廷御取極相成候故先ッ此度ハ五番之組へ入候處ニ承知有之度此後割替之節相合可申との事此方へ別段不申達候間宜相傳候樣との事故今日致承知候旨飛鳥井へ申遣候事

○今日參　內濟ニ付國江戶へ飛脚立候事
○八過ゟ祇か◎（祇）園ゟ八阪大佛邊のまわしニ參七過歸る
○春岳留守居下役ゟ今夕飛鳥井ゟ呼出ニ付出候處自分御番割所望之通六
　番へ割入相成候間此方へ相傳候樣との事之
同十二日
○兩傳　奏爲面會罷越暫致對話候兩卿ゟ追々万事可及御相談無服（ママ）藏心緒
　申述候樣被申聞相應答置候之
同十三日
○春岳兄ゟ返書中左之事計申來ル
　一橋公順動火船ニ而十二日兵庫港へ投錨之趣石蔓子ゟ爲知候趣
大樹公御上洛も多分來月初旬可至旨會藩ゟ告候由
同十四日
○春岳方へ九時過ゟ參候事心緒樣々咄か◎（吐）露

○當春不都合之歸國意味密話
○近衞樣ゟ御内渡
御震〔マヽ〕筆被相示候事
○春岳密奏存意書も借用候事
○細川兄弟之話する澄之助上京故良之助所存充分咄〔マヽ〕露難被致故之
同十五日〔朱書〕長岡兄弟話於高良山轟武兵衞抔頭分三人召捕候よし
九半時着衣冠直宿日ニ付致出門候事陽明ゟ將監内匠參り候鶴の間着無程細川兄弟參
内御建繼ニ被扣候事暫有之傳　奏出席伺
天機自分挨拶申述候御用も無故勝手ニ退出候樣被申聞候而相下候之七時
過歸
○同夜安達參候
話〔朱書〕追記先頃御目付代中根某チ及殺害候暴發徒遁逃之處兩人ハ長ニ而召取候由跡ハ未知と佐兵衞話候由
明朝用事ニて大阪へ參候兩三日ニて歸可申由

○昨日佐久間佐兵衛飛脚之体ニ而参逢候處近日家老一人登坂是迄之不都合
皇武へ謝罪之含よて歎願書持参大意書付ハ内見仕候處矢張抗觸之廉〳〵
御坐候故心付ハ申置候由明朝ハ佐下阪と内々申居候依之考候てハ清一
郎も此事ニ付下阪と察候
同十六日晴三十六度之寒
○春岳兄投簡左之通告示
一橋十六日浪華入城ニ可相成兩三日滯阪十九日頃上京可相成十八九日未決之よし
講武新徴兩組も隨従之
○一昨日春岳兄より轉借陽明殿被相下候
震(マヽ)筆嗽盥謹寫如左
宸翰拜寫

實美之儀ニ付風說之趣承扨々困り入候儀ニ候併有間敷事暴論忌禁候義ハ各委細承知之事予存分通りニ候ヘハ今少し嚴科ニ行度程之存念然ルニ左樣之者ゟ密事申遣候儀ハ決ゐ無之左候ヘハ以女房向文通抔ハ尙更虛妄無相違候尤女房向ヘモ申含候間決テ右樣之者ハ無之候當節人氣騷々敷虛談區々且於脫走之輩モ種々姦計ヲ運候義モ難計何卒決ゐ不採用樣致度候先達ゐモ申入置候通此上不外聞之義出來候テハ實ニ歎ヶ敷候ヘハ固ク申聞候間其邊深心得候樣致度候事就テハ右風說ハ毛頭無之儀全姦邪之所意か◎爲故爾來右樣之輩於有之ハ予之趣意ニ違候間其邊官武之諸臣一同相心得候樣急度申渡候事

努々心得違無之樣之事

○佐太郞參候

安達話候佐久間之談三郞ヘ入聽候樣申含候陽明ヘ上候外夷形勢書付序ニ見度と申候佐云早々可申上此間中正親町少將方ヘ長士內々參候由何

等回復之姦計も不知と申候故兼而御達も有之故不審之者ニ候ハヽ召捕可然と申候處折角會藩よて其手當ハ仕居候得とも其後ハ不參と申居候
○未時ゟ　尹宮へ參殿拜謁依舊御懇切被成下種々及御密話候事
○平野二郎ハ被召捕候趣候得共平野二郎ハ澤と一同遁去候由清一郎申上候よし
○過日清一郎ゟ宮へ七人脱走人被召歸候樣有御坐度旨申上候ニ付宮ゟ七人とも被止官位今ハ庶人之八兵衛十兵衛ヲ自
朝廷被　召候譯ハ無之ましてて
主上ヲ後ろになし且最前ゟ背
勅命候もの共御頓着ハ無之夫ゟ長州父子悔悟罪ヲ奉謝候方可然と被　仰聞候由公正之御沙汰無一言事と奉感服候事
○江戸當月七日立相達ス
同十七日

○陽明前殿下ゟ以御直翰貴約之丹酒大一樽頂戴ス
○春岳來帖昨朝是ゟ申遣候新嘗會拜見之事
朝廷ニ而昨夕野宮へ被相話候處折角諸大名參
內之義御處置可有之飛鳥居とも申合居候何ぞ是ゟ御返答可申伊与守へ宜
御申傳置被下度との事申來候之
○尹宮ゟ春岳兄側向ヲ以同人參殿中候處御相談之御義被爲在候故早々出
候樣被　仰下卽刻騎馬計にて出候事左ヶ條
○御築地御廣メ仙洞御所へ渡廊下取除にて被相付度
○勸修寺宮之事
○長御處置七人御預之事
○尾老出京之事
○一橋与會之都合
○會增封

○宮へ村上下總ゟ横井平四郎當時熊本ニ罷在候處御咎よも可相成御國本之御評議の由其事當地ニ居候面々よてハ甚殘念存候由猪太郎迄相話候處於同人ても當時合御用ニ相立可申人物可惜御義幸今日ハ御落合よも被爲成候間右之義言上仕何卒

宮よ里細川方へ御沙汰願敷趣申上候ニ付段々去年寒菊亭不都合抔之義靱負ゟも又申上候事

○春岳兄迄過刻野宮ゟ參候由書面被爲見候左之通里之

愈御安全令賀候抑來廿四日新嘗祭拜見所望之輩參　内不苦候旨被仰出候御番衞勤仕御一同へも御傳達可有之仍申入候也

十一月十七日

定功

雅典

越前々中將殿

追而申申半刻可有御參候衣体衣冠無官之人々直垂布衣御着用之事且

御場所御差支ニ付武家休所之間へ各可有御參候也

同十八日

○中根靱負ゟ昨夜下總ゟ申出候平四郎之儀今日於薩邸右等之話ょも相成候ハヽ程能此方心得ヲ以說破願敷由封書ヲ以申越候事

○五半過出門薩邸へ參候下野も參春岳押懸ニ參候角力致見物候之

○七半時陽明家御參集濟ゟ突然左之御方々樣被爲入候事

尹宮

二條左大臣樣（◎右大臣か）

近衞前殿下

德大寺內府樣

近衞左大將樣

六過ゟ酒宴賑々敷殊の外御興ニ被爲入近衞兩公とも素舞被成候蒙御懇

命候

公武御一和之吉兆と申候之
同十九日
第二時過春岳兄よ𛀙一封飛來開緘
江戸表大變ニ付急ニ御相談申上度只今可出候之
第三時春岳兄來臨過ル十五日酉中脱◎刻かゟ出火御本丸不殘炎上之由飛脚ゟ申出候趣實ニ絶言語恐入候義乍然御上洛御延引とも被爲成候而ハ以の外之義三郎始申合可然と內談決春岳無程歸り薩邸へ被參候筈松肥後へも參會可有之騎馬よて一封遣し無程供揃出門
○薩邸へ參側用人へ口上申述候處今日ハ尹宮樣御始咋日之御禮被勤候末細川旅宿參候由ニ付直ニ歸り候處春岳ゟ使者よて會津旅宿參候樣申越候故施藥院へ罷越春岳三郎肥後守へ致對面候諸司代と永井主水正被呼候樣申五時過參會
御本丸炎上絶言語奉恐入候乍然右ニ付御上洛御延引御坐候而ハ決而

御不都合我輩盡力周施マヽ可致樣無之處當時關東之景況御疑念深く亦離間之奸策ヲ運候者も有之哉ニ被察候故御炎上ヲ被　仰立御のひ可相成歟甚奉懸念候尤我輩之內申合出府事情且御上洛無之而ハ不被爲濟譯柄委細申上候而も宜候得共夫ヨてハ譯ヲ

朝廷へ及奏　聞不申而ハ難相濟左樣相成候時与發表いたし不宜候故何卒永井順動丸ニ而出府委曲陳情皆々苦心焦慮之次第も申上度と申述候處無異論決着ス

同廿日

○昨夜三郎內話ニ今日　尹宮へ出伺候得与昨夜德大寺之外ハ亦陽明家へ御集會ヨて關白之事御決着鷹司家ハ只如御願御免ヨて二條家關白被爲

命候由

○申刻過永井參候昨夜之事ニ付而心得參度ヶ条密示故致說破候事明日下阪之由

○猪太郎參候主水正計ニ而ハ御上洛御運ひ不安心故各藩ゟも壹人宛使者差登度春岳兄へハ申上候處御同意のよし縷々申出候間至極可然其處ニ同意主人〳〵之之（マヽ）誠意相貫宜と存候尤不差支候ハヽ永井同船順動丸乘組可然右ハ此方より會津へ可及懸合否ハ彼方ゟ各藩へ爲知候樣可申置と申歸に

家來爲登候藩

越前　薩　肥後　會津　筑前　我藩

○秋月悌次郎參り船之事申合候事

○井關齋右衛門出府申付候

同廿一日

○物外法師參候六十九才至而丈夫力の話いたし候

○九半過出門參　内衣冠次郎四郎最早覺候今日ハ近衞家ゟ兩人參候

○長岡兄弟今朝ゟ尹宮へ出御上洛若シ御延引ニ至候ハヽ

勅使被差下候處ニ御決着相成居度由申上候處尤之義尚今日參　內此方へ
　致內話前殿下ニ而も其處御心得之義申上候樣御傳言之由ニ付
勅使抔下向候而ハ假令御上洛有之候而も甚以被對
朝廷大樹公無御申譯是ハ御互之盡力周施[マヽ]可致事
朝廷へ云々ハ不宜と申置候之
○退出ゟ陽明殿へ出候事
○小松帶刀逢度由ニ付呼候處昨日歸り候於兵庫順動丸へ罷出橋公へ拜謁
　御傳言被仰含候
○橋公御上京をも幕吏御留申候得共被蒙
勅命候故是非上京と決斷乘船の處附添候御目付すら不快と唱供不致由其
　後陸地を代之人參候よし
大樹公御上洛ハ何分薩を疑念強く中〱六ケ敷望日御炎上ニ付てハ尚更
　よて永井ヤ諸藩士の盡力ニ而ハ無覺束右程迄よも事情眞僞の不分とハ

絕言語候事と帶刀歎息尤の事ゝ
○春岳兄參殿又一席よて逢右の話いゐし候末橋公考ハ乍御苦勞豫州ても
不被參候てハ動き申間敷との御見込と申居候何も一橋着後話合可然と
申置候
○前殿下ゟ當今之御時合ニ付諸藩被爲召可然ゐとの
朝議候處如何存候ヤとの事春岳と申合左之通兩人ゟ申上候
朝廷ニ而之御主意ハ如何此（御答）度段々被爲　召候衆も候處先日御暇之時左之
面々は
○阿州　　尾前老　　因州
備前　　○藝州　　○藤堂
大樹上洛之時ハ御沙汰有之候間尙更不都合其外よも召もなりめさぬもな
りよて不同故大藩ハ一同召候方可然との事と被仰候故兩人ゟ去冬ゟ追
々諸大名被爲召處當春上洛の時ハ實ニ宿亭さし支◎（候脫か）處大藩不殘と申

而ハ都下之混雑ハ勿論色々又面倒可相生尤此者ハと
御見込之御用被為在候ハヽ無彼是候得共御承知の儀ニハ無御坐候事ニ而
ら實大小藩とも上京ニ付而ハ冗費甚敷疲弊之今日ニてハ多人數上京ハ
混雑仕候而已ニて
公武御為ニも銘々之為ニも不相成乍然先日御暇之分丈ハ御約束故被為召
候外有御坐間敷と申上候處帯刀も召三郎へも申候様との御事同人申上
候ハ必定御兩公様の御沙汰通三郎も御同意ニ可有之若シ異存御坐候ハ
ヽ明朝可奉申上何も不申上候ハヽ御同意と被思召度申上候事

同廿二日
○國當月五日立達ミ
○齋右衛門今朝江戸へ為登
　薩ゟ島津主殿筑ゟ久野一角細川ゟ長谷川仁右衛門越島田近江
○靭負猪太郎呼參候昨夜前殿下御問答諸大名召候事堂上ゟ出候ヤ諸藩之

内ゟ起り候ャ相尋候處猪太郎云右ハ尹宮御意ニハ此度上洛ニて國論決
候而も諸大名中異論之者可有之故一同被爲召候而決評可然との御儀と
伺候故罷歸り三郎へ申聞候處夫ハ不宜候故宮申上此度御沙汰ニて春岳
此方も上京故ゐよふの事御尋被爲在度と申上御承知ニて陽明様へも申
上置決而諸藩ゟ起候事ニハ無之由然ハ其處ハ安心乍然無益之人ハ壹名
ニても無之方混雑無之可然ニ付左之主意ニ従

朝廷御沙汰出候てハ如何

最前御暇賜候節

大樹上洛ニも相成候ハヽ早々上京候様

御沙汰有之處昨年來度々之出京費用も不少義可有之疲弊難澁ニ至候而

（◎ハ脱か）不宜依而上京之義ハ勝手可致事

○兩人とも右様相成候ハヽ彌可然決而春岳三郎とも別存ハ有御坐間敷早
々可申聞若シ心付候ハヽ明朝迄ニ可申上左も無御坐候ハヽ御同意と被

思召度旨申歸候

○大阪表昨夜子ノ刻前ゟ出火今夕七時過迄も四條邊ゟ見得及大火候事と
存候

同廿三日　江戸へ飛脚立候

○午時出門尹宮ゟ近衞樣へ出る

一昨夜之主意諸大名へ御沙汰振申上候事

一遠江明春上京御用捨之儀內願申上置候事

前殿下ゟ

一昨日兼而御進獻之御品々持出候處鶴ハ御自身所務別而御滿足懸物ハ
珍敷幅　思召ニ叶御滿足との御沙汰之由被仰聞候事女房奉書願置候之

○尹宮ゟ紀州家老昨日出候故上洛云々ニ付諸有志藩ゟ使者出府も爲致候
位之義ニ付不外紀州之儀使者爲登候樣被仰聞恐入畏候旨
御同所よて綾小路前大納言致對會候事

同廿四日

○前殿下ゟ御返書中
其砌（昨夕出之）内々御示之書付勘考候處御書付之御趣意ニテ至極宜先柄も有之候得共中ニハ少々如何と存候所も有之候尚篤と熟考可申遠江守殿明春御上京之儀御用捨之事ハ何レも〳〵御尤〳〵是ゟ相含可申候

○猪太郎参候
昨夕土州生駒清治國津四郎右衛門参申候ハ近日三条邸貞誠院殿（脱走の實母）住居小屋ニ而ゑもおを叩音いゑし候故老女すきゟのそき見候處男子三人居候由老女又附女中具足下着裁か◎（裁）縫するをみる尋候得ゟ一人長州ゟと答一人又それハ間違細川ゟ頼と申候由其後貞誠院殿ゟ此頃三田尻ゟゑしかなる使よて申参候ハ土州士三百其外千人計参候由右ニ付中納言よも又逢候都合よも可相成ヤとの事老女愕然（此老女ハ梅岡ナルヘシ）極密土藩へ通しニ付土又薩へ談候由薩議ゟ彼家諸太（マヽ）夫ニ手引するもの有之候間同人召

捕一時ニ不審者參會を察し會藩淀ニ而召捕候策ハ如何と申候故所詮無他術今夜春岳兄へも可申置と約候

○此間傳奏衆ゟ内願通御沙汰之由被相達候間七半時出門參　内御臺所御門ゟ武家休息所へ上り候追々出候面々

誰も出ぬ間ニ御大所ノゾキ候事女中ミル

松平春岳　伊達伊与守　松平下野寺　松平下總守　加藤越中守　本田主膳正　關備前守

不參左之面々

松平肥後守

南部美濃守
稲葉長門守
中條中務大輔
阿部播广守
丹波左京大夫
松平出雲
長岡澄之助
同　良之助
池田昇丸

五時過　出御御いろめきニ付一同平唐門ゟ神嘉殿取付廊下の下を通り右腋門内ニ見合紫宸殿ゟ　出御遙拝之末月花門上坐ニして圓坐へ着ス通御ニ而拝伏神嘉殿へ　入御後見合亦休息所へ參候重詰開候事九時頃還御御催シニテ如最前御場所へ罷出候所非藏人案内ニて内々神嘉殿前

最初ゟ管絃詠曲之

御幕張へ參のそく自分ハ仕合幕串之處へ參候處切レ候處有之よくミゆる采女御供物らしき物徹◎（撤か）候處ミゆる相濟采女皆々御供ニ下り近邊へ參候間追々近よりみる十人居候又れそきょ參候　出御故致拜伏又奉見上候　立御内侍一人御左ニ御劍ヲ捧中坐御右脇ニ壹人何ゟ捧立ッ無程階ゟ大中納◎（言脫か）らしき人登り御左内侍ゟ御劍受取葱花輦内へ入ル内侍ハ拜伏又壹人階下ゟ進み御右脇内侍ゟ御品物受取御輿ニ入兩人階下ニ拜伏夫ゟ御階被爲下御乘輿奉見上退キ圓坐ニ着ス右腋門ヲ上トス追々管絃詠曲ニ而　通御拜伏内侍三人ハ盛服（五重きぬ）ヲ庭上ゾロ〳〵引ク實ニ神代もかくあと覺難有奉存候

禁中女房之姿初而みる實天乙女とも可申候

紫震（マヽ）殿入御右腋門内ゟ遙拜内侍始ハ右階ゟ上り候樣子之直ニ順ニ退出今日之御◎（禮脫か）ハ巾上候振合ょ相成候ハヽ傳　奏ょて可被取計由八時歸邑候今日之詠歌

春岳之
慶永

神代より御皇胤みゐちまさしき天皇の新嘗祭りなへるかしこさ

宗城

神よしてあみまつらする天皇の御あ々おあむはなあかしこしも
御祭のむしろれ末にかしこみてミれも神代のこゝちこそすれ
　神嘉殿より管絃よて還幸をおあみて
いと竹もよもすみわ登御祭のもてしミゆきれ玉しきれ庭

同廿五日　國へ飛脚立候

○安達清一郎參候
下坂之末尙佐久間佐兵衛よりゟ（マヽ）話候事
先頃根來某上京奉願候處御聞屆無御座此度庵か◎井原主計父子口上書自
筆之由持參謝罪之由主意ハ先達不慮之變動ニ付御門御守衛免（マヽ）ニ付不得
止勢ニ而七卿御供致一同引取候段彼是暴卒之處ニ至候處ハ尊攘之間違

ゟ起甚以奉恐入候由又
幕府御目付代◎代か御目ヲ及殺害御船押而拝借ハ全佐兵衛輩迄不知よし長門
守乗出シ留候而も不相留とか申候當時藩中三等ニ議論いたし候由
第一等上
公武へ何分罪ヲ謝奉り候事
第二等中
是非曲直ヲ正し度事
第三等下
暴論自守之覺悟
第一等ヲ議候者少く第二等少し多く第三等多分れよし
右庵原主計事勸修寺へ出書付差出度其末事情無止次第申述候心得のよ
し願出候處以留守居可差出との御沙汰候得共又々此度も上京不相叶父
子願書御取揚も無之而ハ實ニ暴論徒取押も難出來甚當惑ニ付再度願出

候よし右願之達し候樣相成と（マヽ）の事又七卿歸京願敷中山ハ決而長へハ不參澤も近邊迄ハ參候處斷不入四國へ渡候やとの事土州へ落候歟も難計事

○春岳來翰

只今秋月悌來り十九日發東飛脚會へ着閣老之書面來ル十二月望御上洛御乘船之由申參候よし〔朱書〕過ル九日橫瀬申候事貫達と存候

同廿六日

○一橋黃門着

○薩邸へ參致用談候事

陽明殿へ出候御約束の處急ニ御斷ニ付猪太郎ニ出候樣昨夜安達願候一条御聞屆可然と申合置候之

同廿七日

○御番參　內懸陽明殿へ出る猪太郎參居養育料相渡候不得止事情申聞候

事當月三日わゝす
○菴原主計一条前殿下へ申上候處今日ハ御不參故兩傳奏へ申置候ハヽ明日御參集ニ而尙御話合可被成
○參內如例跡ニて前条之義傳　奏衆へ申述置候
△心得御番ニ付て之ヶ條書も出置候之
○越ゟ毛受鹿之助參關東事情申述候之
○尹宮ゟ明日出候樣被　仰下候之
同廿八日
○悌次郎參候菴原主計當地へ出候義堂上方へ書面差出直ニ十八日不得止事情申上候義いろ〳〵辨舌ヲ以て取飾申述候時をし勸修寺抔被期か◎歟尤と存詑し候樣ニてハ不宜（マヽ）長人爾後入京之口開ヶ候而ハ以の外之義彼是懸念之由申述堂上方被期云々ハ尤之義尙今朝宮へ出候ハヽ何等と御申合可致と申置候事

○四時過宮へ出御對面申上候處主計一条猪太郎ゟも未申上候趣ニ付委細申上且會士懸念の事御話申上候處右ハ昨夜悌次郎ゟ申上候由色々と御話合申上愚考且長事情御承知ニてハ無餘義候得共伏見邊誰そ受取ニ被差向書面又申出候事件尤ニも候ハヽ入京被仰付候而も可然ゐと被仰候得共夫もちと御扱よすき候様ニともハ無之◎(脱か)や愚按ニハ如願執奏衆よて被取次可然と(マヽ)段々主計ゟ如何様之事件可申述も難計候故爲取締守獲(◎護か)職出席候ハヽ如何尤書付差上事情申述候ハヽ何を
御廟議も可被爲在追而御沙汰も可有之候間早々大阪へ罷歸相控可申今夜ハ伏見迄引取可申旨被申付候ハヽ長人猥ニ滯留不相成譯も相立竊ニ他郷へ参入之患も有之間敷と申上候處至極宜様被思召候間尙御熟考御商(マヽ)議可被成尤會津ニてハ如右相成無懸念ヤ尙可相尋との御事故退館ゟ私罷趣可申聞と申上候事

○會邸へ参り候處るす故家來手代木直右衛門へ委曲申含候之

○一橋公へ出る黒河色々密話

○久々振橋公へ御逢東西之事情御互ニ御内話申上候事

一大樹公戯喜橋公直諫

一御炎上ニ付如是迄結構之御造營被相止御質素ニ相成可成御手挾（ママ）[狹か]ニ相成度

一後宮向御人減可相成當春ゟ心痛よて六人減候由

一輕重緩急ヲと篤御評議有之度

大城御造營尤重且急あり乍然御上洛

皇武御一和之基本より論候時ハ輕ク又不急之御本丸西二の丸ハ追々順序ヲ以御造營可有之

一浪華御城五六年御在住ハ橋公も同意之

一尹宮ヲ忌憎之由

一幕威勢ヲ更張之含之由

此兩條尤我輩盡力周施（マヽ）注目之處ニ

同廿九日

○越ゟ香西敬左衞門參候

昨夜橋公と及御内談候服制如是迄被差置度存意書差出候案文別紙アリ

○晝後諸司代へ御きゝん伺ニ出る跡よて奥坐敷へ通り候樣被申候故參り

色々内談春岳兄も被參候吸物出る

○暮時陽明殿へ出候三郎落合色々御内談御うら方も見物女中あせひきよ

て御表計ニ

極月朔日

○尹宮四時過出る大原落合一同御對面申上候

一主計之事尙又今夕三郎橋公へ出候故可申合旨

○悌次郎尋參候故逢候主計不致入京樣深意申述候

一薩筑一和の事山城人物之事は宜由申出候事

○八時後橋公へ出春三落合候事鴨洲も參候
庵原主計之一条左之通決評双松三郎号　明朝尹宮へ申上候筈
大膳太夫マヽゟ之書付主計演舌共伏見迄御取次衆被差向受取相成可然
諸司代家來差添可被差支か◎向事
○双松兄方へ今日家來幸之允と申者江戸ゟ歸候處御上洛一条炎上ニ付甚
六ヶ敷由承る
同二日
○福ゟ黒田山城浦上信濃參候
一長領よて山城四日徹夜長激論等毎夜參當今不正之都下出候儀甚不可然
何分
朝廷歸正迄引返シ可申旨申張且滅　幕　王政之心得候ヤと暴論甚當惑よ
ふ〳〵申ヌケ候由加之長父子七卿も逢可申五六日滯留云々申懸候故父
子へ下野又山城抔逢候ゐハ爲よも不宜七卿へ拜謁申候ゐハ乍恐

公武へ御疑念蒙り亦長滯留相成候而ハ至而不安堵故彼是斷候由
△吉川ハ十八日益田一同引取候得共元來志ハ宜人物形跡ニ而同罪ニ可論人ニハ無之ト存候旨申聞候處如御賢察よて既に下野も吉川よハ逢山城始も出席表向ハ長徒同論内密心底ハ迚も如只今よてハ本藩も滅亡之外無御坐乍然只今直諫ニ及候とも聽入よハ不相成胸中推察いたし呉候樣との由
△十八日之一左右長へ達し益田も船中ニ而切腹との事長へ達シ候ニ付俄ニ暴論役々之内黜退ニ相成候處右衛門介歸候と兩日中又變換彌權威强候よし
△近日岩國ゟ壹人登阪ニ付筑ゟ下阪承候處監物ゟ諫書山口へ出候處采用よハ不相成候得とも落手ハ有之由右等ニ付而之義も有之ャ次男を山口へ可出との事申來斷候得とも是非〳〵差登せ可申と益田ゟ親類差越長州ゟ多人數迎ニ參候處不快と唱居候ニ付快氣迄而待居候趣岩國へ滯留

れよし大ニ混雜迷惑と申候由

△猪太郎昨日參薩開國論を唱候と申事筑藩ゟ承候由爲尋問山城始へ及應對甚驚入右ハ周施〔マヽ〕方迄も左樣之事咄露之義ハ毛頭無之乍然其以下ニ至てハ何とも難計重々探索可申と答候處夫ハ不宜其儘ニて爾後芋ゟ開國論ニハ無之と申義重々御藩中へ被示置度と申候由右ハ芋筑離間之策ゟと考候よし且先年筑混雜之時芋へ參色々申候者有之故山城始之義疑念ニ存候者も可有之や何分一和一致之義懇願ニ付以後宜敷希候由申述候事

△鹿之助參候

長州と岩國之義肥後ゟ藝へ探索ニ參居候者承候よし前文山城內話の事申述候暴徒ハ長門守ヲ守將益田黨之由家老も四人ッヽわかれ居候趣之

○安達清一郞參候

菴原主計之事ほとよく申置候事

○秋月悌次郎參候
御取次へ差添ハ町与力可然ゟと申置候事

同三日

○陽明家へ呈書御返事寫
扨又菴原主計一条昨朝大久保市藏ゟ三郎傳承之候尚又尹宮ゟも御申合
之次第承申候御評議ニ相成執奏勸修寺家雜掌ヲ伏見へ被遣候而旅宿へ
相招所司代家來立合と申事ニ御治定幸長門守參　朝中故其趣傳　奏衆
ゟ被申候所矢張長門守ハ初之論ニ而入京よて被爲聞候樣申候得共一橋
始之相談之趣内々申聞候得ㇳ安心ニ而御請ニ御坐候

○手代木參候丁奉行手附差添之事所司代へ申出候事不都合故止め委敷初
ゟ之事申述候由今日兩傳ゟ一應伏見よて云々主計へ申遣返事參次第出
立爲致候よし長門へ申參候手紙寫みせるいらぬ入念之

○宮ゟ中根被遣候

二條當職ニ決候よし主計れ事ハ前記と同し

○昨夜清一郎ゟ右門督◎左衞門佐か逝去後水藩皆引而ハ又江戸ゟ國まて不靜謐可起且故大納言之義於

朝廷厚思召も被成下候處も不相立彼是不都合故皆不引取樣云々頼候處却而御都合よハ御門守衞の外不殘可然と存候旨春岳へ傳言申含候處先刻宮まても御同樣の御沙汰　宮ハ御門も越と代り合可然と御坐候よし申居候事

同四日

○秋月參る永井主水客月廿六日着府卽刻謁

大樹公當方事情及言上閣老へも陳論之末御決着相成本月十八九日頃御出船可被爲在守護職へ閣老ゟ昨夜申來候よし過日ゟ心痛故早々申越候趣之我輩焦慮貫徹不啻奉感慶候

○飛鳥井之事尋候得ハ右ハ長ニ內々娘遣し有之よし同卿退職坊城ニ相成

ハヽ可然と談
○春岳兄ゟも御上洛御決着申來候
○午後參　內別段寒中ニ付伺
天機候事
○暮時猪太郎參候
尹宮御事ニ付此頃不容易張札抔いゐし竊（脫◎か）よ可被奪
天位御姦計有之云々相認有之由右ニ付過日御參
　內被爲在候處於
玉座二條近衞御父子德大寺侍坐ニ而右樣之風說有之
　尹宮よハ御配慮と被
思召候趣御沙汰被爲在候故　宮ゟ昔ゟ如此事不珍尤毛頭天地ニ被爲誓左
樣之御心底ハ無之亦宮御一身ハ御惜み不被成候得共實此說御信用御坐
候時ハ乍恐

天朝之御危急不及被仰上大事去ルニ至候ハ必然の由被仰上候處
主上ニ而も聊　御心ニハ不被爲懸候故彌增御輔弼御坐候樣との御沙汰尙
翌日も以
宸翰此御主意被　仰進候由
天皇ゟ直ニ尹宮被爲召被
仰出候處ハ聊御疑念無御坐故ニ而其處ハ無此上感泣恭賀之至
皇國不拔之御親和とハ奉存候得共三公以下之堂上ニ至而ハ疑惑ニ奉存候
向も可有之何卒至重至大之御義ニ付橋公春岳三郎予申合候末下野兩長
岡と一同御疑惑不被爲在上
表致候方可然と申談候事明日尹宮參殿止候ハヽ三人橋公參集可申談と
決候事
○崎嶴ゟ中原眞助參候よし佛と蘭長州爲攻擊投錨來正月差向可申歟と申
居候由

佛軍艦八只（マヽ）蘭十二只（マヽ）
右一應ハ長州へ和議之義
幕府被仰遣度と申候之
○六兄上表　轟　山田懐中書付陽明へ伊地知正治出候書付共持參
同五日
○四時供よて尹宮へ出一越落合候一同拜謁
△中納言殿ゟ右衛門督（本ノマヽ）云々ニ付跡水人引拂候様相成候而ハ亦水ゟ暴徒
登り◎（候脱カ）程難計夫ゟハ跡之者共橋へ附屬受指揮候様被仰付候ハヽ上
下都合可宜と被申上尤ニ存候事
○双松へ參致話合候上表之事同意
△中原直（マヽ）介出る長州攻擊蘭ゟ四只（マヽ）跡ゟ四只趣ニよ𛂋十二只迄可參二三
月ヲ不出して可及戰爭長ゟ海賊同様の仕向ゟ蘭ゟも同様致候由右故
幕へも不申立よし

△長崎丸亦關ニ而及迷惑一条承

○橋公へ出春會落合

上表之義談決ニ付薩小松高崎越中根會手代木秋月等申合草稿爲認候事

○橋公へ閣老聽か◎總裁か來翰彌御上洛御決定尙永井近日上京委曲可申上由申來讀爲聞被申喜悅大賀

○朝議席へ我輩參謀薩か可致周施ママ由二條城參集ハ會藩よて同樣兩藩申合承候事

○橋公へ容堂か呈書近日上京可致由申上候去月廿九日立之可喜々々

○二條か明午時御用談ニ付出候樣被仰下候橋公始之

同六日

○九時供よて二條殿へ出左之公卿同席始落合候

尹宮　近衛御父子　德大寺殿　一橋　春岳　肥後守（守護職）

下野　長門守（諸司代）　三郎　長岡兄弟　自分

○大樹公御上洛之義昨日宮御始へ
玉坐ニ而御沙汰之趣被爲在候故御書取拝見相成大城燒失無餘事(マヽ)思召候得
共當今不容易時合ニ付早々上　京挽回之期不被相失云々との御主意ニ
付橋公始へ申合既ニ昨夜閣老ゟ御決定も候御事只今ニ至
朝廷ゟ御沙汰被爲在候而ハ甚以
大樹公ニも被爲入(マヽ)恐且いや〳〵の處
敕ニて御上洛之姿ニも可相響亦離間說も可相起旁御不都合ニも可有御坐
此間ゟ銘々も
朝廷へ不相響樣周施(マヽ)盡力仕居候故何卒〳〵此御沙汰ハ重々難有御儀候得
とも御用捨伏而奉頼候旨申述候處昨日右樣便も候ハヽ一同申上候旨尤
ニ付其旨明日御申上可有御坐趣之
○長州御處置御尋ニ付少々銘々見込申上何分今日論決も致間敷候間と篤
申談追而可申上と申上候事

○猪太郎參逢候處

中山ハ昨夜も僕ヨて及見聞候處彌宅へ潛居と相聞候間尙又會稻へ申談

町之手ヨても盡見聞無相違候ハヽ其趣

朝廷へ申出候上召捕候手筈いゐし置候由

○帶刀も逢候今日水在京人橋公へ附屬の御沙汰可有之よし申述候事

同七日　新宮頁民頁助頁格

○緩々宮御始拜晤酒宴有之事

○午前東禪寺中順正書院へ春岳約束ニ而參下野も參會新宮了珉始了助子

供も出候事古書畫かすく〳〵みる尤珍奇ハ

文天祥　直幅

蘇老泉　横幅　朝鮮ゟ清正持歸太閤へ呈候品

南濱マヽ　十一幅　細畫

右三井珍藏

朱竹陀　直幅　順正藏

画工竹溪憂(マヽ)山出候事

同八日

○中川宮へ寒氣呈品之序昨日順正書院庭よて手折梅の枝よそへて

君かため降來る雪を打拂ひうちもらひ侍ゝおくる一枝

疑も雪もまかはむその中よさたかなる匂ふ花そまのもの

○過ル五日夜於一橋旅館申談候　尹宮御義ニ付張札離間之姦謀一条之上

表左之通橋公ゟ傳　奏衆へ以高家差出候

此節

尹宮之御上ニ於而種々浮說相起候趣承知驚愕之至奉存候素ゟ　宮之

皇國之御爲ニ御心力を被爲竭候御誠義ハ一同深ク奉感服依賴候義ニ御坐

候處右樣流言被行候義ハ

皇國一層之危殆を添候義ニ而何共戰兢恐懼之極地と奉存候
聖明ゟおゐせられ夫等之迂策ゟ
御動搖可被爲　在御義とも不奉存候得共姦邪兇儉〔マヽ〕之正議を妨ケ骨肉を傷
害仕候ニ離間之策を用ひ候者古今同轍之義ニ而照然たる事ニハ御坐候
得共其策之成敗ニ依而天下國家之安危存亡を分ち候和漢共其證跡分明
之事候得者縱令
聖明ニおゐせられ
御嫌疑之
叡念不被爲　在候とも銷骨鑠金之姦計
朝野を煽惑するゟ至候而者以之外成御大事ニ而
御間柄ニ於而御釁隙一度相啓候而者
皇國之綱維御挽回之期も絕果候事と相成臣等乍不及身命を抛ち盡力仕候
所詮も無之誠忠空敷讒間之爲ゟ挫折仕候而者實ニ不堪飮泣之至候得者

御高議〔マヽ〕、御忠誠ニ臣等社稷ニ換死を誓て

此時ニ當り　宮之日月を貫候

奉　奏上候間仰冀確乎たる

聖聴愈泰山之不動ニ比◎〔脱か〕せられ

皇國萬安之御鴻基を被為建候樣臣等叩頭泣血

闕下ニ伏して奉企望懇願候誠恐誠惶頓首謹言

癸亥

十二月七日

慶喜

慶永

容保

宗城

慶賛

正邦

久光

護久

護美

○橋公ゟ御書參一昨日於二條家御上洛之義被仰聞尙及判談ニ付關東へ建白之草案御內示ニ付少々心付書入返呈尤橋公ゟハ御直々ニ被申上我輩ゟハ閣老へ可申述依而草稿春岳兄へ御廻し被下度申上候事
○橋公ゟ七時只今參候樣被仰越速刻供揃申付半時出門
○總裁か◎裁御上洛前出京之事橋公被議同意
○板倉御供上京之義自御所御沙汰有之處御留守御無人故此度ハ御供不仰付よし會へ申參候由橋公へ申上候ニ付三人議候而明日宮へ自分云々申上別段御所ゟ御沙汰願候筈之
○橋公銃隊供不宜と申上候事
同九日　國廿八日別便達ス

〔朱書〕下りに宮女中ニ出會大笑〈
○四時過　尹宮へ出候板閣の事申上御承知總裁（マヽ）ハ今日橋公へ
朝廷よて御坐（マヽ）のよし　今日随身共狀（マヽ）赦許之
○齋右衛門ゟ上書する去月廿六日致着府候よしと
○悌次郎參主計の（マヽ）何卒上京之末主人書付さし出度由主張ニ付入京ハ差支
候間應御沙汰伏見ニ而差出候様勸脩寺喩◎（諭）候筈のよし會津へ參候正
論門徒坊主何某佐兵衛抔へ心添申候處不入（マヽか）聽此度主計出候主意ハ罪を
謝候よハ無之弁解のよし
○藝へ使者よて書付一冊子相贈候處是以飾非候事計のよし

同十日

○如例參　内夫ゟ陽明殿へ出る大奥罷出ヱレキ御一輿ニナル
○七日一橋公始ゟ連名上　表ゟ右府殿よて一橋ゟの落書を實ニ
主上も御信用と存候而ハ以の外之義と被成御考候云々御密話故尤一橋始
も左様存上譯よハ毛頭無之御互之處ハ安心之様子候得共諸卿之内よハ

半信半疑又信惑も可有之其爲ヨ建白故早々呈
叡覽被申候樣申候兎角行違心配との御話之（勧脩寺宮長と御懇意の御密話被成候事尹宮御實弟之）

同十一日

○今日勧修寺雜掌稻葉家來出伏見主計へ爲應對候由昨日承る

○夕景春岳方へ參會津一同之

一諸司代より肥後へ爲知主計ゟ勧修寺雜掌へ書付相渡候由申來候

一遠江來春上京之義及歎願候段肥後へ致密話置候之

一南美濃御暇之義右府公ゟも會へ御賴尤內願有之よし中將歟悌次郎ゟ右府公へ致弁論置候由

同十二日

○猪太郎參り候

一勧修寺宮之事陽明御內話申候處右ハ決而無之由

一將軍浪華城へ被爲在候而御處置之義密話

一長ゟ申出候内父子の内出京願候由
一開港之義當今輿議紛紜故考量ものと存候話
○若狹守參候
同十三日
八時宮ゟ下總橋越ゟ使者參後刻趣ニよ𛀁參　內被仰出可申故施藥院へ
集り居候樣との事卽刻供揃申付候事八半時着衣冠出門
○七半時過只今一同可致參　內肥後守方へ傳奏衆ゟ被仰越候事同人俄ニ
身仕舞大さわき候之六過參　內如例
天機奉伺候末小御所御廊下ニ而宮二近御父子德御逢庵原主計ヲ以長ゟ差
出候書付爲御見所存御尋ニ付明日外之者共申合度旨一橋ゟ申上御承知
ニ而談合濟候ハヽ十六日午後參　內ニて可申上入組候事ニ候ハヽ十五
日宮へ出可申上との御事之
△五時過退出ゟ又施藥院へ寄合長辨解書致披見候尙明午後橋館へ參集可

申談筈之

同十四日

未刻より東本願寺へ參候昨日之書付稻葉長岡兄弟へも爲見橋公始御取扱左の通申合明後申上候筈ニ決

長門宰相ゟ家來を以差出候書付三通御落手相成候追而御沙汰之品も可有之候間一先致歸國御差圖相待居可申樣被　仰出候而ハ如何可有御坐歟一同申合仕候

同十五日

○猪太郎參長使者御所置昨夕評決の處市藏ゟ三郎へ申候處素ゟ同意の由

長州書付三通渡候廻達有之候筈之

△勸脩(脱か)◎寺宮へ明後日申出候事

○福家老兩人參候

同十六日　國へ飛脚立候

○午刻御番兼參　内春岳肥後守御用ニ而被出候一橋不參

天機伺御番ニ付最初謁傳　奏　於小御所取付廊下右府尹宮前殿下へ拜謁

一昨日申合候書付春岳ゟ差出候處至極可然考　奏

聞之末兩役衆可被申談候間少々退出ハ見合候樣被仰聞候事

六半比兩傳被參謁候處さの通被申述最早御用無之候間勝手ニ退散可致

御苦勞之由も被申候

一橋以下書取之通御取極相成早速勸脩寺家雜掌差遣候右之趣申達候

樣別ニ御對面ハ無之事直ニ退出陽明家へ出候傳獻ニ付

御滿足女房之奉書御渡被下候事

同十七日　容堂狀參 越芋連名

○猪佐參候猪ゟ明日一橋春岳

尹宮へ出候樣自分可相傳旨被　仰下候故早速春へ申通候事

○午後ゟ下山料か◎科勸脩寺前宮へ出初而拜謁色々方今之御議論有之猪佐

兩人ゟも申上候

○天朝よてハ幕府を御依頼遊し幕ゟハ尊崇眞之御一体ニ而攘夷之叡慮貫達有之度との事

△右ニ付猪太郎と方今攘夷難出來譯申上候處御悔悟有之候之

△實ニ不容易御時合ニ付尹宮陽明家抔

天朝御爲粉骨盡力我輩ニハ幕府へ心ヲ添補翼可致何分ゐよふの御時合相成候而ハ諸侯も　朝廷之御評議ニ相つらなり

官武一致之基本相建度趣御話感服兼而承ゟハ英明ニ被爲在候之

同十八日

○八時ゟ尹宮へ出橋春落合

○遠江明春上京御用捨之歎願此間肥後方へ爲差出候處不及上京旨附札ニ

〔朱書〕此願附札子正月尚又此方ゟ所存申述候而書替被相渡候事

而相渡候事此方ニハ三月迄滯京可致旨之勤方ニ有之候事

○尹宮へ出る橋公御斷春岳出候

○昨日御番ニ而春岳参　内候處菴原再應出京之末長父子所存申上度よし申立候得とも野宮考ハ右様申出候而ハ違　敕之筋相成不宜候間如御沙汰引取候様相達可然と存候由昨日ハ右府様計御参　内故何れ尹宮陽明徳大寺家へ御話合可有御坐と申候よしニ付春岳ゟ尹宮へ申上候處いまゝ御承知なきよしニ付右府様へ御尋ニ相成候事武田相撲歸り候處只今右府様ゟ可被仰進處へ出候丁度よろしき（マヽ）野宮ゟ春へ申候通り之外ニ是非上京願敷歎願書一通勸修寺迄出し一昨日同人ゟ出候よし十六日御さゑ前ニ出し執奏之なをさりらしく可被相尋處不快よて引込候よし扱此處置御尋ニ付宮思召伺候處右程迄申出候ハヽ執奏雑掌ニ幕目付ても添事情爲申出候而ハ如何との御義故目付よりハ町奉行ニ傳　奏雑掌よてハ如何可有御坐ヤ兩人ゟ申上候處至極可然と御沙汰其内いよ守考よハ再度之不奉御沙汰して强而申立候段不敬之義候得共一切御取揚無御坐處よてハ如何と申上候處夫もなる程可然何を明日橋と話合否可申上芋

へも御尋被爲在度と申上候事

○裏辻侍從ニ逢候

同十九日

○橋館へ春岳一同出候

△昨夕右府殿ゟ井原之事再度之御處置御尋ニ付以御人撰伏見へ被遣父子申上候主意陳　奏被仰付候而も可然左様御沙汰被爲在候上にも上京云々願候ハヽ曲在于彼斷然發伏見候様可被仰付と被申上候よし之

左様相成候而も可然と申合候

○猪太郎出主計此分にて歸國難出來不得止事情ニ付何卒大阪ニ而待御沙汰候様願敷旨之

尹宮へ可申上三人ハ無別慮と申置候之

同廿日　江戸並便着國江戸へ別便立

朔負參る

△昨日も橋よて三郎官位昇進ハ可然家督と相成而ハ又國内不穏樣相至候義難量と愚考橋春へ申述候ニ付尋ニ參候間委曲申置候事

△挽廻（マヽ）維持之策略御上洛前決居度此頃ゟ早々評議相成度旨申居候間同人考も春兄へ出候樣申置候事

同廿一日

○中根靭負呼出る昨夜春岳よ里相談之書面無別慮旨申聞相渡候事今日尹宮へ内々呈覽之末二條近衛前殿下へ出候筈之

△元勸修寺濟範入道樣御義多年ニ而苦學（謹愼御盡加之）ニ而賢明之ニ而聞へも被成ニ而坐候得共（何分）ニ而時節柄ニ而還俗ニ而親王宣下被爲在候而ハ如何可有ニ而坐候哉夫ニ付ニ而給料等之ニ而義ハ何樣よもニ而談申上度奉存候　如小書入廿二日直ス宮御心付之

○夕景尹宮へ橋公春と出候色〳〵御密談申上候

△朝議御席へ彌罷出候樣可相成參謀とら何とら名ヲ付候樣念五迄ニ考可申

△二條城參集も宮御促被成下候事

△三郎從四位下少將可被仰付

△明夜　内侍所御神樂之由御話被爲在候間春岳申合傳　奏へ願立候使者差出ス尹宮方も相摸守被差添候事

△橋公御後見御免之陳情被申上候宮方も眞之御合体不拔基本被相定候ハヽ御免被願度御内話も有之處是ハ甚乍憚御不同意千万奉存候旨申上置候

同廿二日

申刻過出門半刻參

内御番且御神樂拜聽旁及遲刻候事追々左之面々御神樂拜聽ニ出候

春岳　下野　本多主膳正　若狹守　關備前守　戸田淡路守

△御番ニ付傳　奏へ謁奉伺
天機候其末春岳を呼候樣野宮被申候故呼一同ニ及對面候處今日ハ急ニ御
參　內可申達ヤト存候處御神樂御聽聞御願御參　內有之故相控井原主
計之義左之通りニ付御兩所へ御話シ申候而一橋肥後守へも乍御面倒御
傳相成候樣右府殿ゟ被申候云々
△此間御申合之主意ょて一昨夜勸修寺へ御沙汰有之候故同家ゟ明日伏見
へ出張云々心得方長留守居へ相達置候事
△昨朝勸修寺出門可致處へ長之士兩人　騎馬ょて參り今日出張有之
而も井原主計大病ニ而罷出候義難出來候故何分少々猶豫願敷旨家來迄
申出候間再三申諭候得とも不承伏其內段々出門時刻移り無止兩人呼自
身ニ被申聞是迄段々申出候次第有之故入京ハ不相成乍然申出度趣有之
出格之譯ょて自分出張被
仰付候故只今ニ至猶豫願抔ハ不相成强而願候ハヽ以書面可申出左候ハ

丶夫ヲ持參傳　奏へ可相達と申候處夫ハ得不差出旨申述候故最早此上ハ不及談判直ニ出門可致旨申切候よし兩士ハ無止歸り候

△伏見へ出張後主計呼出候處無程出候得共不快の樣子とも不相見得由兩傳雜掌も出席ニ而主計被呼兼々宰相父子所存書面の外委曲申上度趣ニ付委細申出候樣被申聞候

　主計ゟ申出候口上大意

去ル八月十八日毛利讃岐守吉川監物始處置御不審故取調申上候樣御沙汰之趣宰相父子承知仕候處別ニ取調候程之義も無御坐此上御憐愍之程奉願候

右之外不申出候故兩傳雜掌退坐之上勸修寺ゟ尋候得共矢張前文之外可申上義無御坐旨申出候故相下ヶ候由存外千萬之義ゐよふな位の事なら父子云々不申立とも相濟候義甚以つまらぬ事と存候今朝宮へも申上御一笑尙

上へも申上候處被爲笑候御事彌朝廷ヲ輕蔑申上候筋と奉恐入候旨申述候
處誠ニ左様との事春岳両人も餘りの叓申様もなく候一橋ハ春ゟ會へハ
自分可相傳と決候之
△六半過ゟ内侍所御庭御廊下向圓坐ニ着ス
五時過女房七人向廊下ゟ内侍所へ被參候両人ハかハりきゝ外ハ地くろ懸
着にて
△五時過出御拜伏三四門被爲過追々頭をたれる内侍所への御楷◎(階か)被爲
揚候處も能々見上候
△御鈴の音やみ無程笛音取ゟ次第〳〵如別紙之
主上和琴被爲　彈候音取末拍庭火共三度
榊本末合奏一度
右相濟四時過入
御拜伏中上候女房へ(マヽ)御跡へ殘居候

無程控所建次へ参り傳奏へ御禮之義及問合候處御番参　内序ニ申上宜

旨返答夫ゟ弁當給追々退出九時本陣へ歸

極々略圖

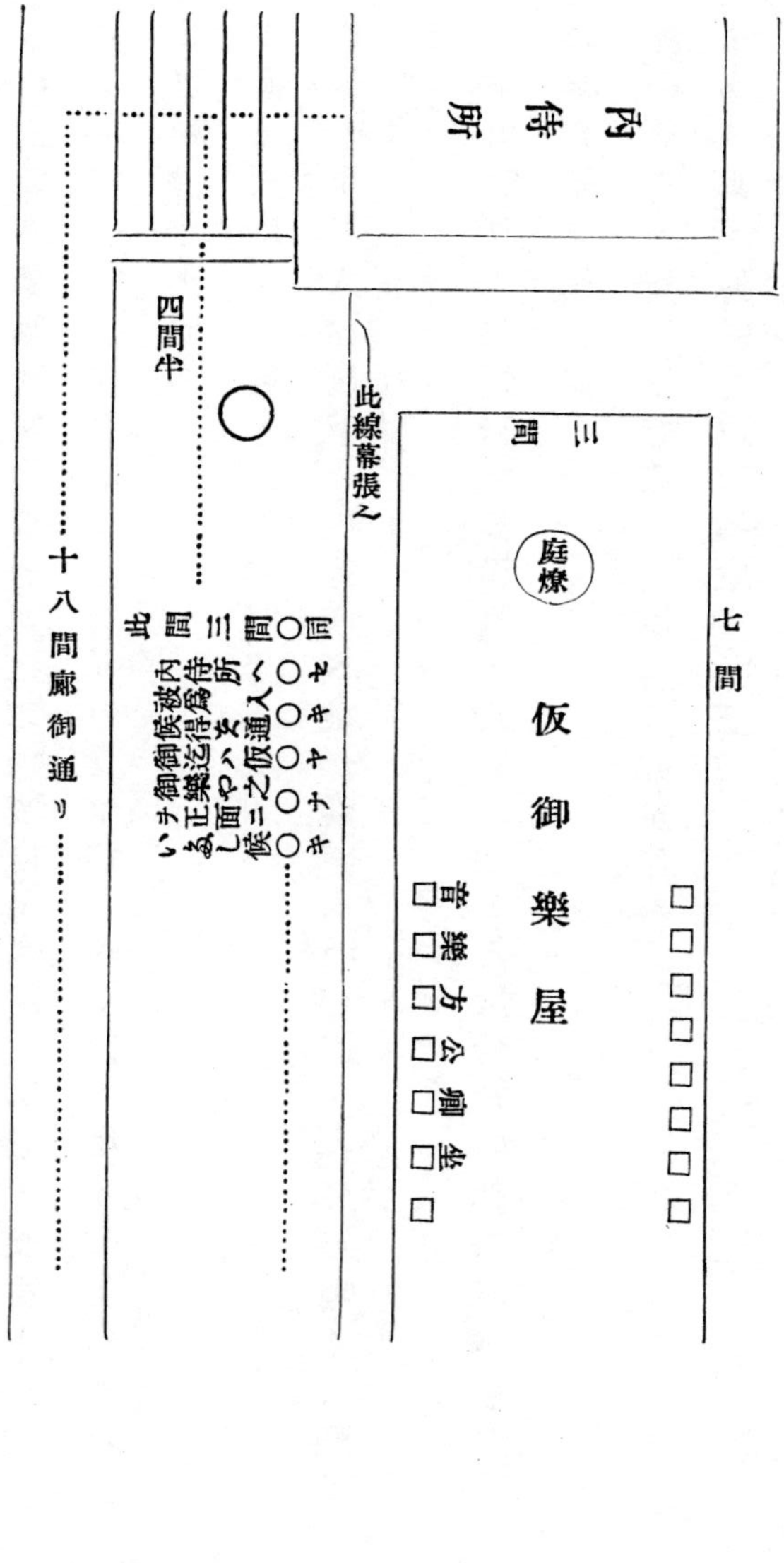

同廿三日

○五半過出門肥後へ參面晤昨夜野宮ゟ之傳言申述候二條城參集ハ御沙汰
有之度と申置候

○薩へ參晝飯三ッ

朝廷參謀之義陽明殿ょて伺候左候得ハ無位官ょてハ昇殿さし支候故定ゐ
私も官位之御沙汰ニ可相成處此一条ハ弊藩ゟ專盡力之義ニ付三郎官位
の爲ょ云々抔疑念ハ不及言旁春豫會容ニ限度旨無餘義陳情尤之義と申
示橋公へも昨夜帶刀ょて申上候よし右ニ付一兩會參　內之末被仰付度
事と存候之

△野州邸へ參春三落合候之

同廿四日

○今日ハ閑暇と存候處陽明ゟ申半刻頃ゟ出候樣被仰下候

○陽明殿ニゐ會稻芋落合候貞君初ゐ御目ょかゝるヲルコール御一興ニ相

成借（マヽ）上置候

同廿五日

○昨夜以廻状肥後守ゟ今午後一橋公始二條城へ參會申來候處昨今朝少々痰血出候故爲用心今日ハ斷候事

○暮時二條下（マヽ）ゟ爲用談春岳良之助被參逢候

大樹公當分御滯阪之事内決のよし

○朝議の參謀ハ不宜云々被申候故昨夜三郎と申合朝議加談と相成而ハと申候處至極宜との（マヽ）之事之

節分

○容堂兄今日着之

○今日枳穀（マヽ）御殿へ出候御約束之處不快ニ付御斷申上候之

○二條殿ゟ廿八日出候樣被　仰下候處差支ニ付今日昼後出候樣被　仰下候處所勞ニ付御斷

○若狹守明日出立ニ付爲暇乞參暫時及對面候事

○容堂着間違廿八日のよし

同廿六日無異

同廿七日同前

同廿八日

○不快ニ付參　内御斷申上候

○春岳來帖明日橋公へ出候樣申來候處斷候

○朝議參謀之義何分六ヶ敷此儀不整而ハ迚も御挽回之期ハ無御坐と於薩藩申決候間此上太平關白德大寺抔說得周施（マヽ）可致所存之由猪太郎參り話候

○容堂今日着馬上之

同廿九日

○夕七時頃春嶽兄ゟ早乘使を以左之通被申越候

同廿九日以下申上候事まで九行原本代筆なり

陳ち急々御用ニ付只今ゟ參
內之儀傳奏ゟ口達ニ而隱岐長門守
尹宮迄申來り私ゟ申聞候間此段申上候早々御支度被成御參
內可被成候此段爲可申上早馬使よて如斯云々
尙々一橋殿肥後守も被爲召候私儀も只今ゟ參
內仕候此段申上候以上
△右之通ニ候處不快ニ付不參御斷留守居を以申上候事
同晦日
○東本願寺ゟせた臺もの到來明早春ハ必出候樣見舞旁被仰越候　答禮暢
◎鴨か進上之
○春嶽被參昨夜之傳話有之
△朝議參謀之事御尋素ゟ異存無之故右の趣申上且何卒右之儀ハ御書取
よて御沙汰被爲在度旨も申上候由

△濟範様御還俗之儀甚以
〔朱書〕伯母君と密通大ニ意味有之伏見宮濟範君御父君之御裏方之妬心奸計ゟ起り候事之
朝議六ヶ敷元來ゟ俗ニても並の婦人云々と申ニ無之人倫ニお◎い（脱か）て不相濟御譯故直ニ御還俗ハ六ヶ敷前殿下御考ニハ今參內抔ハ六ヶ敷とも手前其外へ被參尹宮又一橋始ニも御面會御國事談合候而ハ如何俗親王ハ六ヶ敷臣下へ落チ四品ゟ追々歷任候ハヽ關白にも可被至如何有之可然と御尋ニ付御沙汰之趣今日ハ不參ニ付伊与守へも申傳話合尙島津三郎へも申談度よし橋公被申述候處來ル四日參　內ニ付其節御答申上候樣との事之と

○正親町三条考ハ臣下ニ落候ハヽ万事都合宜との說於宮も御同意の御沙汰之

一橋公如も其方可然との考のよし自分ニハ此所大ニ意味可有之何卒俗親王ニ被爲成候ハヽ無此上奉存候尙猪太郎ゟ三郎へも申上候樣正月二日於橋館可議と約候

○一昨日春岳容堂との對話云々承候

○去月廿四日官蒸氣船於長崎薩拜借往來いゐし◎〔候脱か〕處同夜長州より致暴擊燒彈打込致燒失乘組六十九人之內二十九◎〔人脱か〕行衞不相分尤熊本船より救候由右ニ付薩士大ニ致憤怒直ニ可及改◎〔攻か〕擊勢故取鎭置候よし

○野宮ゟ留守居呼出左之書付わゝし候

伊達伊豫守

來春御警衞ニ付正月四日午刻參

內之事

十二月

同四甲子春

王正月朔旦　無異

○夜ニ入春岳兄會津ゟ左の通廻達容堂方へ爲廻候

橋公御用人　平岡圓四郎

越藩　大宮藤馬

毛受鹿之助　宛

、、、昨夜別紙之通野宮宰相中將殿ゟ申來候間夫々御順達被成候樣
中納言樣御沙汰ニ付寫相廻申候、、、
正月朔日
寫

一橋中納言
越前前中將
會津中將
宇和島前侍從
土佐前侍從

○豫ハ預之

不容易御時節ニ付可有參豫
御沙汰候事
十二月

此御禮ハ野宮へ以
留守居申述候事

同二日

○會直右衛門悌次郎參候悌今夜ゟ下阪のよし
○昼後橋館ハ春岳三郎一同參會追而肥後守も被參候
△御上洛後暫大阪へ御滯留被爲在度事橋公へ吾輩ゟ可申立事
△濟範様御義何分非常之御處置ニ而直ニ御還俗親王　宣下ニ相成度と可申上事四日參　內之上
△長州へ七卿差出候様並ニ益田始暴徒も出候様被仰候ママ、付若シ背御沙汰候ハヽ於幕府爲誅戮打手可被差向事
○永井主水へ致用談候處彌
將軍舊臘廿七日御乘船のよし町飛脚屋ゟ申參候よし
同三日
○春岳ゟ投書容堂ゟ參豫とやら蒙御沙汰表向御請ハ申上置候得とも病夫之義近日中上表ニ而斷可申上旨被申越候ニ付猪太郎ニても遣し事情咄ママ、露御斷之義見合候様相成度旨双松連名ニて被申越候間直ニ彼方へ申遣候

之

同四日

○依御沙汰午刻參

　内今日ハ御番且年頭

御祝儀ニ付詰合不殘參

　内ニ付於鶴の間謁傳奏

年頭御祝詞申上候一同之

小御所ニ而一橋始一同拜

龍顏追而三ヶ月詰ニ付太刀目錄持參又拜

龍顏候事

　太刀目錄上樣ハ如例

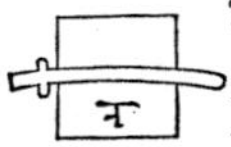

○右濟相控夜ニ入橋春會予四公ニ拜謁勸修寺宮御還俗親王宣下之事申上候事

○關白殿始兩役へ四人六半頃ゟ面謁殿下ゟヶ條書御渡相成評議可相加旨之（◎以下四項恐らくは五日の記事なるべし）

△三島位官被下參預被　仰出度

△後見職御取扱被成下春と願候

△大樹公都下通行先拂之義自分ゟ希候事

同六日　國へ飛脚立候事

○佐太郎參候結城筑後守九日約置候

○十八日後眞之

敕意たる事詰合諸大名一同相伺候　玉聲布告之

○午後廻勤久世ニ而暫致對話候事

○橋邸へ出候春會島昨夜之ヶ条書付不審之義内々橋ゟ以靭負

宮へ被相伺候事著論ハ堂上の内の由去年十月頃出來宮も一度御披見後一
昨日御覽のよし
△三島云彥山一揆之企ハ去八日（か◎月）頃ゟ長ニ而催の由尤舊冬小倉ニ而致
隷（か◎逮）捕候之
△芋印付灯（マヽ）燈殘居候ハッテーラ長ニ而奪取候事書付見る
七種
○四半時供よて參　内
九半時頃紫震（マヽ）殿外廻り清凉殿御庭圓坐へ順々着清凉殿ゟ紫震殿へ被爲
成候處拝ミ候略圖之通ゟ東方御廊下障子開キ女房數十人並居候
○紫震（マヽ）殿へ着御後亦外廻り左腋門ゟ入月花門附ゟ廻廊へ順々着坐如略圖

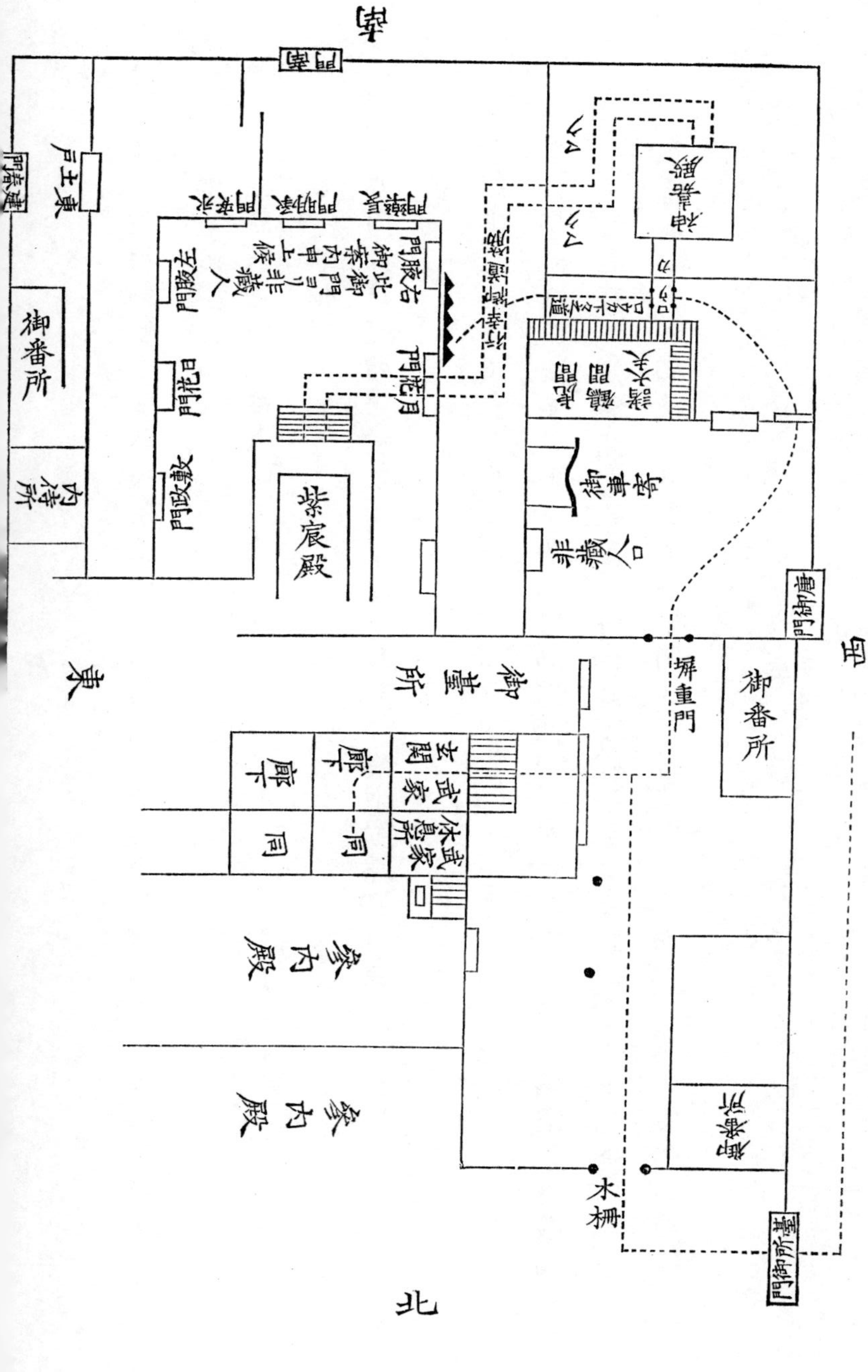
南
東
西
北
南門
東土戸
御番所
内侍所
紫宸殿
月華門
日華門
右腋門
此御門ヨリ非蔵人
参内申上候
御車寄
非蔵人口
御臺所
玄関
廊下
武家
武家休息所
同
参内殿
屏重門
木柵
御番所

○白馬渡後紫宸殿西階奥渡廊口へ參る傳
奏案内ニ而紫宸殿東側略圖之通り一ト拜着坐御式拜見入　御後傳奏案内
よて退殿控所へ參弁當仕舞謁傳奏伺
天機今日拜見御禮申上候事又廻廊へ參り舞妓出廻見物相濟控所へ參り順
々致〔マヽ〕罷出候事
　但今日こそ禁中女房快く見候事百人計之
八日 〔朱書〕非藏人松尾備後へ例年女房昨日之通り哉と尋候處例ハ一向不被出昨日ハ諸侯方御參ヲ見候爲之よし相話候之
○容堂へ參九時出門二時參　内六半頃毎度參　内苦勞ニ付御酒肴被下難
有拜味御禮非藏人ヲ以傳　奏へ申上候事
五頃殿下始御逢ニ付廻り謁傳　奏伺　天機拜味御禮尙申上候事
殿下ゟ左条々被仰聞候
濟範様御義彌尹宮御同様還俗親王ニ御決議之由尙所存御尋ニ付春岳始
聊所存も無御坐兼願上候通りよて難有旨申上候尤一橋ハ不快不罷出候

故相傳可申勿論異存ハ無之若シ所存候ハヽ明朝申上候樣可仕と申上候
然ハ右ニ而御取極明日奏
聞ニ可被及との御事

○三郎參豫之義此間皆々申立候ニ付官位も被下候期ニ至御斷申上候樣よ
てハ甚不都合故左樣無之樣各よて處置之末被　仰付旨ニ付春岳兩人ゟ
三郎も色々嫌疑之中ニ居心配も不少候得共何分此義ハ斷然被　仰付候
方可然と奉存候乍去一橋も不參ニ付尚此義ハ申合候末可及御請と申上
置候

但今日於容堂方三郎へ逢候處參豫之義被仰立候由ニ而內々前殿下昨
夜御話有之處甚仰之趣不平ニ付決而參豫ハ御斷申上度其代り芋先祖
傳委曲御書留御坐候よしニ付右拜見願候よし鎌倉ゟ薩へ移り候時代
の義ニ何故關か◎殿下仰不平ヤ尋候處矢張官位ニ望有之哉と御事故と
申候內實右ゟ起候事と存候

○容堂ゟ参豫御斷昨日申出候處如何御扱可然哉との御事ニ付容堂身分ニ相成候而ハ参　内も只今難仕候故御斷一應尤ょハ候得共私時々罷越談合候ハヽ相濟候義何分御免無之樣願敷旨兩人ゟ申立候事

但右も過刻容堂ゟ一應御相談之上と存一昨日御來駕希候處御差支ニ付傳　奏迄及歎願候よし內話ニ付申合置如本文御答申上候事

○井原主計之事御尋申候處野宮ゟ執奏尋置候得とも其後否無之趣ニ付尙被相尋候上可被申聞との事

○十一日参　内可仕よし

同九日

○昨夜一橋殿ゟ投翰左之主意

ヽヽヽヽヽヽ兵庫港へ昨日七日御着船被遊候ニ付兼而貴君ゟ御建白之御往來人留抔之義明日ょも被仰出候樣相成左候得者御入京ゟ其御都合相成御供之者も安心云々

右ニ付
陽明殿下早々被仰出度旨呈書よて申上候事御返書被下候
昨日御評決昨夜殿下御殘傳奏へ被　仰聞候筈候得とも兎角御失念勝ち
故尚今日中御沙汰相成候樣可被相通との御事之
○午後出門
△諸司代へ年甫勤夫ゟ春岳邸へ參橋會芋參集ス
○長門處置密話決着
御名代紀州　副將會津　加勢　薩　加賀　肥後　因°　備前　小倉
中津　久留米　梁川　加九名
此外海岸攻擊可有之
○
○春岳守護職　會御免
○橋公初度御參內濟候ハヽ後見御免願被差出候よし右ニ付御免濟職名之
事

○薩三郎容堂此方御政事加談可被仰付内話
△結城筑後守初ゟ參所存承る書付も爲見候
同十日
○夕容堂へ參及密話候
△土藩も先々此末ハ一定可致由
△去秋容堂住居暴徒半平太之輩可致亂入企有之故嚴密ょ處置有之此頃ハ同人抔嚴料か◎科ニ相成可申其節機密事四五人外不知其末土佐守殿家老へ容堂ゟ被申聞候よし危事之
△長所置橋公抔慢易之事情及密話候處驚歎同意ニ付心添ニ可參と約置候事
△參預候上ハ殿下御始同席ニゐ諸事ヲ議シ速ニ決候樣申立可然
△公卿挽回維持之見込も尋可然との存意之
陽明へ出候

△勸修寺濟範殿事伺候處今日も御參　內候得去武家ゟ申立候事とて昨日
發表候得とも其儘故尙御住所御世話公卿等之事も被仰述候よし
　尹宮ハ申上候通兎角御不平のよし
△公卿と參豫之面々御簾近ょて一同議候義前殿下ハ可然と思召候得とも
尹宮ハ不宜との思召のよし
△近日御　前評ょも兎角兩役所存申述候樣被成候よし兩役ょて咄露之末
乍恐
叡慮ハ如何と伺候故か◎樣申述候處尤ニ被
思召候旨被　仰出候得とも前殿下ょハ兩役御不同意之時ハ其譯被仰述候
處亦所論尤と被
仰出候事有之其跡ょて
叡慮を前殿下御說ょて爲め被申候抔と申甚御心配のよし御尤之事ニ
△近頃ハ折〱前殿下ハ除テ被

仰出又ハ言上も有之よし何ら御不和之様被考候之

同十一日 〔朱書〕濟範様ゟ三品拜領いゐに

○猪太郎參長へ佐太郎始舊臘念四發砲之主意尋問ニ遣候説起り居候處不可然書通よて尋遣候方ニ扱居帶刀も同意故多分右ニ決可申もし不伏よ候ハヽ勘考賴候よし申出候事

○手代木參候舊臘遠江上京御用捨歎願附札認替可申云々申述候間肥後守へ直渡可申と申置候今夕持參之心得

○昨夜陽明よて發砲之音遠く聞候間尋候處尹宮ゟも昨日御沙汰故取調居候分り候ハヽ可申越趣之

○申刻參　内　肥後守不參

○過ル九日左之通御沙汰之由承之寫置候

元勸修寺

濟　範

多年謹愼且此度一橋中納言以下段々建白之次第も有之誠難默止之間以
格別之
思召御咎被爲
勅免伏見家へ復系還俗被
仰出候事

正月九日

○今日も御酒肴拜味被　仰付候
○傳奏へ謁奉伺
天機拜味御禮申上候
○一橋殿野宮ゟ會津出候ハヽ可相達處不參ニ付橋公ゟ御傳有之様被相賴
候主意演舌之
昨春　大樹公上洛之節ハ御先拂御坐候而ハ不宜旨相達申候處　大樹公
之御義ハ御大事被

思召候攝家宮方も御先拂御坐候ニ付今度ハ御先拂御坐候樣尤表向嚴重よ
相達候義よハ無之全く傳奏ゟ申達候との事
○六時頃小御所於御下段集會
○野宮ゟ一橋へ十五日御着ニ付御參　内日頃色〳〵御差支十八日から
御都合宜候處出來可申ャ十八日御濟候ハヽ十九日舞樂御見物可被
仰出御調のよし
○一橋始へ◎ゟ殿下へ左之事件申上候
△三郎官位參預之儀ハ突然被　仰付度其末御請申上候樣盡力可仕候
△過ル八日被仰聞候舊臘一橋公ゟ差出ス濟範宮御還俗之一件三郎迄以
連名申上候處認替差上候事
〔朱書〕文意ハ舊臘廿一日之處請有之通之
○傳奏ゟ退出懸左之通被申聞候
十四日之參豫ハ相止十三日ニ相成候尤御用無ㇾ有ヽ可被申越候間何をそへ

參集申居候様との事之
十六日〔朱書〕暮頃參内十日（マヽ）節會十九日〔朱書〕五半頃參内舞樂（マヽ）夫々拜見勝手次第のよし之
○退出ゟ一橋邸へ出候而總裁松大和守閣老水の和泉へ逢候橋公ゟ過刻御沙汰之御先拂一条被相話候處右ハ余り早く不申渡方宜敷との事兩人歸懸黑川へ關東ニ而ハ矢張如昨春御先拂ハ無之處ニ决居候由傳言橋公へ申殘候今日之御沙汰難有くも無之様子以の外之事と申候處明日橋公ゟ説得可有之との事之可歎〳〵
○黑川云今朝黑田へ參り候處家老山城話よハ主計玄瑞頗悔悟之由不可解事
同十二日
○山城信濃參一寸逢候玄瑞之事承候處全悔悟と申程よハ無之舊臘廿四日之暴擧ヲ歎息のよし右ニ付考候事と存候
○薩中山治左衛門參往年之談話スル

○野宮ゟ留守居呼ニ參候

朔平御門

右立花代勒か◎勤候樣被申渡候事

○夕景容堂方へ參對話夫より二條殿へ出る

△過日參豫之義容堂ゟ不快ニ而參　內難出來身分甚恐入候故御免被成下度願出候ニ付段々御懇諭候處尙容堂ゟ當今之御處置第一君臣之分を被正候義肝要然る處參豫よてハ右ニ關係仕候處甚以恐入當惑云々御斷被申述候故自分中ニ入容堂へも心添いたし終よ御請申上候事關白殿大悅嬉大安心之

○同夜半春岳ゟ書通

△大樹公御在京中御先拂傳奏達し橋公自筆　一通

△長州留守居ゟ歎願　二通

右書面文庫中ニ在り

同十三日

○午後狩衣よて東本願寺へ參又肥後守方へ參候處一橋參　內之由ニ付直ニ參內謁傳奏

天機伺無程下り候

○
○橋公內話一昨日御先拂之事相決候處大和和泉ニ而ハ御乘船前講武所組抔日々參如昨春よて◎（脫か）ハ以の外此度ハ御入京ゟ江戶の通窓ぬた迄もゐし候樣强而被成御威光を被示度左も無之てハ御上洛御見合抔申立候故如何よも御威光ㇳ輝シ可申と請合候故甚閉口のよし絕言語候事之

同十四日

○松紀伊守參對話

△江戶一御臺場末家晝夜廻り石州固メ御當地固メ抔ニて國元人數不足の歎話

△舊臘於紀海蒸氣船軸鉄シリントル損候由帆ニ而歸藝右ニ付備よて砲

撃之説起り候事と察候
午後容堂へ參春三落合候
昨夜傳　奏ゟ三郎從四位下少將御推任被　仰付候よし一橋迄野宮ゟ
被申越傳達三郎も吹聽
酉刻陽明家へ出候
○會津ゟ先頃遠江上京御操（マヽ）合濟附札認替差越候事

元治元 二月廿日改元
文久四甲子在京日錄
正月望ゟ此日
大樹公御着京
三月晦日迄

第二號

正月望
大樹公御着京之浄教寺門ゟ内々見上候事
○佐太郎參濟範ゟ御傳言申述候之
幕府人市中ニ而諱きらひ候因根苦情致陳述候故只今ゟ春岳へ參候而申
述候樣申聞候橋公へハ圓四郎迄申置候由
○午後双松邸へ參容堂落合候
談判ケ條
一朝廷より眞ニ幕へ御任せ相成御沙汰筋兩途ニ出候樣ニてハ不宜此度長
御處置ヲ以申候而も一切御口出シ不被爲在候樣有之度ひちを被爲引候
類御坐候而ハ迚も成算無之重々右等
朝廷へ可申立處幕府ニて如何之着眼候や無心元候故先ツ幕府之方へ相
伺候上ニて　前文之主意
朝廷へ可申立伺及談判候事

一長之處置ハ種々策略可有之大意ハ左之ヶ条
○皇武より一應御不審之条々御尋可被　仰出事
○末家へ御垂諭之事
○幕府ニ而規律更張諸大名へ長御處置所存御尋可有之彼を内亂相生候策可施
○七卿出國藩士益田又玄瑞牧和泉輩夫々嚴重處置可致との御下知可有之
○右等御施之マヽ彼之擧動ニより神速諸手發向可相成事
同十六日
○今夜蹈歌節會拜見被　仰付候得共御斷申上候及深更候故之
○春岳ゟ一橋へ參候樣兩度使者申越候得共
朝廷へ今夜御斷ニ付難參旨申遣候事
同十七日
○春岳ゟ香西使者ニ而昨夕一橋公盡力

大樹公御始閣老疑念氷解之由實以可賀之至ゝ
○四半時ゟ出門容堂方へ參致內話ㇾ八時過ゟ參預ニ付參
內藤大學出京三郞初參　內ゝ同人去秋英と戰爭御賞美鞍置御馬頂戴脩理
　も御馬被下家來も黃金十枚給ㇾ事御書立別紙アリ
○於小御所如例集會
○公武御一和基本御尋ニ付三郞申合　幕府着眼承ㇾ上ニ而容堂申合申上
　ㇾ半と申上ㇾ
　四時退散
○明日晝時二條　御城へ出ㇾ樣大目付廻狀達ス阿春豫容之
同十八日
○手代木參用談いゐ𛂞昨夜於
朝廷話之長州留守居介一人𛂦し壹人屋敷參ㇾ事且爾後ハ守護職へ可申出
　筈ニ付申置ㇾ

○午時春岳邸へ參容落合登　城於黑書院謁
大樹公御懇談申上ル尙度々出心付申上ル樣
○水野有馬ゟ總栽（裁か）從四位上被仰付ル樣陽明へ願呉ル樣賴ル事暮時過
退出歸る
○結城筑後守參逢ル（帶刀市藏）
同十九日
○供奉願酒井へ出ル事（案文勤方ニアリ）
○午前出門春邸へ參島落合二條城へ三人登　城於御黑書院御目見御側近
く被爲召茶菓被下入御御吸（ママ）物出る又出御々盃御酌五杯頂戴入御會席御
膳被下ル大酩酊之御礼總栽始へ謁シ七半頃退出
○供奉如伺酒井ゟ附札
○山料（階か）宮御參謀早々有之度事三郎話春岳陽明殿へ申出候筈之
○後見ニ付一橋殿車寄ゟ昇降有之樣御沙汰昨日有之由御吹聽之

同廿日

○隠岐兵部小〔少〕輔松波三河守参候猪太郎参

○午後容堂方へ参三郎落合候事

○尹宮ゟ山料〔マヽ〕宮へ当時之公家ハ皆関東贔負ニて候由薩の申事ハよく被行候と御密話山宮甚御不審ニて高崎へ御話のよし乍憚尹宮離間惑乱之御策かと存候

両宮爾後何卒御一和候得ハ宜と存上候

○容堂近日中御暇之願書出候由

○長処置申談候之

○陽明殿より御書被下容堂方へ持参候御請是よゟ申上候

大意

大樹公御昇進ハ明日出来候得共総裁〔マヽ〕ニ付従四位上ハ六ッケ敷幕ゟ今日中申立候様一橋へ可相伝との事之

今日中とハ𛁈得とも六半時頃ゟも有之今ゟ橋公へ申上迚も今夜の間ゟ合不申と存𛁈故歸り後一橋へハ申上𛁈事

同廿一日　國五日便達ス

○今日之供奉腹痛ゟて御斷申上𛁈三郎同斷

○大樹公今日御參　内ニ付供奉願濟故可相勤處不快申立致不參𛁈之

同廿二日

○越ゟ中根參𛁈昨日御參

内萬端御都合能被為濟◎於脱か小御所被為拜

竜顏關白殿御誘引御上段ニ而

御震◎宸か翰御直ニ御拜授◎受か之上於常御所

天盃天酌御頂戴御親敷被蒙

勅語右大臣ニ御轉任之由

○午後昨日御參內濟為御歡登　城於控所謁老中

夕景春岳三郎出仕御祝酒拝味夜ニ入於御休息御目見御膝元へ進ミ昨日

御頂戴之

震（マヽ）翰拝見被　仰付奉謹誦候誠以恐入難有御趣意奉感泣候随而段々御懇篤

之御沙汰

勅書ニも被　仰出候爾後ハ彌御親敷被遊御頼被　思召候間心付ハ御直ニ

何時ニても罷出可申上一橋始とも可申談右ニ付乍太儀日々致登　城諸

事無服◎（腹か）藏申談候様

○退而一橋へ三郎自分ゟ日々登城之義ハ甚恐入心配も不少候間何卒御用

被為在候時々御沙汰被成下度銘々より申上義御坐候節ハ罷出可申旨申

置候事

○今日登　城之諸大名へも右

御震翰寫拝見可被　仰付御もよふニ付一應殿下へ御伺之末可然

叡慮難奉測旨心付今夜ハやみ候

○今日之御礼謁閣老退出

同廿三日

○午後着衣冠陽明殿へ出ル

○殿下ゟ一昨日御參　内途中人留め之〔マヽ〕尹宮殊の外大不平猥ニ幕威ヲ振尊奉抔〔マヽ〕意とハ違背以の外義既に宮之女中代參より參ル處於途中久敷被留ル由爾後
大樹公參　内之時ハ宮抔も御往來難被成右等專ら伊与守之取計ニ可有之由（最前御先拂之義申立ル故之）御當職前殿下抔も其儘ニ被成ル段御不同意との事右ニ付前殿下ゟ
兩公とも御參　内中よて途上之義更ニ無御承知尤御家來女中抔も拜見ニ出ル得とも被留ル話も御聞無之畢竟御行列長延故往來見合ル樣相成ル事ニ可有之町々ゲベルニ而固ル義も此節抦且　將軍之義其位の事ハ何も無差支折角昨日參　内御一和之御基本も欲被爲立之時右之事　幕

吏承知候ハヽ又々種々故障可生ル間其儘ニ被成度云々尤一通り傳　奏衆へも御尋可然との事ょて御尋有之處何も承知無之尙吟味可致やとの事ル處其義ょハ不及伊与守へ傳　奏衆ゟ一通り尋ル様相决ル處右の事前殿下ゟ猪太郎へ御話宮へ同人申上御直ニ御尋と申所ニ决ル間御心得ょて居可申御轉任之事も甚御不納得廿日御評席ゟ半途ニ而御退出故夜ニ入内府殿御使ニ而宮へ御出御相談ル處御歸府時分此上昇進不被
仰付と申關貫ニルハヽ御評議通り可然と御返答是も宮ょて御世話之處へ前殿下ゟも被　仰述ル故御不平被抱ル事と御内話有之候之

○八半時參　内尹宮御對面一昨日大樹公參　内之節往來人留ニ相成ル様子尤右ハ
大樹ハ勿論老中抔承知ょハ無之固めニ出ル小役人之心得ょハ可有之ル得共折角萬事御都合宜時合ニ而右様之事彼是申立候様相成ル而ハ不宜との御話

○一向私義ハ承知も不仕候得共先日先拂之義御噂有之ニ付過日入洛之時如何やと旅宿前通行故窺ニのそき居候處行列參候間ハ往來人控候得共更ニ留候樣子も無御坐一昨日迚も同樣ニ可有之やと奉存候尤行列な而くく候間其間見合居候ハヽ久敷待可申候得とも留そふもなきものと申上候處

○固の人ニより候哉も難計何分人留ハ不宜候間程能心得なつ而候可申との御沙汰故畏候尚見聞も仕候上と申上置候尤殿下ゟ會津へも御噂有之との事之

○傳奏ゟ今日ハ御用談無之候間勝手ニ退出可致旨且一橋始へ左之通被達候

來る廿七日大樹參內在京諸大名も隨從候樣尤正午刻よハ參◎脫か内可有之候

參預も廿七日之由

同廿四日　和泉云上下總徒黨近日打手差向ル由今日江戸ゟ申來ルよし

○昨日一橋ゟ噂有之故午後二條へ登　城致ル處同公不參甚不都合春三容
共出仕容堂帶酒氣總裁(マヽ)始と及應對言尤激烈所論至當之

○春岳御用部屋へ參ル樣御沙汰

○退出ゟ尹宮へ出る春水和泉有遠江落合種々話頗疑念ハ解ル之

○尹宮へ廿一日往來留ハ不致旨申上御わあり相成候事

同廿五日　舊臘廿五日立達ス

○一橋ゟ申來午後登　城

○御用談所へ一橋總閣中會被參長之御所置申談粗決ス

○廿七日御參　內諸侯か◎侯へ布告之御書付被相下ル末被仰渡ルハヽ
大樹公ゟも御添書有之度段申述置ル

○陽明殿へ出ル一春と一條御簾中へ初ゐ拜謁內府殿御姉之

○今日愛岩か◎宕邸へ鐵砲打ルよし會足輕ニゐ鳥打ル趣以の外之事主人差

控伺可然と御評決のよし

同廿六日

○山階宮明日

今上御猶子卽日親王

宣下被　仰出廿八日　御元服爲御知申來ル

○夜半雅樂ゟ明日二條へ出候樣申來

同廿七日　夜九半時歸る

○朝服着用六ッ時過出門二條へ登　城春岳同樣一橋公始面晤

○廿一日之　御震（マヽ）翰御請相談

○今日御參　內

神武陵御成就爲御褒賞從一位ニ

　宣下可被爲在御樣子ニ付一應御辨◎（辭か）退可然と評決

○大樹公四時頃御出　城御跡ゟ直ニ參　內橋公御控所へ參居レ之

○大樹公従一位　宣下御内意被
仰出ル處御辭退御願之趣達
叡聞尤ょハル得共折角深以
思召被　仰出ル間御請ル樣との御事ニ而御請相成ル事
○小御所ニ而拜
龍顏ル末一同中段キワ迄進
御震(マヽ)筆之　勅意(マヽ)書拜見被
仰付御中段內へ進敬而拜見退去
○右相濟總裁(マヽ)老中退出豪
勅語ルよし參預之者と熟和共ニ萬般可議との御趣意之由
○參預ハさしたる事なくルゆへ今夜ハ御談無之其內脫走三条ゟ家來諸大
夫兩人長ゟ爲登一書ヲ傳　奏へ出度との事如何取扱可然ゐ考可申上よ
し三条家來丹羽出雲守

但書中の主意恐入謝罪と申事

同廿八日〔朱書〕於御休息拝謁於御用談所御酒肴被下れ事

○未後二條へ出れ春三容

總裁（ママ、）閣老面談長所處◎（置か）談ス三郎所存ハ我輩同意容獨異

容意ハ

大樹公關東へ御歸り之上御呼寄可然との考御任（ママ、）委有之上ハ紀綱更張有之

府威貫達れハヽ無子細御處置出來可申との大意之

○橋館へ四人參れ

△參預之事論談

△長處置橋公過日ゟ御申合之見込被仰述れ容ハ矢張獨異之橋公着眼ニ粗

決ス

同廿九日　兩地へ發檄

○山楷◎（階か）宮ゟ御使井上大和參れ

△三人家來御借用之事御相談之

仲春朔日

○山楷宮飛驒ヲ以昨日之御返答爲申上ル治左衛門十右衛門定一出ル事申合遣ス

○三郎方へ及文通返事ニ

上關一条ハ蒸氣舶ヨハ無之防州船ニ此方荷物積入有之ルを例之者燒捨ル由憤激無限御坐ル已上

○夜半春岳ゟ文明日登城申來

同二日

○四後春邸へ三郎と會ス

廿七日之　勅諭震筆布告不可然との説橋公始昨日之處主張のよし

○八前登　城今日ゟ一橋御用へやへ參りル樣和泉申直々三と參ル

△御宸筆勅旨ハ布告ヨ決ス

△横濱鎖港長箱兩港ハ先其儘たか◎与従
御所御沙汰無之而ハ天下人心承服不致尤雜費料ハ七八十万兩長箱兩港
ヨて渡シ候筈との説主張
△三人ハ此事ハ只今分ヨて被差置追而長御處置後何等をも可相成七八十万
兩を海防之資ニ被相廻度雜費料被相渡候義承候ハヽ人心ハ彌動き可申
意味申述決しかね尚考量と銘る
○長之處置大概決ス御尋ヶ条未決諸大名出軍も未決之
同三日
○午後俄然御內上使として御小納戸永井筑後守被參左の御主意ヨて兩品
頂戴
久々滯京太義ニ付御尋として御內々被下候
御菓子折　一合
御交肴　一折

○右爲御礼即刻供揃致登　城一橋控所ニ而謁酒井御礼申上候總裁始致面
晤れ春岳と下り候
同四日　正月廿日（◎立脱か）達ス
○大樹公七日泉涌寺御參觸達有之
○三郎大隅守（◎と脱か）改名昨日　宣旨相下候由
同五日
○午時出門春邸へ參大隅落合れ
八時過登　城
〔付箋〕於御休息御目見茶菓子拝味自御手御印籠頂戴いゑしれ
一廿七日之御請書談判決ス
一長討手大名相談未決
一長攻擊ニ佛船八只去月末印度出船六日頃よハ可及攻擊由風聞大隅傳
聞ニ付爲差止御目付勝麟太郎出浮蒸氣ニ而參筈之
○暮時ゟ陽明へ出候大容一同

○脱走六卿ゟ之（マヽ）昨夕ゟ相廻り今日參預申談及御答候事御話申上候得ハ右ハ早々決度との御談判よて今日も　朝廷よて皆々御待のよし色々行違候事申上候一橋ゟハ早く野宮へ出候處屋敷へ持行其儘ニ相成居候故御參集の間〔脱か〕◎に合ぬ事と存候

同六日

○細川兄弟今日ハ登城ニ付斷之

○阿波守於德大寺邸暴發之話昨夜容堂密話

○大隅守ゟ使者今夕七時關白邸へ參預之者出候樣傳達之無程又使者二條家間違の由斷申來候

同七日

○猪太郎參長御尋之ヶ条申置候

○酒井十之進〔か〕◎丞來

元三條家來兩人其儘立歸り待御沙汰候樣御處置一橋も同意ニ相成よし

○午後春岳方へ参ル
○思意書付及相談ル處無別慮春双容連名よてハ如何やと被申候事
○和泉守落合候事
一總裁之事ハ今一應春良ゟ説破有之度よし
一酒井ハ家來ニ困〔マヽ〕閉口のよし
一大樹公へ時々拜謁願御話申上ル方御爲よ宜しく御取次も出居ル様よ
有之度

同八日
○四時出門一橋へ参り夫〔脱か〕◎方登　城春一同之
○長へ尋問ヶ条此間春岳よて左の通り認候得とも一体長之罪ハ雖不可遁
午憚
朝廷ハさしおき幕府よても昨年來御失職〔マヽ〕因循故も有之故重々罪を己に引
き十のものハ五ッ又五ッなら三ッヶ条を減し尋よ相成ルからハ一言も

なく閉口伏罪候様無之而ハ結局如何何分滞泣之世態無止右之義申述ケ

条沓きの處致御評決ル事

尋問ケ條覺

一去年八月十八日元三條始七人令誘引事

一幕船ヲ引留ル事

一幕使ヲ令暗殺候事中根之事ニ丞の

一於長崎借〔マヽ〕渡ル薩船へ妄ニ令砲撃ル事

右同時ニ左之通可申渡事

一兼而

御沙汰有之候元三條始七人早々可差出事

右末家壹人家老一人召登於大阪閣老ゟ可被申渡事

春岳認ル別紙附札有之書面ハ別ニ而り

○改攻が◎撃大名之内御譜代少くル故被相増度義申立承引ニ祀る

○關白殿下へ左之通り參集
徳大寺尹宮山階宮陽明御父子
一橋春岳始四人大和守以下老中三人
○長處置一橋ゟ被申述御同意明日達
奏聞ハ末大和守老中へ否可被申聞由兩役衆へ御話有之而ハ漏泄之憂有之
故決而不可然と一同申立ハ事
同九日
○午後靭負猪太郎來
○橋公始へ建白書面四人連名可然と申ハ故芋猨へ爲見ハ樣渡ハ
○薩越諸臣ゟも閣老へ及建白度旨申ハ故可然と申置ハ
○長發向總督之義芋へ內談申遣ハ事
同十日
○猪太郎參此方所存書春大容連名ニいたし度よし之

○容堂今日御暇願傳　奏へ出候故
大樹公ゟ御直ニ御留之事橋公へ同人明朝出申上候様申置候之
○筑後守參改元之事當日ゟ被相行候様有之度よし申出候
○申後德大寺殿へ出る容一同之

同十一日

○午後致登　城春同様
○一橋始へ四人所存書出ス
○容堂御留メ○改元筑後考も申置候
○左之通御達有之候

御名代　紀伊中納言
副將　松平肥後守
差添　有馬遠江守
　　　松平阿波守

松平相摸守
松平出羽守
松平修理大夫
人數計
細川越中守
松平安藝守
松平備前守
小笠原大膳大夫
阿部主計頭
脇阪淡路守

此度松平大膳大夫父子へ糺問之筋有之萬一承服不致節者征伐可致存念ニ付其節者討手申付ル間用意可致内意申渡ル事

紀伊殿へ
松平阿波守始へ

右之者共へ相達ル間見込策畧御尋諸事御指揮可有之事

阿波守始へ

、、紀

、、會

、、遠

右之通候間諸事受差圖盡力可有之事

右守護職御免陸軍總裁ヾ、被　仰付候事

松平肥後守

○昨十日之御沙汰

同人

名代神保内藏之介

昨年上京以來鎭撫方格別行屆去秋動搖之節も勵精盡力當今之御都合ニ至ル段

御滿足被　思召ル依之五万石御加增被下彌以精勵可致ル

右於御前被仰出之

○今日九時過御城ゟ御小納戸頭取溝口美作守御内々御使ニ而時候御尋と
して左之通頂戴

火鉢　一對

青籠入鴨二双

右御内々故御禮登　城又使者抔ょも不及旨美作ゟ駿河被申聞候處出仕
之心得供揃居候故直ニかたきぬよ着替登
城御用御取次土岐下野守へ御礼申述橋公始へも申上候事

同十二日

○夕景長岡兄弟參候

○結城參呼參◎呼か候

△加茂神体(マヽ)紛失之話専ら
朝廷ニ而可有之よし

△改元御沙汰之時
勅命ニ而被相定云々書裁か◎載之義申候事
同十三日
○大樹公明日御參　內觸有之
○申後容堂へ參大落合
過日於德大寺容堂家來へ申聞候事大不平ニ而申述られ候故此方所思ハ御暇ハ無餘義候事留ハ不致候得共少々遲緩ニ致度主意辨解いたし落意致候
○五時前坊城ゟ使參書狀持參春豫大一同御用有之間早々可致參　內旨
右ニ付大隅ハ歸り此方ハゑやふそく取寄候髮ハ土坊直ス
○四時頃參　內無程謁傳　奏案內よて小御所御中段へ出る諸卿參會尤今夜ハ御上段御簾被垂
出御之御樣子之

△長州御處置重々人事を盡し悔悟之處を施し其上不致承伏候ハヽ用干戈候と申所ニハ（マヽ）相成度との事被仰聞候間尤幕ニても其心得尚又可申傳明日一橋老中へも御沙汰有御坐度旨申上候

△內意書之趣長へ響候ハヽ討手云々抔之字（マヽ）文ニ而彌必死ニ相成悔悟致間敷やとの談ニ何ぞ書立は強すき候樣相考候得とも發表之後無止一体ハ承伏云々之字面諭解有之而も不致悔悟ハ云々と相成候ハヽ響合も宜と存候旨申述候處滿坐一聲尤と唱被申候得共跡事ニ

△秋元但馬守ハ當長門守兄ニ而實父も存生爲君爲親悔悟致さセ度との家老始決心故如見込爲致可然と（◎脫かの）事決評幕へ春兄ゟ傳候筈

△容堂御暇之事參預へ御尋有之處一橋心得違閣老申談御返答相成候乍然別ニ參預へ御尋も無之幸甚々々

△尹宮ゟ全体廿七日御請有之後ニ長云々出候ハヽ人心折合都合も宜と被思召候旨御話故其義ハ私共三人ゟハ度々御請早き方可然と申候得

共色々之都合よて手間取不都合丁度如御沙汰奉存候旨申上候事

〇過刻容邸ニ而密話中記落候故追誌

△一橋よて諸事不被相伺決斷有之候處ハ不可然との話心添いたし可申事

△元三条始長よて不手當衣食迄も甚不自由のよし天罰之此間之使もよふ〳〵出京のよし

〇廻達春ゟ為見候關白へ先日一同願候故之

餘寒難退候處彌御安榮令賀候然ハ是迄參豫ニ付中二日明き御參可有之先達被

仰出御達申候得共以來ハ　御用之節ニ前日よても被

仰出次第可申入候仍而◎（為脱か）御心得申入候參豫方々御序ニ御傳達可給候仍

而如此候之不備

二月十三日

坊城大納言

一橋中納言殿

同十四日

○大樹公今日御參（脱か）◎内 廿七日之御請被差上候之

○春岳ゟ右御寫到來

○容堂方へ參夫ゟ上岡崎へ參候愉快々々

同十五日

○今日總登　城廿七日之

震（マヽ）翰御寫昨之御請共布告之

○一橋ゟ傳達今日參　內御沙汰大意

參豫ニ付　御用有之候間未刻不遲樣云々

○同所ゟ參　內懸二條へ登　城申候樣との事候得共左候而ハ參

內及延引候間及御斷候事

一一橋春岳大隅一同參候

小御所御中段三公宮御參集尤垂簾出御之
○昨日之御請書中
横濱鎖港之義ハ旣ニ外國へ使節差立ル義ニ御坐ル得°共°云々
○印二字不決着故如何と被仰聞ル尤今日布告之由ル得㐂尙更人心沸騰
可致との御懸念之由
○尹宮ゟ御書取御渡主意そら覺
昨日之御請ハ尤ニ被
思召ル得共外夷之處置不致貫徹尤無謀之掃攘ハ不被爲
好三港鎖港難被行㐂責而横濱一港丈急速鎖ル樣有之度との御沙汰之事
右拜見いゑしル處無謀之戰爭ハ不被爲好一港脫◎丈かハ急速鎖ル樣との
御無理ょて急速鎖ルハヽ無謀之戰爭ハ顯然故大隅守と兩人再三右之
義申上候處全此書面ハ參豫ょての御相談ょて被及
御沙汰ル筋ょハ無之段々之主意御承知ょて尤之義然ハ如何いゑし可然

哉との事ニ付何を四人計ニ而御請も大事件ニ付難仕ᛌ間明後日迄御
猶豫被下ᛌハヽ申談御請可仕と橋ゟ申上其所ニ決ス
○昨日小御所ニて大樹公へ左之御書付
御直ニ御渡相成ᛌ處一昨夜大隅兩人ニて申上候とハ違橋春ハ昨日申上ᛌ
得共被差出度御様子故尚兩人ゟ申上ᛌ筈
先達ゟ長門宰相
御沙汰之次第も有之所幸秋元但馬守義親昵之趣ニ付篤と及説得幾重ニも
悔悟
叡慮遵奉ニ至ᛌ様可周施〔マヽ〕之旨大樹ゟ但馬守へ可申達事
大隅守と兩人ゟ一旦御沙汰之義申上ᛌハ恐入ᛌ得共
勅書も御同様如何ニも御手重過ᛌ御取扱
朝威却而輕く被爲在とも仕ましく◎〔や脱か〕但馬守表向右様無御沙汰盡力可仕
素ゟ万々悔悟無覺束と相考居ᛌ位の義

御書付之達ル時周施不行届ルハヽ但馬守始周施之家來共迄も奉對
朝幕恐縮無申譯ル故死〔マヽ〕以御詫仕ル外無之矢張一昨夜申上ル通り自分盡力
仕ル様内々一橋ゟ相達しル方ニ懇願奉存ル旨申上〔マヽ〕候御問答申上ル處
叡慮伺可伺尤之よし被仰聞
○容堂御暇願ハ如何と御坐ル間四人申合不快とハ乍申不容易御時合ニ付
　保養ヲ加ゑむらく滯京可仕との
叡念被　仰出度其上ハ尚又幕府ニ而も可申聞と申上是又御
伺との事
○小御所退坐後傳　奏ゟ
　過刻之三件ハ夫々申出候處ニ伺濟容堂へハ明日傳ゟ被達ル由之
同十六日　駿河今日御城召出ル
○昨夜大目付渡邊ゟ申越ルニ付八時より登　城いゑしル
○一橋控所ニ而有馬遠江ゟ左之通り達しル

〔朱書〕橋控所ニ而御酒肴頂戴　大樹公御出御酌被成下候我輩御ナツヶ之御主意ニハ可有之候得共餘り御威光無之筋恐入候事且一橋之驕姿も不得其意事ニ存候

御用有之節ハ御用部屋へ罷出候様

○春岳昨日守護職被仰付候今日ゟ大藏大輔と改名被仰付候由

○昨夜之話いたし候得共不決大隅兩人申合一向か◎同尹宮へ退出ゟ出直ニ相伺所思申上置明日參　內ハ御斷可申上と決候處其事聞付一橋春岳も出候處ニ邪る

○尹宮へ四人出候

○御沙汰之趣容堂御請申上候由

○一橋發醉言宮御閉口終ニ横濱鎖港ハ是非仕候由之書付明日差出され候處ょ被申上退出

○昨夜ハ伊与大隅ゟきひしくきめられ壹人大閉口云々御話兩人ゟ甚御無理之御書付故閉口仕候旨御答申上大笑何故ゐの様な御書付出來候や伺度と申上候處最初一橋計へ逢及不審候時とも之字甚不宜恐入候得とも今日布告故取返シ候譯ょも不相成又其儘よてハ人心之沸騰之御懸念と

御坐候而ハ何卒

朝廷ゟ尚横濱ハ彌可鎖との御書面被相下候ハヽ可然との噂有之

朝廷ニても云々と鎖すると申事無之而ハ廿七日之御請すら廿日もかゝる様な因循故甚無覺束と申居候故試ニ書付認及御相談候心得之處御兩人御不落意御弁論之間ハ一橋默止被居無止わさし壹人御應對と申なるよし御話右ニて考候得共最前ゟ一橋始閣老中ハ横濱丈ハ別紙ニて出度見込故矢張其念ゟ出候處御書面ハ甚難施御沙汰故兩人ニ弁解爲申上候含ニ可有之夫故酔中なから只今書付明日差出され候と申上候事と心付候趣申上候得共宮もそしめて御分のよし御互ニ疑惑も氷解と大笑いたし候尤鎖港只今ニてハ事實難行不可然譯ハ大隅ゟ申上候宮ゟ何分三人共不相替

公武御爲盡力いたし候様被仰聞候事

同十七日

○松紀伊守ゟ文通兼而歎話此方ゟ閣老へ内々申置候江戸一之御臺場警衛
御免一昨夕泉州ゟ達有之由前之手續有之謝詞旁吹聽申越候
○一昨夜參豫御用ニ付今夕參　内候樣との御事候處昨夜尹宮ょて願置候
間服◎腹か痛申立不參候之
○夜五時俄ニ大藏被參直ニ面晤用談大意左の通り
△昨夜尹宮ニ而も呉々參　内之御沙汰有之處一橋不快ょて參　内登
城共御斷　御書付ハ以老中殿下へ可被差出との事候處今夕參　内無
之而ハ不宜御書付も持參之方可然ニ付色々大目付も遣し手紙も遣し
よふ〳〵登　城有之處
御所へハ不參相達候由ょて無致脫◎方か候故大藏も御斷申上明日參　内之
義高家ヲ以傳奏へ申達有之由甚不都合千萬當惑のよし且一橋ょて右
樣勉勤無之而ハ不相濟義ニ付右等之義同意ょ候ハヽ明日ょも憤發精
勵有之樣相すゝめくれ候樣との密話何卆よふ〳〵と一昨夜相願今日

迄御猶豫有之候義又々れひいゐハ甚不宜今日ハ御書付一橋ハ御直筆
可然春岳ハ橋筆可然と應答且ハ一橋所勞よて不得止不参之段々明朝
尹宮へ被申上度且御書付ハ明日不遲様橋公ゟ殿下へ被差出度事橋公
へ愚意ハ可申上と約置い事

同十八日

○越ゟ靱負参い

○昨夜傳　奏ゟ高家歸い處参預参　内ハ朝廷之御都合よて被　仰出候事
故明日之参　内ハ差支いよしされゟ尹宮へ出いとの事

○一橋ゟ急ニ相談有之間晝前登　城い様申参る四半過出門

○大藏よ逢い處存外尹宮昨日れ事御立服〔腹〕も無之御書付ハ御直筆ら宜
しく且傳　奏へ老中持参可然との御沙汰ニ付直ニ一橋へ其事申遣い所
御親筆も出来御廻し相成早々殿下へ持参可致との事供揃居い間直ニ只
今出いとの御返答也又々尹宮右行違之義被申上候所御承知相成右御書

付御上相成候ハヽ、參預之所存ハ御尋ニ可有之候故無異存候ハヽ申合其
趣以書付傳　奏へ可相達左候ハヽ、參　內ニも不及との事故直ニ御用へ
やへ通り御親筆拜見之上無異存趣三人連名大藏ゟ坊城へ出し候事
御書付寫　〔朱書〕十九日殿下ゟ一橋へ御好有之朱點沙汰之字御認替同夕泉遠參　內關白へ出候由廿日大藏ゟ申越
去ル十四日差上候
勅答書之內御請振不分明被
思召候由慶喜へ內々御相談之趣承知仕候然ル處彌鎖港仕候見込ニ而已ニ
外國へ使節差立候義ニ御坐候間是非共成功仕度奉存候尤再度蒙
聖諭候無謀之攘夷仕間敷之趣奉畏候就而ハ彌以沿海之武備充實致候様可
仕奉存候依之此段申上候已上
○毛利左京亮廿五六日牧方泊之先觸參候ニ付彼所守衛松豐前ゟ通行爲致
可申否伺出候よし今日傳　奏へも被相達大阪ニ控居候様との御沙汰ニ
相成可申由

○長岡兄弟之建白披見至極尤ょて當節廟議と同主意之
○薩士折田要藏浪華邊備禦之考圖面大隅持參みる
　そら覺
○砲臺十四ヶ所　一ヶ所六万兩當り
　九十万兩
○大礮　八百十門
　六十封度之積一門千兩
　八十万兩
右之外城堡抔も有之積りもなる
○會津ょて有馬稻葉抔申合ハ書付みる格別變候考もなし
同十九日美日
○公武御用も珍敷無之ハ故第一時ゟ出門致馳廻ハヾ掃旅情ハ
　東西梅津ゟ上山田法輪寺　佐加　鳴瀧　紙屋川筋ゟ　金閣寺

北野　千本通り

同廿日

○大藏ゟ來書中今日改元御式拜見之事申來候間九時供申付置候處四時過

出羽守留守ゟ五時過參　內之廻達申越候間卽刻供揃申付候

傳　奏達大意

今日改元陣拜見衣冠狩衣之內着用勝手次第との事

○九時前出門同刻參　內無程廻り候日花門ゟ宜陽殿西廊圓坐ニ順ニ着坐

御次第如別紙之德大寺ゟ

元治なるへき旨

聖斷と被申聞候樣子之

○一旦控所へ參り又赦申渡見ニ建春御門外へ參無程控所へ歸り御礼非藏

人ゟ傳　奏へ申達候樣相賴退出ス

○禁中ニ而下野ゟ長州方へ一昨日ゟ說得之爲家來兩人遣候由表◎（脫か）立候事

よハ無之昨年頼の趣も有之此度其儘よてハ又歸國之節抔甚心配故一橋へ内々申上置周施（マヽ）いゑしㇾ由如何樣の説得ら不可解山城ら遁を口上申遣ㇾ事と存ㇾ

同廿一日

○九半時登
城遠江當秋江戸詰歎願之案持參みせㇾ事來冬と御差操か（◎繰）ニ願ㇾ筈
○容堂も出候又々御暇相成か（◎願）ㇾ由此度ハすみㇾつもりㇾ
○退出ら大藏方へ參夫ら橋公へ參御憤勵有之度段心緒申述ㇾ處御承知有之ㇾ先日及建白ㇾ主意反服か（◎復）申述ㇾ

同廿二日　國當月五日立達ス

○四時供よて昨夕約置ㇾ間會へ大藏有馬稻兵參申ㇾ會家來も出ㇾ
△長末家召ㇾ手都合異論有之難決趣故大藏と申論（マヽ）會臣及落意ㇾ事
○容堂へ參尹宮よて薩南肥會三藩一和周施可致との御沙汰有之自分とも

談ル樣有之よし申合ル事

○容邸ゟ加茂川渡下加茂手前よ里東へ廻りくろ谷ゟ三條通り歸る

同廿三日

○尹宮へ申時ゟ出ル先頃御約束ニ熊膽三ツ持參二ツ　宮ゟ内々　御轉傳◎〔か〕

獻願一ツハ呈ル之

○御密話大略

一此頃　朝廷よて折角之御一和を求め幕よ里やぬりル樣の都合更ニ遵奉之筋無之話有之其譯ハとかく物事を打明て申上も無之故よてル此間長岡兄弟建白抔不差出和泉遠江參ル時も申出候得共至極尤之考と申居

朝廷へ不出故不都合と申ル所早速明朝可相廻と被申今以不差越事

○十八日云々〔脱〕◎〔かニ〕付宮へ二千俵云々右ハ

主上へ第一番へ〔ママ〕何等と被成上度其上關白始へ御心遣可然と先日一橋へ申置ル處宮計ニ付兩閣へ其事申述ル得ハ折角右の心付ハ尤之義是非〳〵

なし上候心得如何様ニ相成可然と尋候故其事ハ宮御口ゟハ難被仰候間傳奏抔へ可申談と申置候處過刻一橋用人兩人參り先日御話一条ハ何分閣老始六ヶ敷候故先ツ宮へ云々之都合との事閣老ハ前文之通り申双方更ニ不相分候故明朝よひ尋候心得之矢張功勞を妬候心や

○薩南肥會等幕を見限りてハ獨立ニなり可申候間容堂へも調和の事盡力申遣候傳言も候半大事の事故骨折可申幕孤立となりてハ朝廷も危ク候故と御密話云々御尤千万ニ存上候事

○春岳守護職も不宜

○因循之内長州ハ彌覺悟可致つまり幕ニて暴を好候様可相成段々人心もなれ候而ハ如何ともいたしかたなく若シ長ヲ打とて東ニ歸りハせぬかと御話ハ（ママ）それハ御請合申上候と申置候

○一橋先夜の様ニてハ甚不宜との御沙汰故段々御誠意之御話奉感泣候既ニ私共ゟも先日心付建白仕候一昨夜も一橋へ參愚意ハ申述候處難有御

沙汰之趣尚亦可申聞候得とも宮ゟも御直ニ御教戒願敷と申上候處何を
申候心得なから壹人ニてハいけぬ故醫者を集と御笑之
○容堂歸候ハヽ兵之助名代ニ出し候而ハ如何と申上候處至極可然從
朝廷幕へ御沙汰相成申聞候都合明日可申談との御事之
○自分來月限り故御暇願敷意味含蓄申上候處余程六ヶ敷候故苦情陳述申
候處夫ハ尤ニ御聞受丸テ御話の出來ぬ程ニハ無之浸々然及懇願候開口
ハ致候素ゟ御合体被爲成丈見込故夫先之處ハ迚も努力ニ不及御斷申上
度尤今日御沙汰之丈ハ粉骨可仕と申上置候之
○明日在京同席被爲　召長末家老呼候次第最早　幕へかまひに所存尋候
筈
同廿四日
○午後着衣冠出門大藏邸へ參
○未後二条へ登城

○申時參　內參豫外大學下野紀伊守長岡兩人出ル阿不參
○小御所ょて御參集御用談よふ〳〵左之一ヶ条決ス
　長州末藩壹人左京亮近々登ル付大阪へ留居ル樣可相成　吉川監物家老今壹人
右御用有之ル間大阪迄罷出ル樣執奏家ゟ御沙汰可相成
幕府ゟ云々被仰出るき事
明日ハ發ル樣可相成
　此外ハ一昨日之ヶ条未決
同廿五日
○會ゟ直右衞門參ル昨夜之都合話ル且又左之風聞直話ス
來ル廿六七日頃昨年八月十八日位之事可相發事柄ハ
　　當關白退去
　　一橋も退役
尹宮攝政ニ可被爲成よし

右離間之策之
○夕景尹宮へ出る
毛利左京へも自
朝廷大阪ニ相控ル様御沙汰有之方可然ゐと申上ル處尤之義ニ付陽明ゟ殿
下へ御傳有之度旨御申傳ル様との事
○天朝へ十八日云々ニ付御進献米十五万俵と和泉ゟ傳へ談候ニ付願ハ石
ニ相成度坊城申ルよし御笑談有之ル
○宮攝政離間説の御話有之
○宮御心緒黒川へ今日御咄か◎吐露被爲在ルよし
○長糺問ヶ条　幕船云々ゟ以下之ヶ条ハ別紙ょして添て申述ル處ニ亦相
成ル何を參　預之時可申上と申上置ル事
○近衞様へ出候
同廿六日

○大目付ゟ昨夜申來ㇾ〻ニ付午後登　城ㇾ〻ゑしㇾ〻
○當今
朝廷御尊（マヽ）奉之事ゟ御處置有之度との見込在京同席へ御尋書付よて差出候
上ㇾ〻末輕重緩急取捨ヶ条可施分書抜追而御評決御施爲可有之事相談故
可然と申置ㇾ〻之
○毛利左京亮ハ不快ニ付參勤斷申出候事
○北條泰時帶劔鬼丸致一覽ㇾ〻在銘來國總（綱カ）◎如新刀極見事之
本阿彌傳來豐公へ出シㇾ〻處御預有之　神君へ呈亦御預相成居寬永御
上洛之時御覽有之亦今日差出ㇾ〻よし
○大藏ゟ廻狀
朝廷ゟ毛利末家々老上阪之義廿四日御達有之由書付廻る
幕府ゟも廿五日夕同樣御さゑれ由書付別ニ有之
同廿七日　兩地へ發便

○午後爲暇乞容堂へ參夫ゟ登城昨日御沙汰之ヶ条書出ス別紙ニあり
○河原丁邊長藩人散居ル事心付申町奉行へ吟味の筈之
○春岳云尾老說ハ
　昨年長州不宜ル得共畢竟
朝廷御動搖故之義ニ付長へ御ことわり可有之位の事　幕ゟ御紀問ハ◎不脱か
　可然よし
　薩越宇開港論ル處會鎖論故程能會ヲ退ヶ越守護と成
朝廷迄說得ニ可有之よし
○遠江參府歎願ハ和泉尾へ參ル故酒井へ談シル處今夕爲濟可申よし
同廿八日　容堂兄發足
○尹宮呈書長岡ゟ御暇願ルハヽ良之助ハ
朝廷ゟ被遊御留度事申上ル文末に記上
　離間流行不堪切齒ル餘り

青柳のいとれもつをを一すしに
わけて吹とく春か務もか那

〔付箋〕返し　自詠
春風のぬくも
ふぅぬも青柳
のいとのもい
まは思ひきる
ゐし

○昨夜水閣ゟ遠江當秋上東之義御差操（ママ）歎願此間差出ル處最前直話（◎脱かと）ハ
○大相違之別紙ニ而栽（◎裁か）許有之如何ニも食口大不平故今夕登　城弁論
之心得之
○未刻銅駝城へ出ル
○昨夜之御栽（ママ）許不服之譯泉州へ申述ル處大閉口ニてル故然ハ又々遠路懸
合居ル而ハ出立時合迄ニ談整申間敷と申主意ヲ以願爲出ル故可然御沙
汰可被下と頼置ル事
○大藏内話
今日殿下へ靭負出候處下野守ゟ長之末家々老ハ入京之方可然と申上ル
ニ付内々所存御尋のよし總裁ゟも同意申上ルよし是ハ家來ニ而申述ル
事と有馬考之

○大隅方へ參色々密話
○殿下ゟ大藏話の通御内談有之候所明朝　尹宮御考被爲伺御答可申全体
ハ入京ニ而も宜候得共決而多人數可參種々議論相生殊ニより
輦轂之本よて及騷動候程難計其時ニ至
朝廷御動き無之候ハヽ入京も可然候得共確乎とハ難決義候ハヽ大阪可然
と存候趣及御返答心得のよし
○福岡ゟ説得者遣有之處また深謀有之當時參居候三人にて不行届候ハヽ
山城も參りそれても不伏よ候ハヽ下野も參る含の由説得を名として實
ハ遁出候策ニ可有之と申合候可惡の至之
○喬公ゟ平岡黑河ヲ以内々　尹宮へ
禁裡御手當增被差上候右ハ規(◎現か)米よて上可申歟土地よ而上可申(◎脱か)書
付ヲ以伺候方可然而と相伺候よし
○今夕銅駝城ニ而備前ゟ御答書付みる大主意

ヽヽヽ去年八月之事件ニおゐてハ在國中家來之者共取計方父子之心
底とは齟齬仕候義無之とも難申且又少年客氣之過激も可有御坐歟ニ候
得共何卒御宥恕云々
△松紀伊守今日大隅へ話ニハ昨日備前ニ逢候處先日討長御内意ニ付大臣
家老抔不平ニ而甚心痛之由内話有之よし仍而思ハ（マヽ）右書付も備前守本心
ニも無之やと存候
同廿九日
○午後藤井良藏參黑山城之事談ス美州可申遣と約シ候
○猪太郎參
朝廷ニ而下野守長末藩當地へ被爲召度趣申上候ニ付昨日御尋有之今日二
條近衞尹宮◎（脱か）へ大隅守考申上候由又參預へ被懸候上極り可申廿六日召
呼◎（寄か）られ候御沙汰は御見合のよし失機會歎息の事ニ
暮春朔日

○黒河嘉兵衛參
一（攝海邊）大阪見分之者秋頃迄懸ル含之由右よて御手當私德ニ（マヽ）もかゝるよし
○申後常陸宮へ出ル
同二日
○巳刻出門尹宮へ出候事
此間熊膽御傳献被成下ル由よて女房奉書被下置ル事
○未刻參　內
○小御所御參集兩役衆共
御尋
長州末家々老下野ゟ上京之方悔悟ニハ可然との見込申上ル處此間參預之見込も御尋申御申越ル處尙又承度との事
自分御答ハ
御當地へ罷出ル義ハ御沙汰故相當の事ル得共此度ハ必死之者多人數召

連可申其末諸藩の内へ離かんの入説又ハ曲直を弁ろん抔いゐし可申且薩會一抔と出合候ハヽ以下〳〵ハ双方怨怒之事故決而殺撃可相起少々之私争ゟ筆太ク相成終ニハ騒動も難量其時ニ至於

朝廷御動き御坐候而ハ以の外之事且ハ一度被仰出候義ニ付矢張去月廿四日申上候通り大阪の方可然と此間大隅守とハ申合候旨申上候事

喬公ゟ

されは私壹人の考候處此地へめし候も大阪迄も先ッ悔悟之上寛猛之御處置御決相成候而寛なら入京猛なら大阪とも可申上や何分悔悟の末御處置ゟ御取極有御坐度よし意外之説尹宮ゟいよハ如何と候故不得止

自分ゟ

悔悟いゐし候日ニ至てハ寛ニハ御沙汰可有之猛ハ如何且悔悟の趣ニより御取扱可有之豫今日ゟ御決着ハ御六ヶ敷御筋且又入京ニ相成候而ハ最前申上候通り懸念有之候得共悔悟の筋ニ宜と申見込も一理御坐候得

とも大阪ニても不致悔悟筋ハ無之京攝ニて有無に係り候◎脱か事とハ不相
考既に御兩役ゟ條理御申聞の筈候得共歸國之上御請ハ追而可申上何を
ニしても早々罷出候樣御沙汰有御坐度尤說得ニ參候者ハ少々御をよふ
伺込參候ハヽ罷越都合ハ大ニよろしく候得共容易御賞罰之筋爲御響御
坐候而ハ不宜其上殊ニより候ハヽ此位の御宥免ニ而ハ不致悔悟抔存外
之義ニも可至乍然其時ニ臨さ樣申候ハヽ嚴重之御處置之外無之此度被
爲寄　召候ニ付寬猛之御所置御取極ニハ不及樣奉存候旨申述尹常兩宮
至極左樣存候乍然一橋見込も委細被相入
御聽可然と殿下へ被仰述一旦下り候
○殿下御壹人三人へ御逢
先刻之事入　御聽候處めん〱れ趣ハ尤ニ被
思召候得共大阪迄出候方可然との
叡慮のよし左樣相成候而ハ此間の御沙汰と同樣故又快不存歟も難計幸故

秋元家來說得之義
朝廷ゟ斷然傳　奏ヲ以被　仰付候而ハ如何との
思召のよし
右ニ付一橋ゟ私義ハ京攝兩方何とも可然とは不申上悔悟之上寛猛之處
御決被爲在度と奉申上候得共以
震斷マヽ　御沙汰ニ付奉畏候旨
秋元之義も一同先日ゟ
朝廷幕府の表立御さゐハ不宜旨言上仕候處是又　御叡斷ニ而候ハヽ度々
申上候も恐入候故奉畏ゐくその內後日何等行違面倒相起其時ニ至而ハ
何とも可申上樣無御坐旨被申述候
　大藏自分ゟハ
叡慮之通乍恐可然奉存上候秋元之事ハ一橋申上候通宜しくとは難申上其
內被遊

御英斷候ハヽ強而申上候も恐入候自分ゟ過去之事な◎〔脫カ〕から一体秋元ハ譜代の義ゟ説得之志願候ハヽ　幕府へ申立夫ゟ被相伺候筋ニ可有御坐且とふり家來ゟ主人へ申聞候義とハ不相聞如此重大至難之事ニ立入候なら賢愚ハさし置主人へ可申出と申も如何ゐと奉存候と申候處愕然之御樣子之

○又御一同御參會靍ゟ申上阿氏始も皆出る兩地へ召よせられ候事寛猛之事議論紛々終に不決銘々見込封書ニして出候樣との事此席まてハ申上候事ももそやなく候故多分沈默いふむゑ〳〵出候計長大息を極候事之九時歸り候

同三日

○昨夜御沙汰之書付靍邸へ出ス書付ハ別に在之

○午後尹宮へ出

○昨日之御話申上候處一々御同意ニ而

叡慮ヲ以被　仰示候所一橋之寛猛論ニて御見合相成候得共御内實ハ矢張大阪迄之處ニ御決シ相成候明朝書付皆々出候上彌御取極可相成由御密話有之

○小笠原圖書頭之事ハ亦々申出シ可相成ゐれ今之通ニてハ水府も甚不都合との御話之

右之外色々御密話大ニ快く存上候之尤秋元之事ハ御やみ相成候よし

同四日

○喬公ゟ昨日尾老參預之

御沙汰有之由轉か◎傳　奏衆達之趣爲御知有之候之

○大藏大輔ゟ文通今日八時參預參

內被仰付候よし御沙汰書別ニなり

○八時過參　內一橋六時迄不被出大藏ゟ尋遣候處不快ニ付難罷出一昨日之事件なら大藏へ宜被賴候旨返答如何ニも奉對

朝廷不敬之義且爲一橋甚一同大不平ニ存候傳
奏へ右之事被申候樣大藏へ申卽飛鳥井へ被申述候又無程一橋ゟ大藏へ自
筆ニて
　今朝ゟ水瀉いたし候處二條へ押而登　城候處其後同樣ニ付手當候得
　共快無之只今迄見合居候得共右の通ニ付參
內難致御斷可然賴と申來候
右之書付また傳　奏へ被申達候事
○五半前御集會
　一昨日之事此上ハ幕府ニて當地へ入込候とも取締出來御安心との事
　候や右評決申上候ハヽ御取極可有之今日一橋被出候ハヽ其邊可取極
　處不參ニ付明日迄
大樹參　內ニ付其節決着被申出候樣相傳候樣との事
右ニ付大藏退出ゟ一橋へ參候

○自分近衛家へ出候之
同五日　國去月廿日立達ス
○今日午刻參預參內可致旨傳　奏達シ左の通
△大樹公今日御參　內御廷か◎延引被　仰出候得共昨夜關白殿ゟ被仰聞候
義一橋以下
幕府衆議決定ニ而參　內申上候且參豫之面々も午刻ゟ參　內候樣
右之通大藏ゟ廻達ニ付少々眩暈之きみ合且喬不參ニて彌つまらぬ故御
斷申上候趣返書遣ス
△傳奏へ不參屆出ス
△大藏ゟ尚又外ニ洋夷長ヲ襲撃の事も有之間參　內之上申談度と申參候
得共既ニ過刻
朝廷へ御斷申上候間私ニて難罷出候故御汲取被下度と申遣し候
○愚考此頃之長末家々老入京歟大阪迄歟之義ニ付先日ゟ我輩申出候ハ左

の通
朝廷ゟ罷出候様御沙汰故入京の方當然なゐら萬一何等六ヶ敷相成候時御
動搖御坐候而ハ以の外之御義ニ付其所御すゑり次第候得共大阪之方相
成而悔悟不仕と申譯ハ無御坐候故彼地ニ相成度と申ス主意
昨夜之處まては　幕府まて都而取締出來御安心と受合候なら入京も可
然左もなくハ大阪之方ニ可被成よしゝ
朝廷ゟハ幕へ受合ゐとゐり幕まてハ
朝廷まて御動き無之ゐと申上候
實ニ長大息の至泣血の事候
○廿五日夜長留守居へ
朝廷ゟも御呼出しの御沙汰執奏ゟ被相下
幕府ゟも同樣之處大阪まてハ國元まて甚折合兼候間入京被差免度左候ハ
丶悔悟之口も開ヶ易と申主意御書付ハ握置

公武へ正面ゟ不申出福岡へ口解夫ゟ官家一橋抔へ入説いゐし候ハ甚以不
　届之義と啌
公武よ里留守居御嚴咎可有之處無其義
朝威幕權とも不被失只以悔悟よのみ御心勞有之不伏の時ハ討伐との御手
　當もゐみ候事恐入候極と存上候之
○夜六半時大藏大輔入來對話大畧
○關白殿昨夜御沙汰之趣今朝來於二條總裁老若大小監申談候處及事變候
　ハヽ幕よて鎭靜可致候得共右時合ニ至於
朝廷御動搖被爲在候而ハ如何とも致方無御坐其處ヲ以御請申上候處よ決
　評喬邸へ一同參（マヽ）候申談候處同意ニ付參　內之上右之趣被申上候處達
叡聞御尤之義ニ付大阪迄之處ニ御取極之よし尤全体糺問使長州迄被差下
　處遠路之義ニ付大阪迄末家云々之御都合と申事ハ演舌被相添候趣之
○蘭軍艦七八艘長崎へ渡來英之リ一ニ一舶參候ハヽ長ヲ襲擊可致と申事

製鉄所懸之コンシエル〔マヽ〕ゟ歟之話麟太郎承候由扨両國船崎へ滯留ニ付船
將始へ日々之手當トル取替ニ付壹分十五六万両廻崎相成度旨申越官よ
て其都合ニいたし候故右の事序ニ
朝廷へ申上置候よし
同六日
○大久保市藏來昨夜越話申聞候事
△同人云先達御内意ニ付策畧處置會澤か◎津尋候處一向不相定紀へ可承と
申候處紀ハ此役御免願候手段故中々尋候而も分兼可申會よても甚當惑
仕居候よし主將藩右之通よてハ決而勝利ハ六ヶ敷最初失利候ハヽ彼ら
勢盛ニ相成何とも恐入候次第ニ至可申と及歎話候事
○午後銅駝へ登　城
○紀州必戰之覺悟無之鞭策ノ亇申談置
○皆々見込書付溜詰ハ揃居候

○遠江之歎願書只今操（ママ）替調居候よし近日濟

○崎ゟ飛報英蘭改（攻か）長書付みる越ゟ廻ス筈

同七日

○午後八瀨邊詩仙堂立寄夫ゟ櫻木近衞（ママ）へ別殿へ出候大隅落合

○昨日大樹公御參御催シ之時前殿下ゟ尹宮へ急御用之御使ヲ出張同心ゟ
ゝき疵受一条

○大隅昨日御暇願案一条
尹近よて五月中旬と候よし

○脫三條物故之說眞僞不分明

同八日

○五半時馬よて山料（ママ）宮御催よて嵐山へ參候處未タ御出無途中へ御迎御同
導（か）道ニ而三軒ちや（ママ）御休晝飯給舟ニ召となせ觀音へ御出又ちや（ママ）へ御歸
り無程仁和寺宮御出致拜謁御船よめしかつら河ゟ八丁計御下り鮎御と

らせ御酒宴七過茶やへ御歸無程御立御跡ニ付ル處途中御先へ參ル六過歸り

同九日

○六半時參　內舞樂拜見酒饌拜味三汁八菜之舞曲在別紙圖

○七日御礼御參　內御延引ハ六日一橋參內無之

廟議不決歟右御不平故ゐと存上居且

大樹公ュても甚御心痛之處右ハ雨天御不都合と中條一己之取計ュて飛鳥井へ申同人關白へ達ル末御やめュ相成ル事七日夕顯レル由仰天之至之

○參預之義御斷相談喬公より有之無別慮趣返答關白尹宮前殿下ゟか◎へ喬ゟ申上候事

同十日

○藤井良藏參筑行談決

○山階宮ゟ御書御歌拜領

○薄暮ゟ野州來長行說得者ゟ一昨日歟及文通ゝ處容易ニ悔悟可致樣子無之と申越ゝよし

○過ル六日御沙汰之長末家々老大阪迄出ゝ樣尙又被仰出ゝ事留守居爲知ゝ得共國元迄勅使可被差遣處云々と申事ハ不相話よし

同十一日

○空哉寺中小屋燒失

○下野ゟ文通長へ遣ゝ三人之內泉白ハ昨歸ゝ處悔悟之体何分見留付兼ゝ由

同十二日

○兩役御礼廻勤ゟ陽明殿ニ而內府公拜謁七日御使ヲ擲ゝ同心ハ御暇同役ハ閉門と申事決ゝ得共御附武家ハ無心配樣今日登　城ゝハヽ尙老中へ可申御賴

○二條へ出る左の話合

○英蘭長襲撃長サキにてハ承知致間敷ニ付横も浜在留アールコックへ及談判候義喬公尋申合候處大意左ニ決ス

此方にて長處置段々不得止都合有之致延引候所近日下手ニ付兩國ゟ及戰爭候義ハ些と見合度尤左候ハヽ其處置可相尋彼ハ滅亡ニ爲致不申候ハヽ承引ハ致ましく候得共主人の下知にも無之暴激徒之不法ニ付此輩ハ嚴重可致處置且

叡感云々是以　聖慮ヲ矯候者有之故と内情委曲可(マヽ)申述候ハヽ見合可申歟と存候大隅自分良考之

○兩都兩港明後年ゟ期年候處如何との事横ハマすら鎖不申而人氣動搖迚も六ケ敷ヲサマル間敷と決定の今日大阪兵庫之處ハ無論乍去丸テ斷切ハ六ケ敷左候ハヽ及戰爭可申故先々延期之處可談歟愚考ハ更ニ無之事

○大阪へ長末藩抔云々に付嚴重取締之事ハ至極可然紀州下阪候ハヽ金主へ如昨年用金不被申付樣にと申候得共一公始愕然之

○堂上方へ諸藩士立入ル義取締の話出ル間大隅此方ゟ昨秋右ハ御沙汰相成居段々もるみル故事實御主意被行ル樣有之度別段脫◎不被仰出とも可相濟と申述決ス

○夕景筑ゟ久野一角參戸川佐五右衛門始長へ參ル話大意承りル

筑ゟ參ル者

二月十八日長へ着山口へ參ル同廿九日父子目見三月朔日出立

三月十一日歸　戸河佐五右衛門

岩國へ廻ろ　泉　白

三月九日歸り候　喜多岡勇平

長大阪詰

筑三人へ附添參　藤井源五郎

山口旅亭へ來面會名元

側役兩度參由　家老目見之時も侍坐

山形半藏　益田右門督門◎右衛介か

福原越後
國司信濃
瀧彌太郎

○着後側役兩人へ下野守口上申述且三人より公武當時之御摸様申述何分悔悟謝罪之義可然と申述候處兩人ゟ色々風説も有之由候得共全ク攘夷叡慮關東ニて御因循諸藩も不振貫徹不致恐入候故手もしめいゑし候事ニて無他念よし不得止と申事情弁舌よく申述候由八月十八日前之　勅を眞と稱候よし

○益田始來候處側役兩人とは違事情弁舌能ハ不申述別而右門（マヽ）督申口ハ明白ニ無之由尤十八日前ヲ眞之　勅意とハ心得居候様子の趣

○廿九日父子被逢候時益田ゟ人拂之義尋候ニ付矢張此間中申述主意御直ニ申上別義ニてハ無之候間御聞込不苦御方ハ御出席と申述候故三人の家老後ニちと間を置側役兩人外ニ多人數詰居候よし下野口上且三人心付申述候處もる〳〵れ所被差越厚意深忝よし大膳ゟ返答少々下り益田

へ外ニ御尋之義もいやと申い處此間之事委細申上置い間別ニ御尋ハ有之間敷と返答大膳ゟも委細承い旨被申聞いよし
○六卿ハ山口ニ參い趣尋い處三田尻之よし三條を〆忠臣とや〆め去八月十八日をし殘りいハヽ生死も不料と存連れい旨手當ハ六人とも宜由
○山口ハ嚴重關門出來堀切も有之內ニ砲臺有之政務館と唱住居有之其廻り土胸當時造作のよし
○益田始下之暴論徒ニ被製〔制か〕奇兵隊尤暴のよし只今ニても若シ無理ニ公武ゟ御おし付相成いハヽ暴發難計心痛の樣子被察いよし
○十日程之間外へも不被出人も不參三田尻ゟ時々暴徒來如何体之義いゑすも難計故如右のよし
○社稷ヲ憂い人々ハ蟄〔蟄か〕居し外出も難出來由
○宰相側向ゟ十二人諸國へ爲見聞非人と形り出い由內壹人藝ニて召捕
○國司信濃上阪可致哉と評いよし

同十三日長岡兄弟と兼約ニ付六半時出門粟田通大津ゟ石山へ參ル歸船よて石場迄渡大愉快不可言七時過歸る

○傳奏飛鳥井ゟ留守居呼出左之書付被相渡ル九日願ル之

伊達伊与守

如願被　免參豫ル但

御用之節者參

內可有之旨被

仰出ル事

三月

○十二日之處へ昨夕一角之話記落ス故認置岩國へ參ル處監物も逢可申との事ル得共互ニ不工合故斷家老用人ニ逢ル處何分本藩之義甚以不安堵千萬當惑社稷之安危此時と存ル先達宰相上京之義沙汰ニ相成ル時其義ハ不宜と申立ル處聞屆有之其後ハ度々山口ゟ出ル樣申參ル得共不快と申不出ル處此

度若シ上阪之義
公武ゟ御沙汰被爲在候而ハ本藩へハ前文通候得共不罷出候而ハ御違背
申上候筋又出候而も元來御尋抔御坐候ハヽ監物見込申上候而ハ本藩之
見込ニ背き又本藩之見込通り申上候而ハ監物之意ニ無之義申上候譯ニ
て前後何とも當惑千万深く推察呉候樣をし彌蒙
御沙汰候ハヽ又御すゐり申上候義可有御坐と申◎〔候脱か〕由
○本藩中外見ニてハ必死一致と見候得とも矢張監物同樣絶祀をなけき居
候者數々有之四民共同し心のよし
○西本願寺學頭熊出生介石參致密談長州說得ハ御門跡ニ不如旨縷々見込
申述候事○（興正寺）
同十五日
○猪太郎參興正寺御門跡之事大隅へ傳言申含候事亞製献熕十二挺廻着の
由

○午後尹宮へ出ル
△興正寺御門主長說得之義至極可然明日御參ニて當殿下へも御傳可被成よし
△大藏落合候新聞紙中越國航か◎航海論去夏米藩人應接之通出板相成ル由甚以當惑ニ付御役御免歸國之含のよしゝ宮御話ニ付
朝敵之号なハ何も不苦論ハ當時苟且之處處なゝ遙ニ上策と存ル間知らぬ顏ニて可然と申上御同意ニて大藏へ御話御坐ル處尙ヽ篤愚考可仕由
○櫻木邸へ出る
△興正寺之義申上ル所至極御同意之是迄御門主も舊知己御賢明のよし
△大隅よりも以猪太郎異存なき由申來ル
△長岡兄弟落合ル故良之助へ一橋邸へ明朝參ル趣ニ付興正寺一件傳言賴置ル
同十六日

○午後銅駝へ登　城一橋始閣老へ興正寺一條申述候處御門主御自分之御
周施（マヽ）悔悟之策可然と決候事
粗左之手續
興正寺御門跡御手ゟ◎自分御厚意ヲ以御説得悔悟有之様御周施（マヽ）ハ有御坐
度尤従
朝廷立派ニ周施（マヽ）之義
勅命ハ不被爲　在様有之度事

〔付箋〕悔悟之證據ハ聢と相立候様可有之事

○御門主長下向之事同所用人へ一橋公ゟ内々御申聞有之度右ハ本山之邪
广防候爲のよし
○介石之（マヽ）事も是迄國事致心配候趣ニ付御門跡長へ下向ゟも相成候ハヽ随
從右ハ興正寺末寺ゟ無か◎有之故本山へ對し候爲
○双松邸へ參色々密話
△朝廷參預如願御免ニ付兩人

幕御用部屋へ出御用談ニ預り義も御免希り方可然最前ら
朝廷ゟ御直々よも御沙汰御親筆ニ而も被仰出不得止云々御沙汰故御斷
申上り方可然一橋へ明朝參可及歎願と申決り
△大藏今日ゟ引籠りハ新聞紙計の譯よハ無之先日靭負宅へ黑川平岡高崎
集會之時黑平ゟ中根抔甚敷愚弄いゑし左程よ申り事不行りハヽなせ引
込ヌ抔申散〳〵之事猪太郎も聞兼り由近日ハ段々離間說橋邸へ布滿越
大不平之處へ新聞帋之義有之彌惡說可申との痛憤と申事之
△一橋ゟ京攝總督願望之由尤守護職も廢止可申且在京外藩御暇被下可然
旨建白有之よし不容易姦謀釀胎と兩人致痛歎り事矢張水因長之策略會
稽之耻を雪之意よて一橋大罪ニ落入り事不知實ニ
至尊之危殆恐入申り
△右之話有之處大隅壹人ハ御留ニ可相成と帶刀へ尹宮御密話故又大隅ゟ
も所存申上り自分一人よてハ何も御爲よハ不相成譯之宮御不承知の由

同十七日

○巳刻より一橋館へ參大隅一同

△過日參預御免如願相成候ニ付御大政參謀之義も御免願敷旨申上置候事

△大藏守護職之義何分

朝廷ニ而之都合惡敷　幕府ニても色々不工合有之候處兩人存知之通於大藏ハ正直之人故氣之毒存候間何等といたし度との話有之候

○介石參候

一橋ゟ長說得之義ニ付ヶ条書ヲ以會津迄尋有之故今朝罷出橋館ニて會津小室金吾ゟ左のヶ条ニ付論判之由

脫走三条始處置○暴激之輩處置

右兩条ハ何分嚴重相成度よし介石見込とハ違候段委曲申出候間此方ゟも論置尙一橋公注文ヶ条ニ當り介石所存認持參可致と申置候事

○大藏ゟ投書

△昨今廟堂之嫌疑甚敷相成幕官或家臣ゟ內々辭職可然旨忠告も有之其
外千々萬々之意味有之よし申參候
同十八日　國へ別便立候
○昨夜杢兵衛夜半ニ歸り四條橋を通り候處張紙有之見候得ハ高崎猪太郎
正月廿七日僞
震ママ、翰之下案書候ニ付令斬戮由之右ニ付張紙ハとり歸る張ゐまもなきやれ
りかわゐぬよし氣の毒千萬殘念の事之右ニ付齋右衛門薩へ遣し候
○齋右衛門歸候處虛說よて猪太郎ハ無事之よし市藏ゟ申出候趣扨〳〵愛
度令安悦候事
○越酒井十之進か◎丞參候
△昨日以直書被申越候通近日甚以
朝廷御不首尾守護職御免之御沙汰も可有之や　幕之方も薩のよゐれをな
め候抔と疑念甚敷川越家老ゟ內々爲知候故尙又

朝幕之御摸樣探索之處事件ハ不分候得共首尾ハ不宜萬一御免と相成而ハ
彌不都合故辭避願書今日差出候よし

△此度ハ

公武御爲努力之及丈ハ微忠相盡御合体挽回之義粉骨可致覺悟加之當春年頭ニ靭負十之進（マヽ）平岡へ參候時圓四郎より中納言殿ニも此度ハ久敷在京被盡微忠度含候處春岳ニハ久來之同志知己ニ付甚乍迷惑何卒守護職相勤とも〳〵万事相談處置有之度且黄門ニハ兵權無之右ハ是迄之忠誠と申大隅守ヲ賴ミ可申との懇談より御爲ニ相成あらと六ケ敷中ニて御請相成候や否昨今之仕合痛憤之至最早見込之微忠も不被盡候間せめて隣領敦賀港ハ　都下之裡門殊ニ福井城下ゟ十六里木石運輸も弁利ニ付幕ゟ御金被相下候ハヽ越藩盡力砲台築造御守衞も可致と申義御役御免願書之内へ認出尙同性（姓か）◎故川越へも賴置同人登　城之上閣老へ話候處何レゟ誰ら申候やとの尋問故家來へ同姓家來ゟ内話と申候處それて分

候薩風よつるき考舊領酒井右京之地面を押領之合と申候由彌越誠實之
意も不達切歯ニ付當殿下へハ委曲申上有之處尹宮陽明へ此方ゟ申上く
れ候様頼之
△此頃薩ゟ献炮之一条も大ニ幕人之激を來し候由且又湊河於楠廟
護良親王を始當時之忠臣英靈を祭らん爲社を建立する薩藩之心願於
幕其功を奪ひ不殘創建芋よてハゐてさせましき意有之故越ゟ辨解いた
し置候得とも迚も採用ハ有之ましくとの事之
○大久保市藏今朝之挨拶ニ參致用談
△一橋如願京攝守衛惣督ニ相成在京諸侯か◎侯　御暇被下候ハヽ兵權も無之
喬公講武所輩よりハ安心ハ難出來外ニ依頼之藩可有之兄弟よて水因備
之類と察候乍憚擁
主上天下ニ號令を発し
大樹公御歸營候ハヽ鎖港談判抔其身政府を遁れ且　禁闕ニ潛み安心故

水始之入説ニよて嚴敷關東へ懸合終ニ人心之歸し候樣密策不臣之謀計と
被察申候尤結末ハ外夷共關東へハ無頓着攝海へ來
帝都ニ出て應接可致と申募戰端相開き長因備へも及攻擊可申事ゟと存ル
右之勢ハ顯然ニ候處此儘傍觀可致哉今一般粉骨盡力可致や大隅へ相談
申遣候

同十九日江戸へ別便
○越老へ齋右衛門遣ス
此度退職願濟候とも直ニ歸國ハ爲ニ不宜と存候旨申遣し候
○介石參此間喬公へ尋之ヶ条處置心付書付出ス
○過る十六日國是之義御尋ニ付明朝姫路閣老へ左之通り出候心得
國是之義見込ルハヽ可申上樣御沙汰之趣奉畏候乍憚先達拜見被
仰付候
震翰之　叡慮御請之

台意卽國是と奉存候条別段心付無御坐此段奉申上候已上

三月廿日　　　　　伊達伊与守

同廿日

○市藏使ニ參候

介石心付之通處置相成爾後改心不臣之念不生候哉其處不安之由尤之事

此方も半信半疑故ゝ篤と（マヽ）談決可致と申置候

○當今最早時事不可濟之機退歩可然ら又ハ此處まて今一段盡死力周施（マヽ）可

致歟大隅始之見込承度と申置候

○甲◎（申か）刻山階宮へ出る

○下阪兩役ハ正三野宮よも不及迚も悔悟ハ不致と存候間凡庸人可然と御

見込の由

○與門主說得之義委曲介石見込申上候處至極可然との御話之

○一橋京攝惣督之願ハ政府外之身と相成度と◎（之か脫）外ニ深意可有之やと申

上候處宮ょてハ左程深く御熟慮無之由隨分さ様承候而ハ遠畧有之ゟも
不量と御答
○大隅より書狀到來過ル十七日及歎願置候政府參謀之義申上候處左之通
被仰出候よし
　當今不容易形勢ニ候得共是迄之通り時々致登　城心付之義ハ無服（マヽ）藏
　申上御相談も被遊度ニ付是迄之通御用部屋へ御通被成候様被遊度旨
　小子ニおゐても此形勢故何分ょも
　公武御爲御盡力被成候様致度候云々
○天朝ゟ御拜領之御猪口宮ゟ被下置候
同廿一日　大藏願書相下ル
○大隅へ昨夕之返事遣シ尚幾應も一橋へ御斷可申述心得と申遣ル
○御用ニ付有馬江戸表へ參ルよし
○申後近衛様出ル心得途中御退出遲く可相成故明日八後可出との事双松

方へ参致面語[マヽ]候

○橋公之所業實不可解と申合候

○一昨日内府様ニて大隅ニハ一生在京ニても可然なと御話のよし守護職之御内評ゟと被考候

同廿二日國九日立達ス

○八時陽明殿へ出る尹宮大隅落合

○尹宮前殿下へ一橋京坂守衛總督願望ハ何等譯可有之國是尊奉之筋相立候ハヽ

大樹公御歸營且當節諸大名御暇被下可然又惣督出來候ハヽ守護職も癈[マヽ]止ゟと相考候兵權も無之一橋ニて右の通ニてゟ安心之筋ニ無之水因備抔入説後ろ楯ニ相成候程難計夫ゟ三藩ニて長州ヲ追々上京之周施[マヽ]可致策畧も不可知又後見ヲ離候ハヽ横ニは鎖港抔も嚴敷催促して人心を收め乍恐奉擁

主上咽喉之要地ニより終ニ天下ニ号令する勢ひニ至ル程もあられす依而御熟考希ル段申上ル處愕然焦慮如何いゐし可然との御尋故兩人ゟ攝海新砲臺守衛惣督ニルハヽ後害有御坐ましくと申上候

○大藏之事も伺ル處何も不首尾ハ無之會と代り合　幕ゟ申付兼ル故云々主意ヲ付爲願ル事ゐと御話御坐ル兩人共守護職ニルハヽ御手厚ニて可然と申上ル處折角さ樣存ル處兩人ニ乖りてハ互ニ不平可相生との懸念も有之との事故越會なら其患ハ有之ましくと存ル旨申上ル

○大隅御暇期限大御閉口自分も願ル處終ニ不決

○山料宮へ大隅今日出ル時御話今日輿門御出ル處長説得御下向ハ御實家ニても御止め又不才迚も悔悟迄ニハ行屆不申

勅命ニても御斷との御話のよし介石ら見立ニて色々申ル事との由滿坐驚入申ル明日介石へ可相尋と申上置ル

同廿三日

○介石參ル彼ゟ昨日之御話いゐしル今朝興門ゟめし出ル處兼而長州悔悟御盡力も可被成御考之處此頃ハ迚も可致悔悟樣子無之御力ニ不及御察故御下向之義ハ御見合可被成よし御沙汰故相應御請申上置候右ハ何等近日長之樣子御見聞有之候故ら長ゟ强勢吹込ミ候ヨ可有之少々考もル故一兩日見合くれル樣尤介石ハ舊臘ゟ　尹宮一橋會又近日此方へも死ヲ誓テゐれ程迄ヨ申上ル見込ル故興門御下向無御坐とも以死力周施(マヽ)ハ可致と申居ル事

○午後銅駝へ出一橋へ
參謀之事尙御免願置候之

同廿四日

○介石參興門御周施(マヽ)御下向之義鷹樣御家來之方をも骨折候得共何分近日長州勢打て出可申もよふ抔御承知故御下向之義御進無之依而介石見込も有之ル故盡力悔悟の道開き申度尤本願寺昔年石山一条之時輝元ゟ十

万石の寄心（か）◎進も有之以來連綿往來懇意故昨年も昔之事申出此節之窮迫助力頼有之位の義ニ付御門主直書目代之義申立罷越可申心得其直書中よも御詫として宰相父子之内微勢ヲ以大阪迄參候ハ、其上門跡中人となり公武へ願上京出來候様可致決而多勢又暴卒之面々随從不致樣書のせ可遣筈ニ可致よし

○宮市詰遊撃兵二千計居候處此者共空敷守防するより打出可申宰相父子兩國ハとふなるとも搆不申と評決之由其事山口へ聞へ差留ニ付尙又一統山口へ押懸候處說得よて七分ハ承伏三分ハ不伏白鉢卷ときの聲揚て別れ三田尻の奇兵隊へ入候よし尤六卿復職と攘夷ハ如何とさかさはよ幕へせまり候含の由言語道斷の者共之

○双松兄へも右之事申遣ス

○陽明前殿下ゟ御返書被下候內大意

扨一橋惣督之一件昨日
朝廷之議論甚以六ヶ敷山階宮之説も有之矢張過日來之通今日可被
仰出ニ御治定相成候事守護職越會兩藩ニ御治定之事候委細之事ハ尹宮
ゟ御聞取と存候

○同廿五日

○有遠州ゟ返書大意

△此度京阪守衛惣督ハ一橋胸中ゟ出候事さら〳〵閣老之談よハ無之由

△遠江一身よて重大兩端難相勤御斷申上廿日御免跡ハ追而可被　仰付
と相成居候よし

○五半過出門橋邸へ參候處四時登
城ニ付於營中面晤可申趣ニ（脫◎付か）出仕候

△幕政參謀御免之義一昨日總裁（マヽ）へ頼候再願（マヽ）義尙申述候處直ニ入御聽候
得者何分此時合殊ニ攝海御備向見分之者も不歸今しばらく如是迄心

得候様被遊度との事一橋ニも何分只今之様ニ万事相談ニも御用談所
へ出候方御用部屋へ這入居候方弁理ニ付是迄の通りニなり度よし再
應之義ニ付先ッ畏候旨申置候
△禁裡守護惣督攝海防禦指揮之義御願望ニて被仰立候やと申候處いゑ
左様ニてハ無之閣老方被申立候様承候尤昨日御沙汰ニ相成候哉ニ薄
〳〵承候との事故そふてハなるまじく當早春も御後見御のおれ◎御のかれか
被成度故大阪海防ても御引受御願可被成哉との御話も伺候間矢張御
素願ニ可有御坐と申候得共一笑ニて實ハ内願いたし候との事之
公
武とも何分御因循故精力を盡し相勤候心得と被申候御守護惣督ニて
御兵權ハ如何と申候所是ハ追々關東方も參又守護職有之故私ニハ人
數ハいらぬとの事且攝海防禦指揮計ニて　御當地之事更ニ關係不被
致様ニてハ不相濟疑念説も直ニ起候様か◎故　兩方ニ願れよし眞實不可
知と存候

△水野へ逢ル
△一橋願望之深意ハ廿二日之處ニ認置ル邪推之様よハ無之哉と申ル處頗愕然なり實ニ承ルあハ甚氣遣との事歎息の至危き事ニ
△大藏願ハ泉州手許ニ握り有之由願出ルと申勢よ訖る事ハ承知無之与風願書差出驚入ル由尤其內ニ關白殿ゟよし願書出ルハヽ先々哉許無之様との內沙汰之由
△昨日守護職ハ兩人ニ相成ル様被仰出ル由其內大藏出勤奉職如何と存ル此方ゟもすゝめル様頼有之ニ

○尹宮へ出ル
△一昨日　朝議甚六敷且山料(ママ)宮ゟ彼方へ先日出ル時高崎佐太郎と話ルよも早く破もよきやら抔と此方申ル由ヲ御申出よて大隅兩人云々申ルも意內へどふり不計との事よて　尹宮陽明殿下も大ニ御驚き御當

惑のよしニ付其時之譯申上御分り相成候事今日一橋泉之對話も申上
少し御心も御落付のよし

△昨日ハ大樹公も宮中へ被爲召御親敷有栖川宮當殿下陽前殿下御相伴
七半頃ゟ御酒宴四時頃御賑々敷被爲在候　尹宮ハ御不參なから右之
御話有之候尾老一橋も御庭乍雨中手かさ履ニて罷出拜見拜領もいよ
し過刻一橋も話候故申出候廿九日もまた〳〵御參　內御茶屋ニて御
酒宴のよし恭悅之義右体御一和御親敷被爲成候得ハ我輩目的兼々盡
力粉骨可致と存候處ハ相貫候筋此上之御義ハ小舟ニ重荷望外之義迚
も考量盡力不行屆此上半年一年居候とも御爲ニハ不相成段申上置候
粗來月廿日頃出立と申上候處御不審も無之候

△久世へ參いろ〳〵時勢話する

同廿六日

○一橋へ介石此間橋公ゟ尋之處考御答書付出候故爲持上且早々被爲召候

様申上及御文通候昨日介石ゟ御城へ左の通り申越候
昨朝御上へ御内意奉言上置候別策却而上策よも勝る次第ニ相運ひ候
故是迄之言上筋之策之義ハ御手を被爲附候様の御示談外々様ゟ万一
被爲遊候とも此義ハ御絶念ニ被爲成候様奉希上候自然從來之初策再
發ニ相成候ハヽ後策共ニ相崩れ候事ニ可相成云々

○昨日尹宮御内話松下野長へ説得ニ參候由尤御暇被下候ハヽ歸國懸立よ
り候よし兼々皆々申候通りと一笑御話申上候事

○高崎伊勢參密談

△廿三日陽明前殿下ゟ御書中さゝる御方存外之義有之云々不分よし申候
得と夫ハ廿二日御談合よて攝海防禦惣督云々御坐候處其事を極密
尹宮ゟ橋へ御もらし大阪計よても宜哉と有之故兩地及懇願候由よて
後日何等變動ヲ生候時一橋、ニ今日悅を被入置候ハヽ御身爲よなるも
へと奉存候と令痛歎候全体去夏迄ハ討幕之御論も暴論有志へハ御話

有之處又々御説被轉候とて御怨申上居候よし

○介石參本願寺之方ハ都合出來候由尚一橋へ兩日之内御面談有之樣可申
通と申置候

同廿七日

○久世宰相被參致面談候事

○高崎兵部參り大隅傳言介石よてハ周施（マヽ）屆兼可申とハ存候得共差留候譯
合無之所存次第と申來候

○一橋へ一昨日之御沙汰有之ニ付甚以
幕吏大不平全く
大樹公之權ヲ奪候ニ當り言語道絶（マヽ）平岡黒川兩奸之所釀故切の刺の（◎と脱か）
申居候由

○當今之形勢實致方無之來月中頃迄ニハ一變動可有之故進退を可決と申
候之

○靭負参ルいよ〳〵如願濟ル様陽明家へ申上くれル様との事

○一橋總督ニ付一昨日ゟ市中抔嚴敷勢ひよ制ルよしもや跋扈の下地之

○申後陽明へ出る

○下野守御暇長悔悟説得いたし歸國の由阿州も願ル處是ハ先ツ被留ル下野ハ御留も難被成又御暇被下候ハヽ大隅ゟ一同御暇可被成下旨山階宮へ申上甚御困りれよし御話私も大隅守同意ニ願敷旨申上置ル

△大藏大輔願も濟ル様申上ル事

同廿八日大樹公二條家へ御出

○介石参今以一橋ゟ召も無之如此因循ょてハ策も難被行と奉存ル足下のはかるき内よ絶念不仕ル而ハ前後如何とも無致方様可相成と密話申ル故尤之義乍然是迄之辛苦良策され切ニ相成ル義自分も係合奸人圓四郎輩之爲よ如此至殘念ニ付今一應　尹宮へ申上御同方ゟ一橋へ早々介石へ逢ル様被仰遣ル處いたし見度　尹宮へ御目見申上候ハヽ尚宜敷其義

只今ゟ可希と申聞置ㇾ事

△右之趣申上候處矢張此方ゟ一橋へ懸合ㇾ方早く可有之とし　宮之方宜ㇾハヽ介石召連出ㇾ様との御事故同人へ申遣し九半時ゟ騎馬計ニて出候事申出ㇾ

午後尹宮へ参　殿大隅参り合居ㇾ

○一橋介石へ明朝逢ㇾ事

宮ゟ被仰遣度と奉希ㇾ御使者ニ添出ㇾ都合御承知被下候事介石も参殿申ㇾ之

○朝廷も此頃ハ悔悟説得之義専務と相成居ㇾ間なゐ〳〵征討之談ハ六ヶ敷よし御内話

○大隅ゟ御暇之義只今壹兩人ッヽも被下ㇾゟ

大樹公ニも長之處置もよふわゐり迄ゟ御滯京可被爲在故諸大名も夫迄ハ不動事ニ相成度よし

但大隅考ハ長之方　幕府にて一向頓着無之ハ薩長之爭相發候を待候
　事と存候よし夫ハ本文之説出候事ゐと察候
○右之義御因循に候ハヽ書付殘し暴發可仕と申上候よし
○大藏守護職ハ御免別に何そ職名附候ハヽ可然と申御話過日靭負ゟ御さ
　た候ハヽ滯京いたし可申と申上置候由
○大阪砲臺十四ヶ所土着にて十四藩へ被　命受持ニて築造守備ニ相成候
　ハヽ銘々死生に係候間丈夫ニ築立且成功も可速と論候〻
夕景長良參り候
○此間ゟ長良へ一橋憤發有之樣被進（ママ）度申置候處何分存候樣參兼候由且又
幕府御政務之義も少々係り見候處實ニ苟安因循迚も力ニ不及うか〳〵い
　たし居候ハヽ進退如何とも不可爲ニ至可申此度兩地一橋惣督にも被
命候義最早銘々周施ハ相止　幕へ爲任奉り早々主人〳〵ハ歸國跡尹宮
陽明殿（ママ）抔御方守衞之家來殘置可然何を事端開可申其時速ニそせのやり

可申其時之義ハ同意之兄ハ申談不致違背様有之度旨心緒縷々陳述素ゟ
同意ニ存候大藏ハ昨日談合濟候よし尙二日ニ双松方へ兩人參り話合候
筈ニ約候
○六時二條御城より鹽谷拾五郎御小納戸
上使御內々左之通被下御礼不及登　城候よし
八丈　三反
御交肴　一臺　大鯛十五 鮑十五 せいご七 さより三十九 海老四十一 野菜松ろ十籠 筆生賀二十把 午房五〆 白瓜二十七 茗荷竹十五〆
同廿九日　大樹公臨時參　內
○大隅方へ齊右衛門ヲ以て御暇之義申遣候處　尹宮へ昨夕申上候義ハ先ツ
今日御評議無御坐申上候由返答有之事
○未刻大藏邸へ參久々對話致長大息候
△靭負云今日川越方家老へ逢候處因備ゟ橋公へハ不從又尾老ヲ說キ一

派說立ル由

同晦日

○介石參ル昨朝村田庄左衛門（尹宮士薩人）同導か◎道參ル處御參内ニ付無據御斷今明日中御さたなるへきよし實ニ因循不決昨日　宮中よて何等御話合相分ルハヽ今日一公へ逢可分ル間明日　決着可致と約置ル

○午後銅駝城へ登　城昨日御內々以

上使拜領物いたしル御礼申述ル御用御取次跡部甲斐守之

○退出ゟ大藏邸へ參候一橋大隅落合候

△一橋ゟ攝海砲台之義御相談左之通り決ス

○十五ヶ所　但惣砲數八百門

右永久請持十五藩砲台大小ニ應各藩割合可申事　尤其家々よて築造請持費用ハ　官ゟ可相渡事

幕よて右割附ハ可被　仰付事

○右御入用　幕よりも半數位ハ可被差出候得共廿七日全國之力ヲ以てと

震翰ニ御坐候通故貧富ヲ不論高割差出候樣可被　仰付富有商人抔も可被　仰付歟是ハ未決

○夜分長良も參集一昨夜申談候義尙大隅とも及密談候處同意故大藏大輔出勤次第殿下之方へ御寄合御暇想◎体依（惣か）　召上京之者ハ追候樣申談置候

△大隅云昨朝兵部ヲ以一昨日申上候義ハ先々御發言無之廟議ハ勿論被遊御控度と申上させニ出候處其時山階宮へ御出故直ニ參殿拜謁申上候處御承知之由扨大御心痛出來候故御相談として御出ニ相成候譯ハ今朝下野守參御暇之義奉願候處未タ御聞屆も不被成下追々家來甚不穩義申張尹宮御始陽明殿抔御聞濟無之候ハヽらんがふ可致旨よて御取鎭め兼他よ

て一兩藩同意之者も有之間早々御願被成下度旨迫ゐ申上大御當惑之よし御話ニ付兵部ゟ夫ハ言語道斷之義手前方ゟ御守衛可申上候間御暇之義ハ御聞濟無御坐樣申上候處とふで居候ゐも御爲よも不相成旁御暇被下可然尤此事委細ニ大隅守へ申候ゐハ嚴敷事ニ可相至御暇よハ可相成との事乍切齒兵部も無致方歸り申出候由四人とも宮方御始之御驚動下野守ら不屆なる申樣實ニ絕言語致歎話候事又長州說得之事御尋候處是ハ國元へ歸り候上よてゆる〳〵可致よし何之事やら更ニ不分明
天朝幕府ヲ欺き親友をゐまし第一養父之所存も不承千歲不可雪之汚名を殘し不忠不孝不可言事

○良之助云下野守ゟ今日御暇被下候趣吹聽申越來月三日出立の由

○大藏願も近日濟可申趣正親町三條內話れよし之

元治元甲子四月朔日ゟ在京日録

第三號

四月朔日

○藤大學ゟ書通御暇今日被下候よし和泉守へ去秋大和浮浪輩取鎮方行届候趣ょて從四位上御推叙被成下候よし吹聽申來候

○介石參候間昨日一橋へ申述候處何分逢候義嫌候摸様迚も存念難被行候故最早一橋へハ絶念可致趣申聞候處介石も是迄之存込夫切も甚殘念ニ付今一度尹宮へ致周施(マヽ)くれ候様申出幸昨日一橋之都合齋右衛門ヲ以申上候心得故直ニ同人と同伴爲致候事

○會小室金吾參

○齋右衛門歸る介石一同ニ

尹宮へ御目見申上介石所存ハ一通り申上候由宮御壹方御承知ょても被成方無之ニ付二條殿下へ御書被遣候間持參可致との御事ニ付持參介石同伴申候處御神事ニ付十六日迄ハ坊主ハ差支へ候故齋右衛門計罷出候處　御目見被仰付粗介石ら所存ハ申上候處出家と申可然何ぞ明日御參

之上御話合可有之との御事尤一橋よてハ採用致まし〻と　尹宮へ被申
上候ニ付萬一
公武御一致之御處置ニ不相至候而ハ不可然と申上候處趣次第本願寺ゟ遣
し候事ニ至迄ても宜と被仰候よし
同二日
○山階宮明日八幡へ御遠乘御同伴御約束申上置候處治左衞門見聞よてハ
何ら此方よて為川らひ候樣申者有之由意外之義心中左樣の事ハ聊無之
候間矢張從行可致而とも存候得共見合候方可然との說多分故及御斷候
事尤明朝さしかゝ迄御斷申上候心得
○未後双松へ參長良落合候
△良云今日一橋ゟ以後ハ萬事
尹宮御さし圖通り可仕由右ニ付於
宮大ニ御安心度々參殿有之樣且諸大名御暇之義も宮よてハ御聞啓可

被成我輩願も貫達可申もよふニ候由尤殿下近衛様へも可及歎願御内
話之由先々をよふ宜敷三人ひと安心と申合候且大藏出きんの上願立
候而ハいつと申見込も無之素ゟ同意兄ニ付一日も早く願出し度仍而
來る五日於二條殿下邸〔マヽ〕へ兩宮近衛御兩公徳大寺御參集之〔脱上か〕相願可
申と決ス
○宮ゟ良へ萬々一
朝廷御危急候ハヽ迅速上京云々御沙汰ニ付勿論其覺悟ニ御坐候旨申上置
候よし
○二楷〔階か〕よて三人對酌實〱無伏藏心緒咄〔マヽ〕露極大快愉候雜談左ニ誌
○幕よて薩ハ天草ヲ望と申候よし良云候處右ハ譯有之圓四郎ゟ最前とお
よてものそめと申候時帶刀ゟ細島の話申候處それを天草と轉し長岡と
不和ヲ釀候策と申合候事
隅云實ハ舊領故細島邊ハ望之由良ハ天草邊望之よし預〔マヽ〕ハ大ズ松山望と

申止（マヽ）笑申候

隅云一夫婦人へ三度婚姻之盃事致候ハ私計ニて珍敷と申候故其度〳〵離合ニ可有之と申候處左様なら随分例も可有之全さまならハ妻ハ養家女ニて隅ゟ三ツ年長居隅十九才之處實父ハ在江戸養祖父ゟ婚姻爲整度と願候處前年痲疹いたし候故實父ゟとめ有之處秋溪山下國有之冬ニ至養祖父願候處至極可致故極々内々今夜祝義之盃事爲致可申との沙汰ニて隅ハもや寐居候を起し夜半過用意出來盃事いたし候由翌正月ゟ内婚の祝ひ改めいたし候ニ付又盃事も有之處其内有身ニ相成候故五月ゟ又表向盃事婚姻整候よし

○良昨夏熊本ニて家名同し唱之町人同町ニ有之兩家とも嫁をとり日も同夜ニ相成候處家名違ニて嫁を取違召（マヽ）越盃事も濟候時心付候而大閉口其夜双方熟談嫁之入代り有之如何ニも狼狽珍談故越中兄弟も承候との事三人大笑〳〵

同三日

○一昨日介石　宮へ出候を肥藩淺井新九郎詰合見受齋右衛門へ相尋候故荒々主意申述候處甚不安心に存候故役人へ申出候而も不苦哉と相尋候處齋右衛門ゟ新九郎へ話候分之義申出候ハ苦ケ◎(か)カ(マヽ)ルましくと申述候由歸り承候間肥藩にても家老奉行の外ハ知不申との介石ゟ兼々承候間先ツ役人へハ不申聞方可然口留め可申遣と申聞及文通候處今朝新九郎參りもや役人へハ相話候よし何分是迄肥後ゟ幕へ申上候國論と介石の見込とハ相違ニ付差留置候處又々御當家樣抔へ申立甚不宜尤御用可相成ハ說も◎(か)ハ被相用人ハ不相用樣との事齋右衛門迄申出候故致承知候其內介石之說計御用相成とも可施人無之何分其人ヲ用ひ其事も整候譯又國論と違不工合に候とも此坊主ゟ肥政府之事可知譯もなく所見違候とも不苦譯ニ可有之今日

幕府にて長之事ハ度外ニ被成置候處故それゟまた介石ても盡力致候方可

然と道のひらけ候丈ヲ心配致遣し候事天下之公論ヲ以申候時ハ如何可
有之や尚今夕良之助と落合候故可申談と申聞させ候處天下の公論ょて
差支ハ有御坐◎（間脱か）しく候得共肥藩人故肥ょて支候よし申置候之良之助
と申合候處同人一分之周施（マヽ）ょて
公武ょても御關係無之事ニ候ハヽ知てゑらぬふりに可致と申決候事
○介石參候間右之義申聞候處尚　尹宮へ參殿結末所置伺極度候故轉◎（添か）
書願出一封さし上候事
○藤大學松下野ゟ明日出立の吹聽申越候阿州も明日のよし
○此頃大佛先の酒屋かき屋へ雀五十三ヶ所家の內へすをいゐし候由珍敷
事候五六年も前よりれ事之
○今曉山階宮へ夜半ゟ疝痢ニ付八幡從騎御斷申上候處御氣支本ちんへ御
立寄可被爲在由鄕右衛門歸り申出候間尙亦當坐之義近邊ゟら御供可申
上位且宿寺場所柄目立乍恐世上離間入說甚敷候故旁御斷申上度旨申聞

出ス
△薩士早乘よて只今宮御出可被爲在旨申出候よし郷右衛門程なく歸り
再應御斷言上於御途中高崎伊勢へ申述候處早速申上御立よりの思召
よて御出懸られ候得とも再應の御斷故被相止候旨申聞候よし
○甲か◎申後尹宮へ出候處御風邪よて御逢ハ無之勘ヶ由ヲ以昨日朝廷御様
子伺候處山階宮前殿下も御不參故御評決よハ不相成尤　尹宮ゟ御發言
ハ有之居此末御衆評如何可相成や　宮ゟハ
朝廷ゟ御沙汰と申所ハ不可然と申出の由
○此方ゟ尙又介石も立派ニ御沙汰ヲ奉參候心得ハ毛頭無御坐拜謁願候も
七卿抔之ヶ条結末御處置
公武之思召と介石見込と違ひ居候而ハ説得之後前後如何とも致方ハ無御
坐候故此所ハとくと伺極度と申居候義申上置候事
△又宮ゟ此義ハ陽明家へも申上候様との御事故直ニ彼方へ罷出委細御直

ニ申上置候之

△兩三日前議　奏衆不殘へ致投書候主意ハ此度横濱鎖港之談判五ヶ年延期ニ相成可申よし右ハ一橋ゟ關白殿兩宮陽明家之君臣へ致遂物氣嫌ヲ取其かゝり延期之義承知相成尤山階宮陽明家ハ金子御返却之由候得とも一体尹宮陽明前殿下よて專ら矯

勅之御取計有之不宜候間早々御退相成度との主意のよし

△大學下野今日御暇參　内ゟ陽明へ出居一同よ緩々御話申上候事

天朝ゟ兩人御中啓と絹頂戴之由吹聽下野御暇處置甚不同意候得共一言も不及議論違約も有之處それも致沈默候事

△山階宮へ還御後御安否伺之使者陽明家ニ居候内出ス

同四日

○一橋ゟ攝海砲臺等之義御入費ハ

震（マヽ）翰之趣も被爲在候間斷然可被仰付ヤさそひよて爲上候方可然ヤ所存昨

日御尋大隅考も申上候様との事故相談申遣候此方見込ハ御費用筋之事ハ迅速被奉
勅諭候處ハ可笑乍然志次第勝手ニ
勅意も被爲在候故上納之者上候樣被仰出候ハヽ可然而と存候事ニ
△明日當殿下へ兩宮御始御參集相願候而三人申合候御暇之義可申立と約置候得共此度ハ私用故此方ゟ參殿之方當然と致再考双松長良へも申遣候事
△介石參候決着候ハヽ可申遣と約候事路料金も脇方にて出候者有之由此者ハ介石見込通り悔悟之道付候ハヽ追而御賞願立候由之
○野宮ゟ留守居呼出郷右衞門歸り候處三月詰交代期月ニ候得共いまだ代合之者御決着無之故暫持か◎待候様被申渡候事
○土州蒸氣船借用容堂へ兼約故武市八十衞へ齋右衞門ヲ以懸合爲致候事當月廿日頃迄ニ參候得ハ宜し趣ニより廿四五日にも可相至ヤ之由今夜

半急檄出候趣之

○午後登　城致候處一橋不參ニ付昨日垂問之答書一封認差出候斷然被仰付候ゟハ御さそひよて皆々ゟ上金之方可然尤築造取懸不申前よてハ疑念ニ存候者可有之と存候且又大隅守ハ別段考無之旨も申上候事

○奥祐組頭へ御在京中よても隱居家督ハ江戸表よて濟候ヤ尋候處さ樣と相答候故奥平も其通りと存候

同五日

○午後山階宮へ拜趨大藏大隅自分長良申合御暇願上候大意

△昨秋不存寄再度奉蒙
勅命上京仕候後恩波ニ浴し候而已よて何社御爲よも不相成重々恐入奉存候間精々微忠力之及丈拜か◎相盡候心得ニ御坐候處追々
公武御合体之御基本被爲立私共奉懇祈候御事誠以難有恭悅之至其上近頃
一橋總督被

仰付ル故御守衛向手厚可行届此頃ニ相至ル而ハ愚意之義最早悉申上奉何
も可仕様無御坐種々様々疑念ヨ被存ル計ヨて却而御爲ヨも不相成加之
國力疲弊甚敷事ハ申上ル迄も無御坐彼是近日申合仕ル處此所ヨてハ萬
般之義
幕府へ爲御任申上候而廿七日如
御宸(マ、)翰一同海陸非常之手當向覺悟仕ル義當然と奉存候間甚恐入候得共此
節御暇被成下度尤越薩肥共相應非常御守衛之爲家來人數ハ差置申ル私
義ハ兼々申上ル通り手餘り候海岸兵員不足之義ニ付不本意殘念奉存ル
得とも力ヨ不及候故人數ハ差出置不申ル尤一同御當地非常之變動ルハ
、早々上京仕可申と契約仕置候義御坐候何分御憐察奉願候旨申上候事
宮ゟ御答
至極御尤之御主意ニ承候間尙殿下始ゟ篤申合候樣致ゐく候吳々宜敷希
上候段再陳尙

勅命にて罷出候者ハ一同御暇被成下候方可然ヤと申合候事も申上候之
△來ル九日五時ゟ東寺へ稻荷祭爲御見物御出ニ付從騎之御約束申上候
△御次之上り段ゟ女中上り候處ヲ一寸見る
今日御暇願候ニ付申合左之通參殿
尹宮へ大隅　山階宮へ自分
殿下と陽明家へ長良
○酉刻國去月晦日立別便達候處前様去月廿日頃ゟ御不例ニ付看病相願歸國之義申越ル驚愕痛憂不可言明朝傳　奏月番へ願書出候事ニ決ス
○急下向願候ニ付土州船ハ間ヨ合申間敷ル故斷薩船駿河ヲ以帶刀へ借用爲申述候事
同六日　國去月廿四日立達ス
○看病願野宮へ出候ニ付五半時致出門候事
△對話之上願書差出ル處落手早々關白殿へ可相達明日御評議可相成參

内も可有之是ハ明後八日ニ可被　仰出歟との事
△介石之義致密話候事
○尹宮へ出る
看病願出候事申上候
△一橋ゟ此間御内話之ヶ条
○長處置ハ　幕ニて八決居候由如何之考ゟ御尋候得共漏泄のおそれ
有之とて不申上封書ニて申上候様候得共何ぞ其時分可申上とて默
候よし不可解之至之
○水藩ヲ用候よし水人ハ不宜と被仰候處其内ニて宜人物撰用候との
事又不可解候
○二條へ登　城
△看病願出候事申述候
△蒸氣船拜借願候處長岡へ談候様との事

○長岡へ參る芋落合候之
黒龍丸借用申置候事

同七日

○午後登　城
△和泉守へ謁近日御暇ニ付致御目見度旨願置且御書頂戴願置ル事
△大藏へ參今日同兄辞職如願被〻仰付且應援之義も被仰出ルよし
△黒竜丸拜借願出ス
△小松帯刀參大小銃の事話
△靱負十之進參ル大藏願濟吹聽且挨拶
△會津弘澤富次郎參
朝廷よて幕府へ御まかせルハヽ可然主意殿下御始へ申述ル様賴ル事
○野宮へ郷右衛門出候處明日御暇參　內巳刻と被　仰出ルよし

同八日

○昨夜野宮ゟ留守居呼出左之通書付被相渡請書出ス

宇和島侍従

長々滯京

御用勤仕苦勞

思付〻(マヽ)老父所勞之由旁賜御暇〻但猶人數殘置

禁闕非常之警衛有之〻樣

御沙汰〻事

四月

○巳刻過衣冠爲御暇參　内拜

龍顏天盃頂戴三ヶ月詰ニ付御用之御中啓三握晒五疋拜領如御手續首尾(能脱か)◎

相濟〻

○禁中ゟて野宮へ逢〻

一禁闕非常之御警衛人數殘〻樣との御沙汰なゟら迚◎(脱かも)御賴ミゟ相成一

方之守衛申上候程之人數を殘候義迚も不行屆昨年迄之　御親兵位之義ニ候ハヽ差置候樣可仕と申候所委細承知ニて御親兵位ニて可宜尤三ヶ月の方ハ近日松平兵部大輔出候ハヽ代合候樣可相成非常御守衛も無際限譯ニも無之今少々摸樣分り候迄と心得可申との事之

△昨年來格別御心痛御爲筋相成參豫も御警衛も相勤久々御苦勞之義ニ付何等被下置候半との

思召候得共火急今日之御間ニ合兼甚乍迷惑一兩日中亦々

御沙汰可有之候間參

内候樣との内意被申聞候

○内侍所遙拜願いたし候

野宮ゟ内話左之通

○一昨日御内話介石之事ハ一橋不同意之由ニて六ヶ敷是ハ伊与守へ可申と御申之由御前ニて昨日殿下へ被申候處聞候よし

○長良狀
大隅兄一同十一日頃御暇可被　仰出よし大藏も同様之
○八半過退出如例廻勤いゐし七半時歸る
同九日
○五時前出門東寺騎もよて參ル
山階宮御出輿正寺門跡御父子共御參會大藏大輔も出ル事
觀智院權僧正方御休ミ之
○伏見稻荷還幸拜見南大門內旅所之式も一覽
○觀光院へ御歸り楓水書屋よて開宴
○四時歸りル
同十日
○野宮中納言ゟ留守居呼出昨冬以來久々滯京　御用相勤
皇武御間ニ立交御一和盡力拔群用施旋◎周か苦勞被

思召ル趣ヨて左近衛權少將推叙被　仰付重々難有奉恐悚ル事

○巳後出門當殿下兩役德大寺尹宮陽明殿へ御禮御暇乞旁廻之末二條へ登城御休息ヨて拜謁御差之御刀被下尙心付ハ爾後申上ル樣御茶菓頂戴大藏良之助も同斷

△御用部屋ヨて尾老公剛公閣老へ面晤御礼申述尙御用御取次跡部伊賀守へ改而御礼申述退去

△陽明ヨて大藏大隅有馬良之助落合賑々敷御離盃申上ル事

△近日大膳大夫父子ゟ上京願且七卿歸京復職被仰付度趣申立ルよし

△此頃又々議　奏邊暴論ニ du り早々鎖港不相成ル而ハ人心居合不申趣申立ルよし尹宮御内話右ニ付明日御參内之上左之御議論可被成よし

幕府へ御委任なら都而自

朝廷御世話被成間敷又

王政復古之御決議ニ候ハヽ可被成御施爲　尹宮ハ御關係御斷のよし
○大隅云議　奏之議論手（此後）續ヲ申候事と山宮御話のよし
○良之助參　内にて長父子上京ハ未タ末藩家老奉
御沙汰不致登坂候故不可然脱走七卿ハ迚も御采用ハ難出來譯とも正三殿
へ申述候筈申合候事
○今日當殿下　尹宮陽明家ゟ御沙汰次第又々出候樣との御噂故不肖之身
分望外之御義恐懼奉り候此次ハ何卒當主御沙汰被成下度と申上置候
同十一日
○介石出候故今日良之助ゟ尙又一橋說得之筈ニ付樣子越藩にて承候樣申
付候
○巳刻後發京地首尾能出立ハ實不堪雀躍亦爾後
禁闕之御事變動之義考候而ハ一歩〳〵顧望いたし候樣之
宿伏見

同十二日
○大阪へ着阪（マヽ）
△九日京地よて願出候お節對面願附紙ヲ以看病願歸邑之事故見合候樣申來大不平且殘念難盡申候
△九八郎今日兵庫へ着供船揃兼候間明日ゟ明後日着阪と申爲知有之一日之事よて對面不相叶終身之遺憾故少々人數不揃よても明日何卒着阪候樣申遣候事
同十三日滯阪
○夜ニ入九八郎參七年振得對顏同慶存候
同十四日京別便達ス
○十三日閣老ゟ此方名代一類中呼出有之中川へ賴登　城候處此度少將推敘
朝命之通被仰付候よしと

○御礼ハ以名代申上候様申來候
同日口
宣傳　奏野宮ゟ被相渡候由
○十一日御暇參　内之時左之通被
仰付候よし

宰相　大藏大輔
中將　大隅守
少將　備前守
從四位上　細川越中守

同廿五日京都過ル十八日立大早足輕便達ス
幕府ゟ從四位上被仰付候よし申來御主意さの通
名
御國事格別盡力有之候ニ付從四位上　御推叙之義猶又

御所へ被仰脱◎り立ル處被仰立ル通被
宣下旨被　仰出ル間従四位上被　仰付之
但一類中名代登
城可致旨申来ル故御先手井上壽一郎相頼ル旨申越ル事
同廿九日高崎兵部より三机同廿五日立書状齋右衛門へ差越
大意
大隅守十八日京發足同廿一日發帆之處於播劦洋坐船平運丸器械少々相
損夫ゟ外船へ乗移り已ニ廿四日よハ佐賀關へ安着と考ルよし兵部ハ平
運丸よて廿四日三机港へ着之由風波少シ柔ルハヽ早速出帆の心得爾後
京師依然彌此末暴論蜂ヽ付御失体之國勢ニ可到殘念千万云々申越候
五月朔日發京便同九日達ス
○四月廿六日傳　奏飛鳥井殿ゟ留守居呼出雜掌ヲ以朔平御門固明石と代
合ニ付引渡ル様達有之同廿九日受取渡相濟ルよし

元治二乙丑

正月廿六日傳　奏野宮中納言殿ゟ留守居召出左之通達ス

長々御守衛差出云云ニ付御免被仰付ル由

慶應二丙寅九月七日上京
勅俞(マヽ)ヨリ手留

慶應二寅九月七日飛鳥井殿ゟ在京留守居岡田八郎兵衛へ左之如ク
勅書被相渡木原半兵衛早追ニ而同十二日夜照手奉盥誦候
　勅命寫
德川中納言言上之趣者有之諸藩衆議可被　聞食候間速ニ上京致し決議
之趣者中納言を以可有
奏聞旨被
仰出候事
　九月
　追而遠江守可被
召候處御用筋御都合者有之ニ付上京可有之候
九月十八日發京陽明内府公ゟ御投書被成下候
九月望日御同方へ上京延引之譯及呈書候處同廿三日立貴答書十月九日
夜達

十月　西園寺雪江上甲定一京地用向申合發程

十一月五日京中早達ス傳

奏飛鳥井ゟ兩度之

勅命書被相渡奉拜見い

再　勅命書寫

伊達伊豫守

去月被　召い處御請ニ有之い得共未上京之樣子も無之い精々早上京可

有之重ゐ

御沙汰候事

十月

同夜雪江歸來事情頗詳悉陽明兩殿自書持參

同十五日上京依所勞御猶豫脫◎り、願志賀賴母大坂用衆出立ス

十二月六日傳　奏野宮へ留守居ヲ以御猶豫願書差出い事

同十三日同卿ゟ左之通口達雜掌西池大膳小進
　所勞ニ付御猶豫願之趣無餘儀事故被
　聞召屆候猶此上精々致保養少々ニ而モ快方ニ向候ハヽ早々上京可有
　之候
同月六日ゟ
主上御疱瘡被爲在候處豈料十六日
崩御絕言語奉痛哭候事
同月九日被爲在
踐祚
同廿七日泉山へ後月輪陵ト稱
御葬式被爲濟候事
　但御葬禮御變革相成候事
崩御ニ付伺　天機使者差出候事

仲春十四日献香使者三殿ゟ差出無滯相濟ル
同十六日蒙
勅答ル野宮邸也
同日御謚号
孝明天皇ト御決定相成
同廿三日薩大隅守ゟ蒸艦三邦丸ニ而西郷吉之助ヲ以テ上京之義申越ル
同廿四日面謁
　大隅守口上大意
先帝奉蒙殊遇ル處舊臘豈料哉被爲在崩御
新帝御幼年加之宇内之形勢眞ニ切迫奉恐悚候御時体臣子之分坐視傍観
難申上候段ヵ◎故此度可致上京ニ付兼々約束之儀ニ付同様上京之義被相
頼ル趣之
答

委曲致承知御趣意御尤之儀御同意ニ存候尤當今救時之大策着眼ハ更ニ
無之候得共兼々御同盟之事故可致上京
但當時此方蒸艦ハ修復中故大隅上坂候ハヽ其艦致借用度申置候
京都二月十九日立別便相達候處板倉閣老ゟ封書來ル左之主意
先達而條約
勅許之節兵庫表開港ハ不相成旨被　仰出其後篤ト御熟考被爲在候處右者
兼而期限も有之今更條約御變更者不容易筋ニ而
皇國之御威信難相立候間開港
御許容之儀可被仰立
思召被遊御坐候ニ付而ハ見込之趣茂有之候ハヽ三月廿日迄以書面可申
上云々
二月晦日上京之儀以別便公武ヘ爲御屆爲申遣候
右便ニ而十九日板閣封書之請書爲差立候事尤不遠上京之上愚意可申上

〔付箋〕マヽ安政五戊午七月十一日之條約ニ午七月ゟ五十二ヶ月ノ後ゟ千八百六十三年元治子ノ春亦期限再延

趣之
右封書ハ尾紀薩兩肥因越土宇九家外ニ一軒有之由名不審
大阪ゟ內藏別便差越候處薩邸ゟ左之通申來候旨
　三月十九日付
大隅守來ル廿五日發駕海上難測候ヘトモ當月下旬ゟ來月二日頃迄ニ着
阪可相成段唯今蒸艦到着相達候云々
右ニ付容堂兄ヘモ爲申遣候此方ヘ薩艦廻り候ハ來月六日七日頃と考候
赴〔ママ〕申遣候
三月廿八日立大阪ゟ圖書迄內藏別便差越四月六日達
三月廿四日傳
奏衆ゟ被相渡書付寫且大樹公ゟ庫港之儀ニ付御奏聞寫共差越候事
四月六日第八時一歩薩蒸艦住吉港へ投錨
是艦上京爲迎來候三邦丸之

○内藏持參書面左之通

三月廿四日傳　奏衆ゟ被相渡候書付

今度開港之儀別紙之趣從大樹建言候然ル處一昨年十月三港

勅許之節於彼地ヲ被相止候御沙汰も有之不容易重大之儀ニ付猶早々上

京見込之趣無服〔マヽ〕臟言上可有之事

但所勞ニ而彼是隙取候ハヽ見込之趣以書取來四月中可有言上事

別紙二通

一昨丑十月中條約

勅許之節兵庫ヲ被相止候旨御沙汰之趣早速外國人江可申渡所左候而ハ

忽瓦解ニ及ひ折角平穩之

御趣意モ水泡ニ可相帰且一旦取結ヒ候條約相變候者只々信を萬國ニ失

候而已ニ而所詮可被行儀ニ無之其段深心配仕候得共一時切迫之情態御

諒察之上條約

勅許被爲在候儀倘又彼是申上候モ斟酌可仕筋ニ付先其儘御請申上置篤と熟考可仕奉存候折柄長防之事件差起り引續キ故大樹之大故ニ及ヒ遂ニ開港期限差迫り各國よりハ毎々申立候條件も有之就右猶再應熟慮勘弁相盡候處条約變更之儀强而施行仕候ハヽ必定義理曲直之論ニ及ヒ大ニ不都合相生詰り百萬生靈徒ニ塗炭ニ苦しミ

皇國之御浮沈よも相拘り候樣可成行者目前ニ有之右樣之形勢立至候故

◎上無據條約履行候而ハ實ニ御國體御威信共總而不相立於職掌最不相濟次第殊ニ堅艦利器彼所長お◎を取リ

皇國之富强ヲ謀候者今日之急務候間何れニも開港可仕ハ至當之儀も有之然るよ今更彼是申斷候者是迄苦心仕候富强之術ハ一時ニ盡果可申且條約之義者各國交際之基本よて永久不易之規則無之候者遂ニ强も弱ヲ凌き弱も强き◎よ被制候樣可相成西洋諸國大小强弱者御坐候得共全く信義ヲ重シ條約致遵奉候ニ付凌奪幷呑之患も無之夫々立國罷在候事よ

て條約之守否ハ國之存亡ニ相拘候義ニ御坐候得者旁以一旦取結候條約ハ是非遂行不申候而ハ難相叶奉存候就而ハ被爲於朝廷候而も右之事体篤と御勘考被爲在候樣仕度自然利害得失如何ニ被思召候儀モ御坐候者參內之上巨細言上可仕奉存候將又宇內形勢變遷之儀者追々申上候通ニ御坐候處古今之情態尚篤と考究仕候得者萬國森列土地風俗之異同者有之候得共均しく天地之化育ヲ受今日其生お[マヽ]遂其死ヲ完く致ニ於而ハ素よリ彼此之別無之既ニ民生同胞ニ候上者從而信義ヲ通候者天地之正理ニ候處

皇國環海之御國柄ヲ以而坤輿中東西要衝之地ニ當リ卽今海外諸州逐日相開萬里比隣自在奔走之砌獨舊轍ヲ墨守萬國普通之交接不致候而ハ自然之大勢ニ相戻り不容易禍害頓ニ可相生奉存候因而ハ形勢之變局方今之機會ニ候間四海兄弟一視同仁之古訓ニ御基被遊天下と共ニ御更始被

爲在ル樣仕度左ルハヽ是迄之陋習一洗數年次不出富强充實
皇國之御武威彌增皇張奉安
朝意ル樣盡力可仕奉存ル此段
奏聞仕ル以上
　三月五日　　　　　　慶　喜

兵庫開港條約履行之儀ニ付過日見込之趣建言仕ル處右ハ重大之事件被
對
先朝候ゟモ難被及
御沙汰筋ニ付尙早々諸藩見込次第被
聞食ル間篤と再考可仕旨
御沙汰之趣奉畏ル慶喜儀年來
闕下ニ罷在

先朝以來御趣意之程親敷相伺居殊ニ一昨年之
御沙汰も御坐候上ハ開港等輙候か◎く建言可仕筋ニ無之候所
皇國之御爲利害得失勘考相盡候得者何れよりも過日建言仕候通之儀無御
坐候而ハ永久
御國體難相立輕重大小再三斟酌仕申上候次第よて此上外ニ勘弁可仕樣
無御坐候且一旦取結候條約變更之儀ハ所詮難相叶事勢ニ御坐候間各國
より申立候儀有之候節ハ過日建言之趣意於以夫々申達置候事ニ御坐候
尤打續國事多端之折柄者乍申重大之事件ニ付聊茂不打捨何とか取計不
申候而ハ不相濟儀ニ御坐候處是迄遷延仕居今更彼是申上候段對
朝廷深く恐縮之至奉存候就而者前件之次第國家御安危之界ニ付幾重ニ
も一身ニ引受猶御斷可申上奉存候
右之情實篤と　御承知被爲在尚又一應被盡
朝議候樣仕度此段御尋ニ付重而

奏聞仕候以上

三月二十二日　慶喜

四月十日夕第五時過乗三邦丸第六時三分出艦

同十二日晴

四時前川口へ着船八時前屋敷致着坐候事

同十三日七時

英通弁官薩通參會候

但臨時廻幕吏ゟ爲知越候事

同十五日四時京へ着ス

○薩大久保市藏使ニ參

○兵庫之事會議之上可申立ト申來ル

○此度内々開港内々速ニ相成譯ハ當節薩越土宇上京ニ付其末ニ而云々相

成ルカハ幕權之薄きよ似ゑりと申意味合よて急ニ相決候由例之幕習可
歎
○五卿之儀モ色々間違ル處終ニ隨從者脱藩人ニ無之ルハヽ不苦所ニ相成
ル由仍カ土士兩三人宰府ニカ暇出ル由
○柳原へ原市此間參大阪ニテ異國人へ大樹公被致謁見候處此度ハ君臣之
禮ニカ御取扱是迄ゟハ一層御國威相立云々申ル由欺僞之甚敷サトウ之
談話とハ霄壤實ニ
朝家を愚弄するれ甚敷絶言語候之

同十六日
天朝ハ諒闇中ニ付致參
内ルカモ拜
龍顏ハ無之伺
天機ル迄ニ付傳　奏宅へ罷越伺

天機准皇◎后か御方御機嫌をも相伺ルᄘ可相濟と薩ニᄘ取調野宮問合ル處其通ニᄘ可然との返答故十八日參ル由於此方同樣可致尤致對面旨モ申遣ル所承知ニᄘ十九日可參旨返答有之ル

○松大藏大輔今夕着ス

同十七日

○小松帶刀參會

此間市藏話ニ似ゑり當節ハ早く片付歸度旨申候處半途ニᄘ御歸ルハヽ直ニ泡沫と可相成ニ付屹脱◎かと御すもꝏ付ル迄ハ被爲入度兵港開ニ相成ルとも臨其期亦沸湧モ難量ル故仲冬迄ニか◎ハ御滯留と被爲極度云々申故迚モ金力疲勞難堪夏九十日丈如何と申處其儀ハ如何樣とも幕ゟ可被成程ニ無之ᄘハ不相濟と申候故此儀ハ追ᄘ可議と答ル

○今日傳　奏野宮依願御役被免ル昨日願出れよし

△久世六條廣橋モ願出候趣承居候處久世ゟ仍願御役被免ル旨爲知有之ル

故六廣モ御免と存ル
同十八日
○天機且准皇（ママ）御方伺御機嫌旁飛鳥井へ相勤ル末殿下兩役近衛家稲葉老中
諸司代へ廻る
○昨日野宮始退役之意味之大略
此度英人越之敦賀（ミニストル）へ亦東海道を（サトー之）罷越ル儀ニ土備前脱藩人聞
付右ハ從幕一應可被相伺筋ニル處無其儀如何ニも
朝廷ヲ輕蔑せる次第畢竟ち（ママ）ハ野宮始四人之卿よて幕意を奉シ隨從故右
樣之不屆よてハ我々申合候儀モ有之其儘在勤ニ候ハヽ如何不慮之儀可
相發も難量旨鷲尾其他之平公家之内へ申立ルニ付右輩陽明家一條家抔
へ相迫激論申張候故陽明家御始鷲尾抔被召連殿下へ御參集議徹夜終ニ
四卿願書ヲ出シ直ニ被差免ル由
但殿下ニ而右四卿ハ御心懸之儀も有之處此度大藏始上京之末何等申

立ル時ハ御不都合故此頃ニ何トナク御役可被免御合之處故幸之マヽ直ニ
御免相成マヽ由是甚以不宜脱藩人等申立ニ付ヨキ機會ト御考之處下ニ而
ハ全如申立相成候樣可存假令此頃可被差免公卿タリトモ右樣申立ル
ハヽ暫御見合無之而ハ不濟處殘念ハ
朝威失却之至ル

○越中根靭負參對話

△昨夕永井主水正越邸へ來り早々登　營之儀申遣ル故暮頃登　營有之
時野宮始被差免ル處是迄バクニ而依賴之人々大當惑ニ而處置雷閣ゟ
尋ル得共昨日着ニ而東西モ不辨何之考も無之由尤雷閣モ殿下へ參候
ニ付同伴賴ル所右之次第ニ而斷候由御目見モ申上候由

△今日大樹公九時ゟ殿下へ御出之由

△江戸之方モ何分京地ゟ之命令不奉十日ゟ廿日迄
大樹公御下向候ハヽ一新可致ト云

△會藩秋月悌次郎昨日參薩之義惡口致シ決ゟ彼藩抔へ組合不可申ト議論致ㇾ故程能申置ㇾ趣尤近來絕ゟ會人不來悌次郎ハ從來懇意來候事ニ考候由

△敦賀迄之英人休泊ハ彼ゟ差出ㇾ處遠近不都合も有之由申聞候處矢張如申立ニゟ宜シク申候由ミニストル妻モ馬上よて參候由

同十九日

○隅州參り逢ㇾ

○勸か◎觀智參致緩話候

△仁和寺信姬珍談スル門前町之娘モ

○柳原今朝御役被免ㇾ由驚愕之至ㇾ

○內府公賜御書

同廿日

○泉湧寺拜礼願昨夕相濟ㇾ故五半過供よて出門大藏落合同伴　山陵

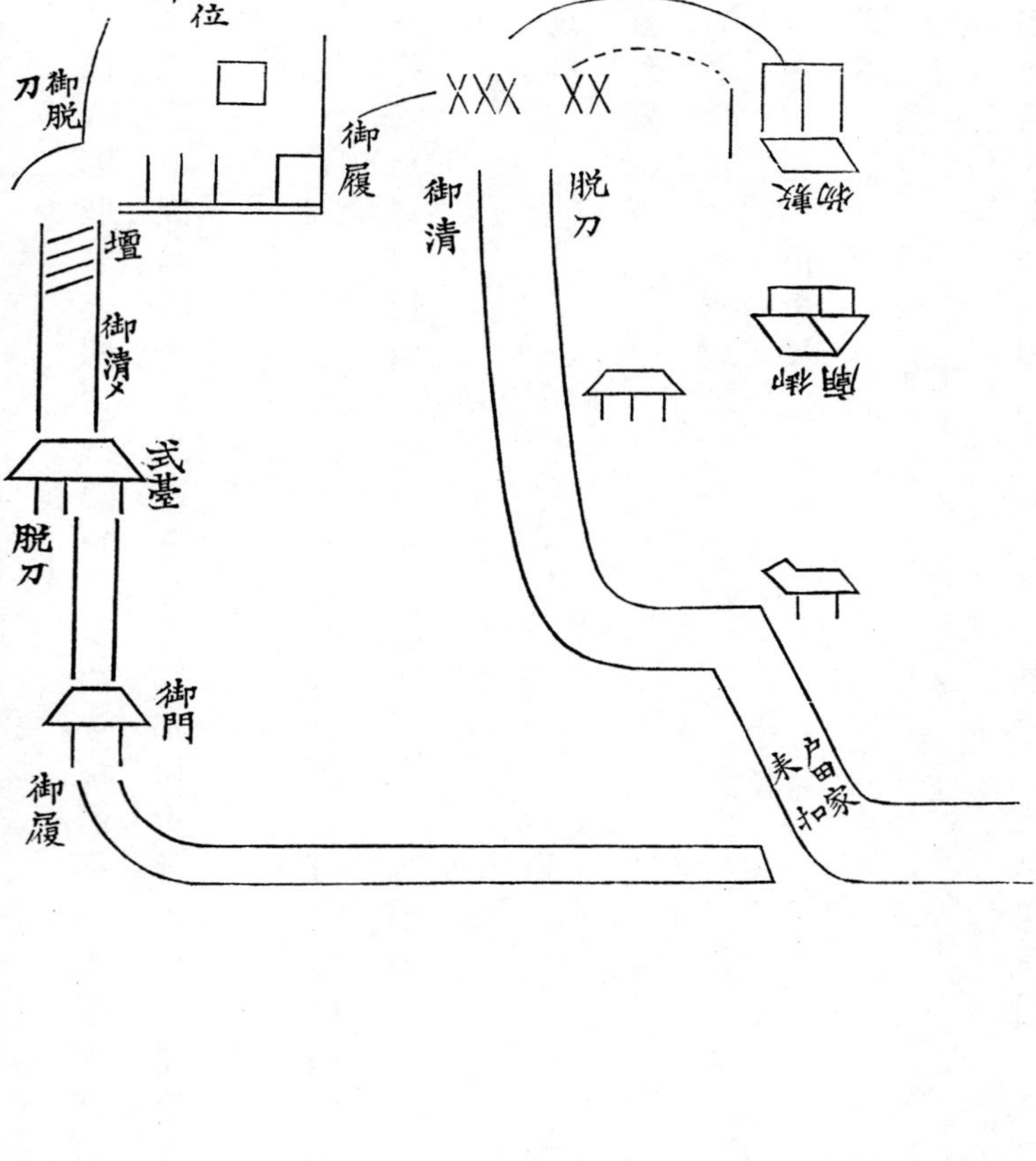
御位牌
御脱刀
御履
壇
御清メ
武臺
脱刀
御門
御履
御清
脱刀
戸田家来
扣

御位碑（か◎牌）殿無滯拜礼相濟ル國ゟ持參ノ唐久年毋御陵へ相供候事

○板閣ゟ公用人奉札留守居迄差越無差支候ハヽ昼後可致登　營旨申來ル
ニ付　山陵拜ニ付少々及延引ル旨八左衞門帰シ申答置候事

△小笠原壹岐守大坂ゟ昨夜參着今日登　營乍然不逢大仕合ル

○御旅館へ登　營謁板閣伺御機嫌候處後刻　御目見被仰付ル旨演達

○橋公之時之如ク御親敷色々御話有之兵庫長州御處置等申合無服（マヽ）藏申出
ル様其他心付之儀モ可申述被　仰聞板閣モ申候事

御盃御酌等被下大醉ニナル

　御菓子

　右頂戴御礼大目付へ申述候事

　外ニ

　寫眞　御像　一枚

　御猪口　二ツ

同廿一日

○板閣へ昨夕之爲御礼留守居差出候事

○午後双松邸へ春岳ト參會

○攝政殿へ十八日大樹公ゟ御退職可被成御願ト被迫其御調ニ而廿五日御神事濟被差出候御含全体御辞表被差出候ハヽ跡之御人物御内決可被成先例此度ハ御五攝家ハ皆國事懸被免候故跡御人物ハ無之定而御歎願有之候とも御聞届ハ無之歟と申合候

○議　奏モ阿野始御沙汰有之處多分御斷ニ而日野計畏候由正三之義モ殿下ゟ幕へ御相談候處不可然ト之返答之由

○如今日　朝廷御役々不相備候而ハ庫港等之儀更ニ可申立先方も無之第一不相濟儀ニ付先々諸卿撰人ヲ心付申出候儀肝要ト申談候事正三徳大寺等之類

○都築壮藏昨夜大坂ゟ英公使モ賀州領海津ニ而差留不通故引返シ大不平

之由是ハ幕ゟ賀へ云々達落と考ル

同廿二日

○柳原ゟ今日帰役之爲知有之

深恐懼奉畏ルニ付御辞退申上ル處段々無據御次第も被爲在不得止

事御請被申上云々

同廿三日

○經丸今朝出立

○暢適兄書通ニ而

英人加領ゟ返ル儀全ク虚説十八日彌敦賀へ着十九日一日逗留金ヶ崎

邊測量廿日敦賀出立之趣若州家來小幡左衛門致應對昨日着京越人へ

吐露の由

○柳原家へ定一遣委曲此度帰職其外十八日前後之儀密話有之候尤別ニ密

記アリ

同廿四日

○越前邸へ參

△大樹公十八日於攝政家御失礼之義有之ニ付一應御挨拶有之度儀申談置候事

同廿五日

○興門御父子來臨

○結城筑後守來胸算七ヶ條書付爲見候事

同廿六日

○大隅方へ以自書左之事件申遣ル

○堂上方撰人議奏不出來內ニ被申出度

○兵庫之事容堂着之上可決ル得共豫メ互ニ申談置度隅州ハ勿論小松始內外之事情洞察熟知故救時之大策要領を敎示有之度事

右返答
○朝廷御撰人之儀ハ容堂着後邸論相決兵ヿ之事ハ御撰人有之候後ト存
候旨申越候
同廿七日大阪報
○土州兵之助過ル廿四日出船廿五日夜着阪
○容堂兄廿八日乗船之筈ニ爲知越候赴(マヽ)之
○柳原ト兩敬今日ゟ使者取交相濟候事
同廿八日
○爲伺
天機參　内ニ付陽明家へ出候
内府公暫時拜謁九半過兩傳　奏雜掌爲案内逢候相應返答申候
○八時前參
内松大藏大輔一同之於鶴間謁傳奏奉伺

天機准皇ヽ御方御機嫌モ奉伺候旨申述自分挨拶相應申ル

右

日野大納言　葉室中納言議奏自分挨拶

柳原大納言

勅答ニ付前席ニ而謁傳

奏

口述

遠路之處依

召上京　御滿足

思召可被爲在

御對面之處依御用不被爲在候事

但御席向御汚ニ付御清メ迄御差支之由

○私ニ面會

柳原　中院　五條

○退出懸亦陽明家へ出緩々拜謁大奥へ出候也

△明後晦日親王御方始總參

内之由御内話

△於　禁中春岳密話

朝廷へ伺中諸侯へ尋中兵庫開港被差免以之外之儀大不平之次第過日於彼

邸及談話置候處雷閣へ直ニ對話被尋候處新聞紙ニ出候而も不苦赴(ママ)ハ雷

答候由不吉

朝廷諸侯へ不議被差免候處ハ甚以困り入如何可致哉と當惑之よし笑止千

萬不策之至ト存候右ニ付尙亦追而可談ト申置候由

○今日尙雪江を以永井等へ大隅御取扱之儀モ申遣候よし

○十之進薩へ遣下手之次第被尋旨

同兄へ戸田大和密話

△此度之山陵御入費町奉行方積りハ十三万両程之處大和守よて致指揮八千両程よて出來ル

御火葬之式計之構御密行等被相廢候計ニ而モ六七千両減却之由

御發表ゟ今日迄四万両程出出ヤ、候由

○幕モ大御不手操か◎繰江戸よりモ廻金無之由

○麥人へ相渡ル俵物フチ方共近來金ニ而渡り米百俵ニ付八十両位渡ル由世上相場ナラハ百俵四百両近シ困窮怨望いゑし候趣

○過ル十七日野宮始被免ル儀滋野井始をサッゟ腰押致候欤と疑雷閣ゟ戸大和守へ見聞頼ル二付直ニ野宮へ參最初ゟノ都合聞繕ル處サッ之不係儀明白雷へ反命ルよし疑念之甚敷事と致歎息ル

同廿九日

○山内兵之助參着

○内藏要事ニ付下阪

○雪江要事ニ付柳原へ遣明日參　内之儀爲聞候處關白殿ニ而
先帝崩御之砌此後之處ハ宜敷被
賴思召ル旨被蒙
御沙汰ル處此間兩役進退樹公突入等甚以殿下御不行屆被對
先帝深恐入候所亦
今上ニ而被爲止候處强而願も奉恐入宮御始公論ヲ以被決ル故との事
△六條肥後土州久世佐賀
如右兩家近親ゟ歸役之義麥へセマリ候ニ付麥ゟ殿下へ願立相成ル處筋
違故柳原ハ難被聞屆筋と考ル處如何存ルやと相談申越候事不可解之至
候
同晦日
△山内兵之助昨日着使者遣ス
△容堂昨夕着阪の由

先年トハ如別人相成候

△坪井信良來ル
佛人御應接六府之話終ニ御感服差向陸軍調御賴ニ付御直筆を申請於横港段々武鑑等ニ而人數積致閣老抔未タ右之儀不知處御直筆を示シ無一言尤當時麥丈之御人數よてハ大不足ニ付早便よて伺越極々差向丈ニ而減少之懸合有之由

△樹公英明在側之人才無之故一二層モ公ゟ才德マサリ候人物を御撰擢御信任無之而ハ事業難被進云々説得申述候由其日尙又明日拜謁心事可申上と申候處京都ニ御用有之處ヲ無理〳〵御下阪ニ付遲延してハ不都合之由被仰述候處大ニ立服（マヽ）日本之大事可申上与奉存候處京都御用云々亦イツカ御面對可整御爲を申上候儀一日位延候とも不苦筋ト六ヶ敷申立候ニ付ソレナラ又都合シテ明日逢可申ト（◎脱字あらん）益不平夫カ甚不宜是迄モ閣老應接も右樣之儀度々よて少々憤懣之氣ヲ帶申候時ハ最初デキス（◎か）ヌ事モ亦御承知ニ相成申候此度モ實ニ京都難去御用ニ候ハヽ如何体

私ゟ申立候とも御承知之無御坐候譯ニ而直ニ明日御逢可被下趣マヽよてハ最前之御口上ハ難信各國ト交ルモ信義之二字計ニ御坐ル右様よてハ京都之御用ゟ重キ歟私申上ル儀ゟ重キカ輕重モ不相分抔説破樹公頗閉口被成ル由

○中根雪江參

△六條久世抔三藩ゟ麥へ迫り申立候一條實否探索頼置候

△十八日攝政家へ

大樹公御參失敬云々柳原ゟ相談一條愚考大藏へ此間談ル所何分麥へ爲響ル儀不都合之由返答故然ハ左之通可取計無別慮ルハ、不及返答旨申置ル

柳原ゟ原市抔被呼十八日殿下モ不行屆故御辞表可被差出旨御話之處ソレハ御尤早々御差出可然旨樹公御答之由然處奏聞相成御聞屆モ不被爲在今日於

朝御衆議モ御請被成候樣ト御決着ニ可相成就ヲ最前樹公御辭表被差出可
然旨スヽメラレ候義甚不都合且御失敬ニ付一應右之御謝詞ハ被仰述候
方可然御考之趣御心添御坐候方宜しくと相考申候大藏自分抔ゟ心添ニ
及ヒ候時ハ事實可知筈モ無之誰ゟ致傳承候等不審之時ハ傳來不申シテ
ハ濟ましく色々差支候故如本間相成尤余程機會モ延引且言葉トカメ被
成候樣よても不宜候間御辭表丈ニ而謝詞ト相成方可然欤存候明朝返答
申遣候
△六條久世云々モ柳原如考無御採用可然ト申遣候心得モ申置候
○稻閣ゟ明日九過ゟ參　營可致旨申來候事
五月朔日
○大樹公へ國産兩種致内献候ニ付稻閣へ相頼出ス
○登　營之儀双松モ所勞ニ而御斷申上候由ニ付大藏申合今日ハ頭痛ト申
御斷致候

サツへハ帶刀へ原市ゟ御用談ニ近日容堂相揃候末可被仰談明日久し
く御逢モ無之故緩々御對面之思召ニ付是非致登　營ル樣申來ル處重
々難有奉存候得共御用談相濟候後罷出度云々及返答候よし

○中根雪江へ六條久世を麥へ三藩ゟ歸職願候事探索賴置候處內々左之通
申越

今朝肥後藩へ探索人差遣候處彼藩ニ而六條卿之議論ハ公正人物之確
實を稱揚頻ニ復職を希望之赴（マヽ）ニ申居ル樣子分分（マヽ）麥へモ申立候ニ無相
違と被察候由白地ニハ承兼ルニ付麥へ申立候儀舌頭ニハ顯兼候故外
ニ肥藩中服〔腹か〕心之一人有之ニ付此方へ申談猶實證突留申通呉候樣
賴置候間相分次第可奉言上赴（マヽ）候

○內府樣ゟ尊答書被下殿下御辭表一條昨日
朝廷之御樣子且撰卿之事御話合ニ付明後櫻木へ出候樣被仰下候事

○容堂今日着之由

同二日

○容堂方へ雪江遣ス鼻兄同伴今夕可參哉尋遣候處七時ゟ參ル樣返答越へ
モ通ス

○七時騎馬計ニ而容堂邸へ參春岳集會四年振知己寄合大愉快存ル

△容堂ゟ當仲春家老へ示候書面之儀尋候處右土州方大所欲之者僞作ニ而
今入牢の由

同三日

○櫻木御殿へ出る内府公御出大藏モ參殿

△兩公ゟ當時モ堂上方ニ而少々ニ而◎(脫かモ)麥之贔負らしく被申候得共直ニ
麥習〳〵と相唱無理よも麥をおまらせる仕方スレハ正議と唱候風よて
甚不面白ト御歎話之

△中山中御門伏原等役付ルハヽ久我素堂公可被出左候ハヽ亦一騷動相起
シ可申御掛念の由と篤相含可申合ト之御事

同四日

○於越邸隅容四隱參會談决左之通

△公卿撰人方今乍憚

幼帝ニ被爲在候且不容易御時体早々議

　奏衆被

命度御儀ト奉存ル來ル六日殿下へ一同罷出可申立事各心付之人体御尋ル

　ハヽ左之衆可申述ト議

　四十七正親町三條大納言　　二十九德大寺大納言

　三十八醍醐大納言

○近日登　營御沙汰候ハヽ

　庫港是迄之御都合委曲相伺可申事

同五日

○昨日諸司代ゟ左之通到來

端午御祝儀午刻可有參　內旨傳・奏衆被　申聞候此段相達候
五月四日
○右之通候得共所勞申立不參傳奏衆迄以使者申上候事
同六日
○午後銅駄殿へ四人出候
△殿下へ當方か◎今御處置伺候處御見留モ無之候得共差向兵庫之儀ハ是迄
皆々モ如承知一昨年三港
勅許兵庫ハ被止候處追々幕府ゟ無據次第言上有之候得共
山陵未乾今日被差免候而ハ御不孝ニモ相成且甚御安堵不容易儀ニ付右各◎
か所存御尋相成候事故重々頼被思召候間當然之考可申上旨云々被仰述
候處其儀ハ未タ申合不相決追而可奉申上第一
朝廷如只今議　奏モ御人數（マヽ）ニ付早々被
仰付度旨申上候事

御答右ハ先日ゟ度々被　仰付候得共皆々御コトワリ申出候由ニ而御當
惑云々城[マヽ]申上候兎角乍憚
朝議ニ而是非此卿ト御見込被　仰付候様無御坐而ハ御實意不被爲在候故
其卿モ感銘憤起被致兼可申亦此御時合故一着眼御坐候卿ハスラ〳〵ト
ハ被出間敷御信任御誠意候ハヽ必有志人ハ可被出危殆之時トテ身カマ
ヱ被致候卿ハ御依頼ニハ相成間敷ト申上候處如例至極御尤の御挨拶御
應答中何分見込之卿ヲ御尋モ無之四人いろ〳〵トシテヨウ〳〵御考之
種ニモト申上候事尤無御因循御評決且御發表前相伺度旨申上候
△御役卿御備リ迄ニ幕府是迄之順序伺候上兵庫之事一同談判可仕与申上
置候

四人申合候卿

正親町三條　　徳大寺中納言

万里小路

〆
中山ハ國事關係被　仰付度
大隅ゟ
中御門　大原
右兩人御採用ハ有之間敷ハ得共心付候故申上候旨
○前々書落ス關白公ゟ當時
幼帝殊ニ不容易時節ニ付四人共重々御依賴之旨被仰聞候事
内府公御書可認入事
密書披見ハ先以御安康珍重抑過日も於櫻木御面談申大悅ハ扨又御集
會後昨烏も御一同攝政亭に御參入被申述ハ云々巨細示給大ニ心得ニ
相成深々喜悅ハ
正三　德黃　万
右之三人至極〳〵ト安心〳〵ハ猶攝政ゟ相談之節精々周施(マヽ)ト存候扨

〔付箋〕此御書原書ニハ記載無之

又隅州見込之内ニ者中御　大原
右有之由右モ兼而左も可有之歟ト深懸念心配之事ニ御座候猶乍此上
心配之邊モ御含置希入候呉々中御　大原者正邪兩端可恐事ニ候兎角
薩之所心配者ニ候宜々御含置願入ハ扱又鷹印内之事者土薩如何哉一
昨鳥越幷其朝臣ゟ御發言御坐候哉如何ト存候御序ニ承度呉々正三德
万三人至極〳〵全越其朝臣御含故ト安心〳〵ハ先者御報迄不取敢申
入ハ猶前殿下江も早々可申入存候猶其内委敷御様(マヽ)可申入先不取敢如
斯候也

五月七日　　　　　　　　　　　　忠房

追申御集會之模様委細ニ承度候間其朝臣御一人近日御出被下候様
尙跡ゟ今一應可申入存候也

伊達伊豫先生　極密々答　机下

同七日

○吉井幸助大島吉之助來ル
逢ル處昨日四人より殿下心付申上置御領掌ハ宜候得共尙今日爲念以使者拜謁相願昨日之主意今一應申上置度相談ニ付此方無別慮西園寺可出ト申置候持參書付左之通

傳奏
萬里小路殿
烏丸殿

議奏
正親町三條殿
中山殿
德大寺殿
中御門殿
大原殿

○定一返事爲持昨之都合柳原へ申遣候事委細承知ニ相成候但左之事件相
談之
伏原卿へ浪士共〔今上御學問之師〕ゟ左之主意ニ而封書差出候處直ニ所勞引相成候由
主上モ此頃ハ御服常〔マヽ〕被爲成候ニ付久敷御癈〔マヽ〕學モ如何ニ付出勤有之候ハヽ
可然所如何相成可然ヤ
浪士主意
是迄以學問御勤仕有之處
先帝ヲ正議ニ可奉訓導處不行屆野六廣久等ニ組シ世上六奸と唱候得共無
悔悟此儘勤仕候ハヽ如何樣之災害到來も難測候間早々退役可然云々之
由人物可承合事
○雪江歸候處御齒痛ニ付攝政殿下も明朝罷出候樣仍而一條九條兩殿へ一
同罷出御盡力之義申上置候由陽明家へハ吉之助出候趣之
同八日

○板閣ゟ留守居へ四人申合無故障同次ニ可致登　營旨申聞られ候之
○雪江歸る拜謁
殿下市藏ゟ申上置ル由登　營之事ハ御撰人見通シ付ル上ニ而出度赴（マヽ）双
松ゟ申談ル由其通り可然候之
○越土ゟ使者ニ而登　營之儀相談有之ル故猶薩へ打合決度申置ル事
同九日
○柳原家へ雪江出ス
△昨日ハ尹宮兩前殿下御不參故不決議之由
幕ゟハ四卿再勤を促迫且種々策略モ有之ル而過日四人ゟ及建白人々ハ
故障ヲ付ル摸樣柳原モ最前之四卿之面々ハ其儘自分計歸職相成四卿モ
不快ニ可存其上前文之通幕ゟハ申立有之四藩申立ヲ周旋候得共御取極
無之
朝廷御摸樣見留モ無之旁今日退職願出候由雪江ゟ色々留候得共無聞入由

△右様よてハ迚モ急々御決着ニハ相成間敷且幕ト攝家談合よてハ存意モ
貫達ハ不致レ故昨日大隅如所存先々登　營ハ無益ニ可有之且何等ト貫
達之筋考量相成度旨以雪江申遣ス
○吉井幸助來
銅駄殿へ四人推參過日之催促申上其末薩ニ而登　營之節之儀可申談事
○伊藤友四郎　村山下總
結城筑後守來逢レ
同十日
○陽明内府公へ呈書雪江へ口上申含尤昨夜御請旁之
○中御門大原之儀吉之助市藏ゟ是非御用無之而ハ不相濟ト申上候由
右兩卿四藩如申立御採用レハ、幕ゟモ退職四卿再勤之義申立候趣ニ而
殿下頗御當惑
○先帝ニ而右兩卿ハ

叡慮不被為叶何國迄も役人ハ致ましくとの
御遺　勅之由委曲ハ内府公御自書ニ有之
○攝政家へ越薩ト出ル容堂ハ脳痛口中痛まて斷
　御對面過日之御催促申上候處一昨日モ御不參御方有之重大之議顔合セ
　不申而ハ見込モ不相分ナマナカ申出ル而流風致ル時ハ存外故障可相生
　ト再集ヲ待候旨御咄
　　此日内府公九條柳原等今日集會よてハ御取極不參ハ御使ニ而可相濟
　と被申立候よし御兩家ゟ密示有之處其實ハ薩人之セマルをヨケラレ
　ル策と相察申候
左ニ而ハ段々のひ〳〵相成御為ニ不宜候間早々被決度と一同申上候處
中御大原ハ今朝内府へ御請書ニ
先帝　叡慮ニ不為叶云々之義　殿下ゟ被仰聞候ハヽ可然ト申上候處早速
御通達相成候赴（マヽ）右御旨趣被仰聞ルニ付色々隅州論弁申上候得共終ニ御

一同御集會ニて可被仰談ル旨尤正德兩卿之處伺候得ハ是ハ御廻達ニて
右無御別慮之ト被仰聞ル間ソレ丈ケニ而も早々被仰付度ト一同申上御
領掌相成ル事
○薩邸三人談合ル事件如左之
　芋云
兵庫一件ト長防御處置一件何レカ最初ニ相成可然ヤ
　弄答
朝野擧テ兵港切迫ト申候得共長防一件事久敷且內地之儀先ツ此御處置
早々有之隨而兵港ニてハ如何ト申ス
　芋云
僕見込ミモ符合致ル乍然今日ニてハ幕令計ニ而ハ於長畏兼可申故
朝命ヲ以御處置幕令隨而下り候御手順相成度尤
朝幕ゟ只今迄風御沙汰モ不都合ニ付藝ゟ長ヘ通シ歎願書差出サセ其赴ニ

而御處置ハ如何と申事故至極可然ト越一同申置ル
△參　營之儀
　薩論
先日隅州登　營之儀原市ゟ帶刀内意有之節此度ハ
朝命ニ而罷出候故
朝廷之御用向少々御片付相成且容堂モ不日着京可致其末御國事之儀一同
登　營申上度旨相答有之既ニ兩卿丈ハ今日御決着兩三日中御沙汰モ可有
御坐旁其後罷出候而兵コ長等之儀御話合可申上夫ニ相成ょも於　幕府
眞ニ
朝廷御尊崇之御情實被相顯ル樣無之而ハ更ニ可議譯ニハ至不申其處ヲ根
詰申度御尊崇と申而も只虛僞毛頭無御坐御信實之基本の儀而已ト申合
ル由至極尤ニ付其所ニ決ス
△兩三日中申合可致登　營旨御沙汰ニ相成居候故差向容兄所勞ニ付御猶

豫願ル儀四家ゟ明日板閣へ相達ル都合之

同十一日

○昨夜板閣ゟ留守居呼出ニ付今朝居旁出ル處過日之催促故昨夜申合ル赴〔マヽ〕答置ル由

○容堂へ見舞使者出候處今日ハ大ニ快ル故夕景參くれ候樣被申越候事

○雪江歸る

柳原

退役之本ハ會藩大野英馬封書ゟ起候處昨日櫻木よて御說得モ有之故先ツ勤候由猶進退之考承度赴〔マヽ〕之

○陽明家正三御一席へ出候昨日殿下ニ而之御都合御話申上候處正三モ攝政樣何分御無決斷よて折角此度ハ

先帝之奉報　寵遇度

幼帝御踐祚御大切ト忠誠ゟ社稷ヲ不顧堂上心付被申出候處右樣之次第ニ

而ハ亦コシクレ帰國ニとも相成候而ハ以の外之儀と歎話之由内府公ニ而中御大原参預とても相成ハ而ハ如何正三夫も可然と御答内公伊豫守殿ょハ如何可被存哉雪云何ぞ御六ヶ敷ハハヽ大政ニ御關係相成ハ得𪜈少しハ可然ハ半や兎角此度之儀ハ薩藩ょて専ら評議仕ハ帶刀ナリ被爲召御沙汰候ハヽ同人考モ可申上彼邸一議候ハヽ亦伊豫守へも相談可相成と申上正三モ先ッ夫ら宜しくと申上候由

○内府公へ正三御請之義伺候處攝政公ハ不斷同役ニ相談可致人物モ無之ハ間御斷申上候半乍然强而之御沙汰ニ候ハヽ先ッと篤退考御請可申上處ニ可致と御内話申上候由今日ハ

正三　徳　中　長谷

右丈ハ御沙汰可相成由徳中モ右府公六ヶ敷由之

○夕景土邸へ參容兄快方

○登　營之上應答之密話申談候

○長崎ニ而英船印ト土船印取易候ニ付國よて面倒之由土船印長へ借候密
話
同十二日
○柳原へ雪江出
△昨日於
朝廷正三へ御沙汰ニ相成候處再三御斷被申上候得共是非〳〵との御事ニ
付両三日熟考〔マヽ〕被成度旨
長谷モ同様今日晝比迄退考被相願夫々御聞届
徳中御不參ニ付以
勅使御沙汰ニ相成候處固辞終今日右府公御參　内御斷可被仰述由
△薩市藏ゟ正三の直話ニハ無之候得共戸大和守ゟ於
禁中正三へ今日御請相成候ハヽ今夜如何之變事可相發モ難計旨申述候由
不可解麥之ヲドシ欤

○昼後ョリ土邸ニ而四人參會
○明後日登　營談決
○戸田大和守之話ょて於陽明家殊之◎外（脫か）御驚愕之由
同十三日　今曉八半時小橋近邊ャケル
○出雲五郎七昨夕着用事承候
○正三ヘ雪江遣候處段々面晤被申述明後日ハ御請可被申上旨長谷ハ德中
御請候ハヽ畏候由
○中山之儀ハ攝政家ヘ被申立置候由
○戸田心添之儀ハ全暴發等之譯ニ而ハ無之候得共四藩申立之人物不殘撰
擧相成候而ハ不都合ニ付麥ニ而見聞有之よし
○昨夕板倉ゟ急々御用有之候間四人不揃ょても不苦候故可致登　營樣申
來候ニ付第一時過略服出門謁老中無程於御休息拜謁今日ハ兩人計明日
ハ四人罷出候ニ付何事モ明日御話可被成よし無間下る於控席茶菓被下

拜謁被下御礼如例以組頭大目付へ申候事

同十四日

○柳原へ雪江遣ス

△長谷ハ御請申上候由

○午後登　營四人共

拜謁御直ニ左之ヶ條

御話閣老侍坐無之

〔付箋〕舊臘十五日御參ニ而庫港之儀委曲可被仰上處先帝十三日ゟ御熱發ニ而參內不相叶云々御話之

△兵庫之儀無止形勢ニ付兼而奏聞之通彼へハ被差免候旨御歸京後攝政家へ被仰述候處無御據トノ御返答有之よし一昨年兵庫被相止候儀御國內へ御布告有之候得共實ハ（此文ハ表向ハ御削除之）彼へハ不申聞段々時變ニ而今日ニ相至候赴（マヽ）被於殿下無御據と御聞啓候ハヽ直ニ開港被　仰出度と被仰述候處夫ハ御心配諸大名所存御尋之末ト御返答實ハ從
朝廷斷然被仰出候而ハ後日生物議候節御迷惑故各之所存御尋ニ而開港可

然と被申出候ハヽ夫ニて可決候其邊厚相含最早來月ハ布告ニ不相成候而ハ差支候故早々商議可致との御事

○御信實御貫徹無御坐而開港御決定御坐候而ハ必混乱可相生云々芋長猥ニ申上候處尤之至如何シテ其御信實可相貫哉と篤申談可申上由

○長州之儀モ兵ニ濟候ハヽ處置可被爲在各考置可申上旨ニ付爾後戰爭ハ御止ニ相成候哉と伺候處と𪫧御返答ハ無御坐候得共可被相止樣ニも伺ハ事右ニ付大隅ゟ此間話合候御處置先長後兵ト相成候而モ宜しくと奉存候並ニ手順モ申上候猥ゟ笠閣被除度旨モ申上候

○酒飯頂戴各寫眞爲御取相成候事

同十五日

○尹宮へ出る御逢無之

○柳原初而奉ル

△大納言話尹山兩宮共有栖川宮國事御斷ニ付同樣御願之處兩宮ハ當節捓

先帝ニ而モ賢明ヲ御用ヒ被遊出格之譯ニ而御還俗被仰出候故國事御免ニ
相成候筋ハ無之由殿下御同意ニ而被申上尹宮ハ被畏山宮ハ談判中不日
御落意可有之との事之
同十六日柳原へ雪江遣候處左之事件承帰る
○正三今日御請議　奏相成候由
○徳大寺黄門ハ右府公堅御斷鷹公（右府公御實父）ゟ被　仰遣候處
朝命ニ而御請不申上ニ何ソ實父之命ニ可従との强情之
○十四日
朝參集之時山階王ゟ中御門大原國事ニ關係參豫被　仰付候而ハ如何ト發
言之處國事懸ハ
先帝ニ而多人數ハ不宜と追々被免只今ハ五攝家親王方ニ限候故兩卿ハ差
支候旨被申聞先ツ話モ絶候姿之
同十七日未下刻ゟ土邸へ參候

○四人參會左之事件致談決候事
○大樹公ゟ過ル十四日御直ニ兵港之儀ニ付是迄之次第御弁解被成下候得
共何分一昨年來
先帝ゟ被爲止候義モ其儘被成置候末時機窮迫ニ至ルとて不時（◎待か）
勅許被差免候儀時勢鎖港ハ難出來ル得共
朝野を欺罔被成曖昧作略御處置ニ相當り疑惑甚敷人心難信服候故再度
御奏聞書御末文之通乍憚御一身ニ御引受眞實
天朝へ御恐悚天下へ御慙愧之御誠意ゟ爾後一毫之御私僞不被爲在確乎以
御信義御處置
天幕之御間事々明亮被爲在ルハヽ宇内服從可仕と奉懇願候且開港之儀ハ
最前
朝廷へ御奏聞被爲在ル御赴（マヽ）意御尤之御儀ニ奉存ル得共開港御手順往時如
横濱よてハ天下人心折合兼可申ト奉存候事ハ此間申上置ル通よて何分

開鎖權以
朝威被　仰出候樣隨而大小之事件皆悉御伺濟之末
御奉行相成ル樣御改相成（◎度脱か）奉希望ル
○長防之儀彌以御征伐ハ被相止寛大之御處置ニ相成度即三月朔日藝州ゟ
差出ル歎願書ヲ
朝廷へ御差出相成御聞啓之末大膳父子官位被相復入京其他總而如是迄被
仰出度右
朝命ニ而御沙汰ニ相成　幕令從之被仰下度
○笠閣ハ退役被仰付度
○（此カトハ不申上濟ル）朝廷諸卿之儀陰ニ御好惡ヲ以御處置御坐ル處後日必ス相分リ決而人心
不服之一端ニ付不當之御人物ニ候ハヽ表立御心付ハ被仰述曖昧之儀ハ
被相止度と奉存候
同十八日

○雷閣へ過ル十四日御沙汰之儀ニ付同人申出度儀有之候間明日登　營不差支ヤ四人以連名大藏方ゟ及通達候處無差支旨返書到來
○藝家老石井修理出る三月一日長防士民歎願書稲閣へ出候儀委曲相尋申出候事右書面類明日可差越と約置候之
○山階王へ出候
○傳　奏日野ゟ重臣早々御所御仮建可出旨申來帶刀差出候事同卿ゟ御書付被相渡候事
　此◎度脱か爲御國事致上京ニ付
叡賞云々別紙ニアリ
　外ニ左之通拜領
　丹釀　　三樽
　鯉　　十尾
右爲御禮帶刀日野へ相勤跡兩役衆へ留守居出ス

○國元本月五日立達
同十九日
○天賜之酒与鯉拜味目見以下へモ遣ス
○午後登　營兩大共
雷閣へ謁ス稲葉モ出會一昨日如申談長防御處置之儀申述候處委曲尤之
由重大之儀ニ付尙早々可達
御聽旨暫シテ拜謁被仰付尙又御尋ニ付防長ヲ先へ兵コヲ後チニ相成候
方人心折合御爲ょも可然旨縷々申上候處何分兵コ之儀六ヶ月前來（マヽ）月之
御國內へモ御布告不相成レハ而ハ第一月七日開港之間ニ不合決定之期限
延シレハ應接之コトバモ無之云々御直ニ委敷被仰述候故芋兩人反復御應
答申上何分不決候處　樹公ドツマリ開港之事ハ
勅許サヱ有之候ハヽ布告ハ直ニ出來レハ故四人開港同意ニ候ハヽ明後日ニ
モ　樹公攝政へ可被爲入候間其節三人モ出御垂問之御請可致旨長防之

事モ手順相考候而早々處置可致旨被仰述大藏ハ御尤と畏候得共大隅此
方ハ不可然と申上候其實ハ何モ御供ニ而罷出ルよハ不及と奉存候故之
實ニ仰山よも相響ル之尤今日ハ狠兄モ不參ニ付尙自分明日參リ話合亦
可奉申上ル得共長与兵之先後乍憚
大樹公奉始閣老大藏之所見ト大隅此方所見ト相違仕ル處兩事件交〱御
處置可被爲在と申ゟ第一爾後長ヲ御征伐可相成ヤ緩大之御處置ニ相成
ルヤ伺候處緩大ニ可被決尙手順ハ可被遊御相談旨之
○兵開港モ只今
勅許ニ相成サヱスレハ御布告ハ來月七日迄ニ而宜敷手順ハ追々之事ト輕
易ニ被思召ル故一昨日如申合
朝廷開鎖之權被爲握ル而
勅許被　仰出　幕ゟ御奉行之儀可申上哉ト大芋へ內談申ル處長ト兵前後
モ不決位候先ツ見合候而ト被申尤故不及陳述事

○先日殿下へ中山之儀一同申上候處御續柄ニ而議　奏ハ御差支之由被仰
述候ニ付左様ナラ國事懸ニ而モ被仰出度旨大芋申上候得ハ夫ハテキル
〳〵ト御請合ニ付左様ナラ宜しくト御答申上候處矢張不被　仰付且一
昨朝四家々來出シ候時爲何事モ不被仰聞此儘よてハ我輩申立モ龍頭蛇
尾ニ不信實ニ國事懸被仰付候儀尙又相伺可然と大芋ト談シ候處大藏ハ
最早此儘可然との事ニ付右モ明日容堂ト可談と申置候事御側ニテ茶菓
タバコホン被下候之

同廿日

○午前容堂へ參

○昨日之話いゑし候處芋此方所見と同意明日登　營尙可申立と決ス

○長防御處置ヲ先ツ

朝廷へ可被仰立次ニ開港

○開鎖共被任

朝憲可申事
○鐵面閣御除キ可相成事
大芋方へ參
明日登　營是非〳〵被出候樣よふ〳〵承知
○殿下へ中山之事尙申立候儀ニ付小松明朝出候處ニ決ス
同廿一日
○午時致登　營雷稻謁兩閣兩大此方
○第一長防第二開港相成長寛大之御處置ニ可相成儀
朝廷へ被仰立ル事
長家老中ゟ歎願書差出候樣草々藝へ御沙汰可相成事
追ゐ御處置
大膳父子官位可被服復削地與丸家督之儀ハ御沙汰流 ?
○開港之儀モ以

朝権可被　仰出
是迄横濱ハ
朝廷ヘ不被相伺候開港此度モ被伺ル上ニ而ハ
勅許ト相成全ク麥權ゟ起り人心不服ニ付如右御基本被相改度
右之通及陳述候處御落意相成候事
○長防御處置ニ付鐵面閣在勤ニ而ハ御爲よ不宜候間退職相成度旨申述ル
處尤之儀ニ付可被議由
○前件之儀明日攝政家ヘ大樹公御出よて可被仰上候故三人共出候樣雷閣
達故先ツ畏入候旨申置候
○小松帯刀方ヘ雪江遣ル今朝二條樣ヘ出候處何分中山國事懸ハ六ヶ敷赴（マヽ）
被仰述候ニ付反服（マヽ）弁論申上候末四五日中
朝議之末御返答可有之旨之
○容堂ゟ神山左多衞ヲ以何分所勞ニ而〱無之故一旦歸國加養生ル末伺

上京可致旨申來ル

同廿二日

○容堂使ニ神山左多衛參候正三ヘ御暇之儀自此方モ賴くれ候様被申越候
故雪江夕刻同伴ト申置候

○大樹公明日午刻御參
內ニ付此方共三人モ出候様板閣ゟ達ス明日ハ服◎（腹か）瀉申立不參斷出ス

○薩小松來ル
明日ハ大隅モ不參今一應以書面昨日迄之主意幕府可申立亦
朝廷ヘモ幕ヘ出候赴（マヽ）よて寫可差出と決ス

○正三ヘ雪江遣候序ニ土ヘ寄セ容堂御暇出候ハヽ兵ハ滯京總而名代ニ被
致度土ハ三藩ト議論不合歸候抔離間浮說モ可有之亦兵迄被歸候而ハ勢
モ拔不宜候赴（マヽ）申遣ス

○越ゟ中根來

○大藏ハ何分御斷モ難申上候故出ル心得なから先ッ閣老板之へ明朝參ゟ
彌昨日各申上候通の御順序ニ候ハヽ參
内可致ト存候處此方よも同伴致度赴(マヽ)ニ付先刻不參屆ル由申聞甚當惑万一
參内之末大樹公ゟ長寛大之儀御一言跡ハ開港御主張ト相成候時ハ如何
可致ヤと尋ル故乍失敬左樣之御都合ニ至ルハヽ少々私共申合候意味ト
ハ相違ル樣候得共三人共不參之儀ニ付尚相退キ与篤申談亦可申上ト被
仰述候而可然必於
朝廷三人不參故尚見込御尋之御決議ト可被　仰出と申候處如何樣其通り
候ハヽ大ニ安心仕候由よて歸ル

同廿三日
昨夜板閣ゟ留守居呼出シ
用人口達
明日ハ服(マヽ)瀉之由ニ而御斷申上候處早速

上様之達御聞候處明日ハ格別之御用談も被爲在候ニ付不參ニ而ハ天下
之御爲ニも不宜候ニ付致勉强何卒御取繕參
内有之樣ニ被成度旨重々被　仰出候間嘸々迷惑よハ可存候得共遲刻ハ不
被成御搆候間押而出候樣呉々可申達旨伊賀守被申聞由
○小松大久保參
於大隅守同樣再度參
内可致旨御沙汰御坐候處今日ハ何分御斷申上候旨此方も同樣ニ相成度と
の事也素ゟ今日ハ
大樹公御參之上被仰立候樣子ヲ伺可申心得故不參の含と申置候事
○昨日帶刀へ約置候建言草稿持參爲見候故少々文字之前後入替直ニ致調
筆兩人越へ持參同兄ニ而板閣へ被差出候處ニ決ス
　越之板へ參ハ彌過日申立候通
朝廷ニ而可被仰立ヤ根ツメニ參候之

建言案薩之下書別ニアリ
天下之大政も公明正大之至理ヲ盡し時世的當内外寛急之辨ヲ明よし御
施行無御坐候而ハ難被相行儀勿論ニ御坐候全体不可救之今日脱◎かニ至候
根由ヲ推窮仕候得も乍憚
幕府年來之御失躰ゟ釀出候内殊ニ防長再討之
御一擧ゟ物議沸騰天下離叛之姿ニ相及候次第御坐候依之明白至當之筋
を以防長御處置可爲緩急自分か◎ら兵庫開港防長事件も大ニ寛急先後之
順序有之段談合之上屢建言仕候儀ニ而篤与退考仕候處右區別を以曲直
當否之分被爲立御反正之御實跡顯ると不被顯与ニ相抱か◎拘事ニ付虚心
ヲ以　御反察被爲　在候樣奉願候二件
朝廷へ可被合　奏旨拜承仕候得共
皇國御安危ニモ關係仕候ニ付是非至公至大之道を以私權を被爲拔治久之
大策被爲立候樣有御坐度重大之事柄難默止尙再考之趣言上仕候恐惶敬

白

五月廿三日

伊達伊豫守
松平容堂
島津大隅守
松平大藏大輔

○越邸へ内藏遣ス雪江致應對候處
○板倉へ被參候處書面ハ落手相成何き可致呈覽旨尤書面之意味此間話とハ違ひ樣被尋候間條理ハ過日申上候モ此主意と被答置ひ尤參　内ハ御斷と話置歸後届被出候由尤今朝之書面ハ大藏ハ心付無之其儘持參之
○夕景越十之進ト小三郎參る
○先刻御目付原某被參
　大樹公御參ハ可被爲在處四人共不參よて夫ら爲之御參内ニテ不都合故所勞を押ゟ參

内可致板閣一封持參ニ而被申述ル故不得止參　内ニ相成候由尤左之意味

決心之

△大樹公ニ而開港之〔マヽ〕専ら被仰述ル御含ニルハヽ其御席ヘハ得不罷出施
藥院ゟ帰宅の含

△朝廷ニ而開港之儀御尋候ハヽ四人談決ニ不相至赴〔マヽ〕ヲ以致沈默居候事

○昨今大久保ゟハ當節於幕府御反正御坐候ハヽ直ニ長防之儀ハ如洗ト大
膳父子官位其他被相復爲御禮上京被仰出候儀ヲ
朝廷へ被仰立可然家老ノナンノト手順被相建候ハ矢張直ニ反正ナラサル
故ニ而今日參
内候ハヽ長防ト兵庫前後緩急ハ尚亦大藏ニて被申立度ト申述尤ニ被聞受
ル由昨日此方雪江へ申述ル所去藝へ幕ゟ家老共ゟ歎願可差出旨被　仰
出候ハヽ判然長之儀先ニ相成候故爾後開港之御下手ニて可然ト申候と
ハ致相違大藏今朝之市藏論同意相成候由昨今來中根壹人ニ而當方へ參

大久保小松内藏へモ致應對主意承違候ヤ兩大ト同意長面猥ト同意ト申樣相成甚不都合とて中根ハ差扣被申付候由ニ而伺ニ參候赴(マヽ)市藏之越へ申ハ當人之見込ニ可有之大隅容堂此方モ矢張長防先へ御處置下手之手ツルニハ士民歎願申所麥よて家老可然との事ニ付然ハ其儀ヲ寛大之御處置右樣相成義

朝廷へ被仰上藝へ被相達爾後開港云々ハ素ゟ同意四人一意無相違趣申聞候事

○幕ゟ越先刻參候書面ニハ長防開港並行云々有之由夫ハ御論ハ有之候得共誰モ可然トハ不申上旨申置候事

○五半頃攝政家以御沙汰柳原ゟ傳へ今日御搆相成居候より　御所ゟくゝし相廻り難有頂戴致ス

○同刻御所ゟ目付助平岩金右衛門被參攝政殿ゟ御沙汰今日ハ所勞參内御斷申上候處國家之大事件　御評議相成居候間難澁ニハ可有之候得共

致勉勵是非〳〵只今ゟ參
内可致被　仰出ル由畏ル旨致返答
　今夜ハ徹夜と存ル間供揃申付置九時前迄やすみ無程供揃致參
内候事
同廿四日
　在朝防長ト開港二件御評議有之事
○夜四時前歸る
○大樹公今日之擧動實ニ
朝廷ヲ輕蔑之甚敷絕言語ル且昨夜以來之儀ハ別ニ記ス
同廿五日　國へ飛脚返事立ル
○板倉ゟ昨夜之御書付寫相渡ル事
　長防之儀昨年上京の諸藩當年上京之四藩等各寬大之處置可有
　御沙汰言上大樹衣寬大之處置言上有之

朝廷同様被
思召候間早々寛大之處置可取計事
兵庫開港之事元來不容易殊
先帝被爲止置候得共大樹無余儀時勢言上且諸藩建白之赴（マヽ）ニ而有之當節上京
之四藩ニ而同様申上候間誠不被爲得止御差許ニ相成候就而ハ諸事屹与取
締相立可申事
○午後越老來臨薩小松大久保參昨日之御書付丸テ幕府ハ不得止形勢計言
上シラヌ顔ニて諸大名此度之四藩依言上被差許候得ハ全諸藩計ワル者
ニ相成候譯素志ト致相違候間其赴（マヽ）
朝廷へ可申立ト致決着候
○第四時容兄へ暇乞旁參越老ザッ藩兩人も參候
朝廷伺候書面取極サッ藩兩人ハ歸リ候
△容兄云歸國後養生ニ懸候ハヽ何事モ脱却致候心得候處當主モ如承知故

兵之助ニ而政事之儀心ヲ付ル様爲致不申候而ハ甚當惑ニ付可相成早々御暇出候様賴置候赴（マヽ）之

同廿六日

○石井修理參ル昨夜板倉ゟ今朝出ル様沙汰ニ相成ル處少々不快ニ付御斷申上候得ハ快ルハ、今夕明朝之内罷出可申との事之由

○昨日御渡之御書面長ヘ相達ル而ハ不都合モ有之且寛大ト計御坐候而ハ是迄も度々御取次仕候處イツモ其御實行ハ無之虚僞ニ相成候故此度モ弊藩計よてハ御疑念可仕可相成ハ御四藩モ被爲加ル様と申候故右等ハ板倉可申立ル全体廿三日ニ春岳ヘ大樹公ゟ此度長ヘ達しハ四藩ゟ申可然ト御内話之由傳承ニ付板倉ヘ云々御沙汰の由ル得共是迄藝藩ニ而ハ極六ケ敷時合を致取次居此度寛典ニ相成ル得ハ防長ハ上下雀躍感悦可致儀然ルを四藩ニ而取次ル而ハ藝藩ヘ對（脱カ）◎し不本意第一從幕府モ他藩ヘハ不被仰付様有御坐度申述ル處尤ニ付其赴（マヽ）言上可致由其

故貴藩へ御沙汰ニ相成候事ト存候旨申聞候處殊の外難有狩り候得共此度丈ハ四藩加入願敷樣子之

○大原午後參度赴[マヽ]ニ付雪江遣候處用談有之別ニ記ス

○内府公ゟ御直書被下候

朝廷廿三日四日之事御密示被成下候事

同廿七日

○容堂へ亦爲暇乞參候

△昨日御旅館ニ而陳述

△大膳父子官位復舊尤長門へ家督等之事ハ無御沙汰方可然と申置板倉ゟ少しハ彼ゟ低頭スレハヨキ旨申候故其心底が不宜と段々弁論終ニ落意のよし

○金分離傳授之事約候

○銅モ宇和島產可廻事

○石井參り昨日板閣との應對話ス甚不面白をよふ之別ニ錄ス
○大久保參る石井同席
○三條始之事致相談
○大原之話致ス昨日四藩ゟ伺書尤至極ニ付
朝廷御返答御大事ニ付同志申合殿下へ申立候而幕府眞の反正ヲサセテ御返答可(マヽ)有之度御使ニ而幕へ被仰遣度との見込市藏考ニハをし大樹公ニ而御返答ハ殿下へ御直ニ可被仰述其時殿下之御應對無心元ト存ル旨申ル處閉口ニ而此事モやみ候よし
同廿八日
○今日可致登　營旨夜前雷閣ゟ達シ以服(マヽ)瀉不參届候
○藝ゟ
昨夕留守居御旅館へ出候所大目付ゟ過日雷ゟ被相渡ル毛利一家へ相渡ル書付ハ取消相成ル故可差戻よしヽ

○越雪江來
昨日永井へ參ル處話左の通
一大膳父子官位服◎復か舊等ハ相決ル得共何分一應家老ゟ歎願書不出候而ハ手順不都合藝へ達候處何ら不工合故四藩ニ而藝ヲ說得ハ不相成哉との事ニ付其儀ハ難出來四藩見込ハ此所ニ而服マヽ舊と申論故と申ル所甚當惑左候ハヽ何を明日登城可被仰出其時尙御評儀◎議かト申事之由
一今朝原へ參ル處太抵ハ服マヽ舊之處直ニモ可出樣子乍然右寛典之末ニ而元々長洲◎州かハ無罪ニ而幕府ニ失体有之抔申出候ハ不致◎不申出ハ致哉か其處懸念之由ニ付決而左樣之儀ハ有之間しくと申置ル得共御前且大隅守よて御請合ニ被爲在ルハヽ尙々被行易く奉存候旨申候故左樣ニ無益之御懸念ハ入ましく幕府ニ而御失体ハ數々有之候得共右ハ御反正よて長防御處置其外爾後彌公明正大ニさへ被成候ハヽ決而彼是ハ申間敷若シ公平無私ニ不被爲至寛典ニ

ハ被處候とも御疑念強き歟御悪ミ之御心やみ不申長人上京候とも目ニ
角立ルト申様よてハ又長人モその氣ニ可相成兎角渠ニ御注目無御坐御
自分之方御處置公平的當ニさへ被爲在候ハヽ奉感服可申若シ不公平不
當之御處置候ハヽ只長州のみニハ無御座候天下人心離叛不服ハ素◎より(脱か)
と存候旨申置候

一昨夜ハ君側ニ而八時迄議シ終ニ藝家老如見込長家老よてすら〳〵とハ
迚モ歎願書差出間敷サスレハ亦今日之体裁ハ無之自ラ被行易く
朝野安心之條理有之ヲ采用無之難被行不條理ヲ強而可被施トハ眞ニ不可
解譯故今朝原市之進へ雪江參及談判候處隨分落合候折角不承服歟ト懸
念よハ存候由然ハ無懸念脩(か)◎條理ナ(か)◎アリテ人々安堵スル筋ヲ速ニ被
施度申候處マダ外ニ懸念アリ何ト云ハ此度一時ニ大膳父子官位其外寛
典ニ相成候ハヽ於彼方素ゟ寃罪ヲ請候譯トテ種々幕府之罪ヲ擧ハ不致
哉左様相成候而ハ亦其儘よも不相濟其處ハ如何ト申候由決而左様之筋

ハ有之間敷と申置候よし

○幕府ニ而公明正大反正之御處置被成候ハヽ爾後決而於長州云々ハ有之間敷亦不公明不脩〔マヽ〕理ヲ被成候ハヽ長而已ニハ無之擧天下不服と存候尤幕ニ而長人ヲヲノレユルシハシタガ全体惡キ奴之ト疾視スレハ長亦幕ヲ難有キトハ仰マシク兎角御反省肝要ト存候左無之而ハ千枚萬枚ノ盟紙千人万人之請合モ無益之

○大久保參

一右等之話藝ゟ之飛脚ハ差留置候間今一應難肯旨石井ゟ爲申可然と存候よし話候處至極同案之大隅へ申無異存候ハヽ不及別報と約置候事

一實美始歸京ハ今少々長之方分候後ト申合候事

○石井參中根之話致シ邸論モ先日修理ゟ板閣へ申述候通此所ょて直ょ君侯へ申上候とも無益有害赴〔マヽ〕ヲ以御請難出來旨申述可然ト談シ歸ル

○六過石井亦來

一雷閣へ段々及陳述ル處依然采用ハ無之對話中一昨年之御進發ハ御征伐之御主意ニハ無之等被申ル由不可解一言之修理ゟ強而申張ル得ち近日紀伊守着京ニ可相成其方ゟ申遣ル事難出來候ハヽ直ニ紀伊守へ可談ル故よろしくと申何分六ヶ敷御斷申上候譯ニハ無用か◎之御爲ニ不可然との邸論故申上云々ニて引取候よし

同廿九日

○越中根參調笛兄昨日登　營有之ル所何分不決着のよし大樹公ゟ御話ニてハ余程御了解らしく被伺ル處雷永井ハ解兼ル由樹公眞ニ御了解ニ候ハヽ老若兩人御說得ハ容易ニ被爲成ル處甚不可解と奉存候

○治安之策可被行條理之道有之ル處夫ハ被差置危殆不條理難被行道を是非御施可相成とハ如何ニも痛歎遺憾之至と段々所見申述ル處雪江モ何分今一層御盡力被爲在度由申聞候處眞ニ御聞脫か◎取可被成下思召ニ候ハヽ申上ル而モ宜敷候得共昨夕調笛兄之御都合承候而ち迚モ意見等御聞

取可被下御誠實ハ有之ましくと奉察ル尤此後又々罷出候樣御沙汰モ候ハヽ其時ハ出十分可申上と申置候

○長防御處◎脫か置ニ付於幕府四等之差有之話する說ハ別ニ記ス

○藝州へ彼邸ゟ差廻ル飛檄是非〳〵爲扣置度旨被申越候間致承知候旨尤明日ゟハ此方よて留候とも可施處置之口實無之ニ付越ゟ被差留度申置候事

○未時ゟ大簡邸へ參色々歎話快談

六月朔日

○正三へ雪江遣ス返答

一辭表達而殿下ニ而御差留且此御時合何ら遁レ候樣よても朝廷へ不本意對四藩無面目候故相勤ル由

一四藩ゟ伺書廿八日朝廻ル處早々御返答被爲在可然今夜よも御評議相成度趣殿下へ申上候處何分左樣速ニハ參兼ルよし被仰聞ル故尙精々早く

と申上置候御返答と申而も外ハ無之素ゟ
朝廷ゟ不宜候故御アヤマリ相成可然見込ミ之由
一藝之事申遣ル處彼方ゟ委曲承知よて昨朝殿下へ出開港之方ハ早々處置
ニ可相成長防如此よてハ見通モ不相附
天朝御主意且四藩見込ミ共違ル最早斷然
朝廷ゟ被　仰出可然と被申上候處幕へモ御相談云々御沙汰ニ付決而夫ニ
ハ不及と説諭よふ〳〵とふ而御合點相成候樣存ルよし
御沙汰ハ三ケ條ニ而卽チ
大膳父子官位被服◎（復か）事
總而平体ニ被成下候
大膳隱居長門家督
右之通候處尙此方愚考モ申述候樣詫◎（託か）言有之ル
愚考隱居家督之儀ハ彼方ゟ可相願ル間無御沙汰方難有と存ル旨明朝

可申遣事
○藝飛脚進止之儀今日ゟ彼方へ申ル口實無之ニ付越之得指揮ル様双方へ
昨夕懸合ル
○七後越邸へ參候
一御旅館へ越ゟ昨日雪江今日本多修理酒井十之進（マヽ）出候由
何分悔悟ニ不相至痛歎之話有之
一調笛兄今日殿下へ被參ル處過日四藩ゟ伺書之主意被相尋且長之儀斷然
寛典従
朝廷御沙汰有之可然と之御尋ニ付左様相成ル時ハ幕ハ夫レ切之事當時越
ハ親藩之儀ニ付此儀幕ゟ速ニ出ル様粉骨中ニ付何卒今少々御見合被成
下度ト御答申上置ル由
右之儀ハ正三ゟ今朝雪江へ内話有之通り昨朝御同卿ゟ殿下へ被申立候
ニ付原市抔へ御相應（マヽ）相成候處只今云々斷然御沙汰有之而幕大閉幸か。◎口越周施（マヽ）中ニ付調笛兄へ被尋候ハヽ必御猶豫可相願左スレハ幕ハ不知シテ當坐遁候故一策施候事ト致推察候尤四藩伺書モ早速幕へ御廻しハ無疑事以の外之事

△昨日御旅館よて雪江原市へ面晤之末今日ハ是ゟ御使ニ出候由話候由今朝同所ニ而同人ゟ鹿之助へ殿下へ御出ハ無之哉と尋候處一向不知ト答候よし右等ヲ以考候得共か◎左渠ら陰ニ廻略之事判然タリ

○明日調笛登　營候様板倉ゟ家老へ傳言此方よも是非出候様調笛君直すゝめる何分御沙汰も無之其上所存ハ追々申上候事且大藏ニ而粉骨最中之儀脇々より口出シモ不宜尤可申上ケ條ハ有之候得共實ニ大隅自分等考被爲聞度候ハヽ昨今よも御沙汰可有之筈無其儀ハ御胸裡之程奉察上候此上御沙汰モ候ハヽ今一盡力ハ可致と申置候事

一今夕殿下ニ而諸太夫（マヽ）隱岐肥後守ゟ大藏へ最早御建白モ相濟候處何比御暇御願相成候ヤト申候故御沙汰ニ而出候間自分ゟ御暇ハ不相願と申置

由
右之儀殿下へ被申上候處最早御暇ニてよろしく其内何等不平ニ存候儀
候ハヽ御暇相願候而も宜敷との事ニ付乍憚
朝廷へ奉對不平可有御坐筋合無御坐候乍然是迄上京仕候時分ハいつも不
相願候而ハ御暇不被下置右樣ニてハ追々上京仕候面々も空敷疲弊仕候
計ニておりて不罷出樣可相成と申上置候よし早々歸らぬゐと申計之幕
入說と察申候

同二日

○五半過調笛兄來臨今日登　營ニ付尙相談有之藝石井も出直ニ調笛へ雷
閣應對ノ都合相話
○午後但馬雪江越邸へ遣ス
右ハ今朝板閣へ十之進（マヽ）永井（脫カ）◎へ雪江原市へ鹿之助遣候話過刻有之故も
よふ聞ニ遣ス處何分突留候儀ハ今夕調笛登　營之末との事ニて不分尤

幕モ余程窮シ脇藩ゟ亦議論有之右等ヨて決兼候樣察候由會藩ニ可有之
と存候
○第八時調笛兄報知如左
登　營之上拜謁寸叓竭駑鈍申候處何分
大樹公頗御困窮之御樣子ニハ伺候得共御採用ト申所ニモ至兼尙例之御
勘考ヨて相濟申候僕之不才陳啓不行屆之儀ゟ自反恐縮仕候結局不決嗚
呼之四字ニ付し申候此上於僕ヶ盡力之致方モ無御坐尙又高明卓識之賢
兄爲天下何卒御工夫云々
同三日
○五半過騎馬ヨて越へ參候
昨夜之通ト不相替濱田ゟモ色々申出候由何ぞ近日亦御沙汰可有之由之
△豐石兩所長屯兵爲引拂候儀ハ無御沙汰方可然藝ゟ傳達六ヶ敷處モ多分
御了解之由然ルヨ御下手不出來ト申と不可解候

○昨日板閣ゟ十之進〔マヽ〕へ幕兵威ヲハク困候由ニ付決而左様ニハ有御座間敷御條理ヲ以御征伐等ハヽ、舉天下憤戰勇進可致無條理只以强兵力御處置御坐候而ハ人心離叛强モ御頼ㇾハ不相成の趣意申述候よし
△此度寛大御處置ハヽ、洋人わらひ可申と被申候故決而左様ハ有御坐ましくと申候處いやしくと申候由無名忘◎［か］妄舉之師ハ尤西洋ニ而可致笑歟と存候よし
○第二時後陽明家へ出ル
柳原綾小路大隅落合
○内府公へ◎［か］ゟ自分へ御話廿四日ㇾハ樹公へ御渡相成候御書付ハ無御存知御退散之由
○薩討幕之意ハ無之哉御懸念之御密話被成候故決而其儀ハ御心配不被爲在間敷離間説と存申候旨御答申上候
○殿下ゟ柳原へ御書通ㇾて幕府へ防長處置之催促之儀議　奏衆ゟ被申上

候處伺御勘考可被成との事之

同四日

○五條少納言不意ニ被參候未タ寐居大さわぎよておきは

○洋行致度由伜八才薩摩宇へ賴度よし

○ライフール借度小室よて打試度よし馬モ借度二條家別邸よてのるよし

○調練致居見度ト被申庭よて(マヽ)手續爲致候

同五日　江戸五月廿一日

○昨夜柳原ゟ文通有之處左之主意ニ而別紙預密示候事攝政殿へ防長處置催促申入候處以武殿(か)◎傳所司代へ御達之處別紙書取越中守指出候赴(マヽ)ニ而正三長谷光愛三人へ爲見給候間寫入御覽候

△彌御安全珍重奉存候然ニ昨夜被仰越候儀早速大樹公へも申達候所右ハ此程

御沙汰之趣最早遍く布告仕此上早々處置可取計之處過日於

禁中言上仕候通順序も御坐候儀ゆへ即今夫々手筈取極居候間右相運ひ次第神速寛大之處置ニ可及被存候尤防長處置之儀ハ兼而御委任之事ニ付前件之都合相運ひ居候内此後外々之建白ニ寄り御沙汰等被

仰出候儀ハ無之儀と奉存候此段攝政殿へ御申入被置候様被致度旨大樹公被申候右御答旁如此御坐候以上

六月三日　定敬

日れ丶丶

飛鳥井丶丶

○右ニ付今夕二本松へ參會可議と越へ以雪江申遣候處宇治へ被參候よしよて帰る

○七時ゟ騎馬よて上加茂へ參詣致ポント町二條新地祇園町宮川町通行

同六日

○柳卿ゟ被呼越雪江参候處左之通相談也
△廿六日四藩ゟ差出候伺書國事懸御一列へハ被相廻候樣子候得共議　奏
衆へは自殿下本書御示モ無之傳　奏日野ゟ以心得寫被廻候夫故今日迄
其儘ニ相成居候事と被考仍而四藩ゟ催促申上候ハヽ議　奏衆へも御相
談可有之候ヤ如何との事之何を越薩申合候上と存候
○正三へ但馬雪江出し左之通聞ニ遣ス
△一昨夜柳卿示之所司代返答之趣ニ而ハ樹公當時處置中且兼而御委任之
儀ニ付外々之建白ニより
御沙汰無御坐筋ト申候得共
朝廷ゟ御口出シ無之樣よと申譯當時處置之赴(ママ)よてハ治安ニ可至モ混乱ニ
可相成と奉存候且御委任モ先年之儀忘(ママ)擧無名之師ヲ以壓倒可有之失策
不條理モ候故今日よてハ御委任ハ被爲止長防之儀ハ自
朝廷御沙汰ニ相成度布告も遍有之候得共肝要之取次藝藩ニ而御爲不可然

と及建言未タ國元ヘモ不相達譯故早々運ひ兼且前之通寛大モ御主意計
ニ相至歟と奉存ル
△四藩ゟ伺書之御催促云々自柳原被申越未タ三藩申合不致ル得共御催促
モ些と恐入候儀議　奏衆へ御示可相成筋之書付ヲ殿下よて不相下段ハ
如何ニ付一向ニ御傳聞モ被成ル筋ヲ以御伺ニ相成候ハヽ御示可有御坐
ヤト相考申候
○正三ゟ兩人帰る
○所司代返事御委任云々右ハ征長之時之事と存ル由
○四藩伺書ハ全柳原の案違殿下ゟ遲く相成故以寫御廻有之赴（マヽ）昨日モ長谷
ゟ早々御否有御坐度旨申上ル處兎角因循之御返答最早無致方故四藩の
催促ヲ御談申ル由之頗痛歎之話有之事
○村山下總參陽明兩御殿上﨟始ゟ圓扇到來
△吉田侍從ゟ國祉家神葬之事相談有之事

○藝石井參紀伊守ゟ板閣へ以封書差出ル書面案相談少々心付認遣ル事

同七日　祇園祭見物ニ參みる

○藝世子ゟ板閣へ今日以封書被差出ル書面石井ゟ廻ス（別紙アリ）

○兵之助來ル

同八日

○未後於二本松與調笛參會

一調笛兄ゟ近日ハ家臣モ不來薩參集申遣ル處所考有之故少々見合度亦一日ハ宇治一日ハ國へ飛脚立ルとて斷被申主意參會ヲ被嫌ル樣ニて不審之と申ル處夫ハ尤ニて實ハ過日迄幕へ如御承知主從嚴甚責付ツマリ採用無之而ハ薩宇へ面會も難出來旨申置ル故當分不得止無沙汰ニ相成ルよし也

一過ル四日歟ニ原市ゟ小松ヲか◎へ近日三人ト紀伊守登　營之御沙汰可有之處大隅此方如過日不參ニてハ不都合ニ付其時ハ是非〳〵出ル樣すゝ

处可申との事故小松ゟ畏候得共是迄申上候通之儀御採用ニ付被召候歟別ゟ御相談事件被爲在候御儀ニ候ハヽ兩人とも輿痾可罷出もし矢張先日申上候筋之御話ニて相替事モ無御坐候ハヽ外ニ考量無之故自然御斷申上候程モ難計ト答候處何等之御主意ニ而被爲召候處ハ市之進モ不心得候故尙相伺兩三日中可致否旨約置候由

○過日正三柳原ゟ內談之殿下へ伺書催促之儀兩兄へ及相談尙考可被申越筈之

○中山之事モ其後無御沙汰候間今一應伺而ハ如何と申置候事

同九日

○大原ゟ此間飛驒へ近日是非致直話旨傳言ニ付當時嫌疑云々を以斷置申遣ス留守ニて不逢

○藝寺尾生十郎參

一原市与小松之話申聞置候

一幕小吏穂積藝周施（マヽ）方へ來り説得之心得ニテ色々相話ル内四藩と致懇意ルハ不可然抔之儀有之由今朝承ル旨
一天機伺抔紀伊守被出候樣申置ル事家老辻將曹着之由
同十日
○大原卿へ雪江ヲ出ス此頃色々嫌疑も有之ル故當分ハ往來見合度其内何等大事件有之ルハヽ嫌疑ハ不厭可參旨申遣ル處折角彼卿ゟも外ゟハ四藩内ゟも我輩抔申合居ル樣嫌疑有之趣ハ承居處置方ニ障出來ル而も不宜尤何もコレト云見込ハ無之日々唯憂悶苦心致居ル故伊豫守殿へ御話モ申ルハヽ少しハ御考も承り御論モ被下候ハヽ胸モヒラケ可申と存ル位の事故當分ハ見合居可申との返答
同十一日
○第四時越邸へ參隅州集會
○過日之伺書催促申候共与聢御返答可有之とも不被考此方共一度催促ス

レトモ御返答無之而ハ今ゟ一段不都合ニ付先ッ可見合と談合候事
○永井玄蕃ゟ昨夜中根雪江へ可參申來昨朝參對談左之通之由話候
△此頃ハ大藏登　營モ不致家臣モ閣老其外へ更ニ不參候處如何之都合候
や薩宇之方摸樣被爲聞度雪江ハ玄蕃懇意ニ付內々相尋候樣樹公御沙汰
之趣ニ付

雪答

大藏大輔四藩申合候儀ハ過日迄屢建言仕家來共モ主人之所存ヲ受繼皆
々樣へ數度申上候儀ハ御承知被成下候通ニ而最早別ニ申上候儀モ無御
坐日夜御採用ハ如何と奉伺居而已ニ御坐候既ょ家來共の內ょハ主人共
所存ハ飽マテ建言モ仕候ニ付日々疲弊モ夥敷最早御暇相願致歸國可然
抔申立候向モ御坐候仕合至而閑暇ニ御坐候薩宇御兩家樣共先ッ御同樣
之御容子乍然折々御往來御集會ハ有之既ニ今夕モ弊邸へ兩公御出御坐
候何モ是ト申上候程の事件ハ更ニ無御坐候

玄言
御三方共些ト御旅館へ只御話ニ登
營有之候得ㇵ宜敷ト申
雪答
是迄追々申上ル儀未タ御決着モ不被爲在只御話而已罷出候儀大藏大輔よハ御沙汰御坐ルハヽ不得止登　營モ可仕ル大隅守様ハ御申立之筋何等御採用ニ不相成シテハ御登　營ハ被成間敷伊よ守様よも何等此上御處置之儀ニ付御相談等被爲在ル儀ニルハヽ御登　營之處大藏大輔ゟ御スヽメ申上ルハヽ御出ニモ可相成哉ト云
玄言
夫ハコマツタモノ藝之紀伊守モ此間京着相成ル得共未タ伺御機嫌登
營モ無之如何ヤ
雪答

与駈仕ル儀不承ル得共大藏大輔內話ょ板倉様へ先日家老出候節何を紀
伊守様御着之上御直談ニ可被遊様御意有之趣之處未タ御若年ト申若シ
御前ょゐ御直談ト相至ゐハ御請不被　仰上候ゐハ不相濟亦左ル迚事實
御不爲ニ相成ル義ハ最初家來ゟ申出ル通ょて前後甚御當惑故必大藏大
輔始御一同ニ無御坐ルゐハ御登　營モ被成兼可申哉ト奉存ル近日ニ相
成四藩申上置ル通ニテハ幕府ょて御不都合故別段御處置振御見込被爲
付ル御儀ルヤ如何御坐ル歟
玄云
折角何分別段御處置之儀見込モ不相付何を書面差出サセル處ハ六ケ敷
可有之ト申處ハ御分り相成被爲於　樹公ゐモ何卒早く御施シ有之度と
ハ被　思召居候趣
雪云
然ハ唯今ニ至歎願書モ不差出云々御處置御坐ル時ハ御役々様之御內ょ

て御議論紛起仕候歟外藩まて物議ヲ生シ可申ト夫等ニ御懸念被爲在候御儀候哉

玄云

何さ少々ハ議論モ可有之歟ナレトモ以　御決斷被　仰出候日ニ至リテハ格別掛念ニ存候程之儀ハ無之只少々御迷ヒ之處之

雪云

左樣ナラ尾老公總督之儀毛利家ゟ差出置候伏罪陳謝之書付ヲ少々御潤色ニ(マヽ)ドモ相成候而ハ如何ナルモノヤ

玄云

マアソンナモノまでも可成歟此間風聞書ニ市之進ゟ心付ヲ以角助トカ申者ヲ以長へ追々寛太◎(大カ)之御處置ニモ可相成ニ付此上豊石兩地ノ屯兵モ爲引取謹愼之情態顯レ候ハヽ可然ト爲申候處彼云一昨年尾總督御下藝相成時三家老首級モ差出參謀之者共夫々罪科ニ行伏罪謹愼仕居候

儀ハ（マヽ）　今日ニ至此上謹愼之致樣モ無之却而幕府ニて色々奉疑惑之御
處置不少申述角閉口セルト有之趣被話候由
愚案右角助ヲ市之進使候事ニ候ハヽ風聞書抔ニハ有之間敷筈玄蕃ゟ
直談ニ而可相成是ハ恐ハ去月廿六日頃會藩家老歟內藤助右衞門ナル
モノ書記役四人召連下藝故助右之策ニ可有之ト考候事

同十二日

○藝ゟ使札ニ而今日午後紀伊守登　營可致旨御沙汰之處此方ハ如何紀州
計ナラ不參スルト申越候故昨夕越中根ゟ承り候處ニてハ永井へ雪ゟ紀
伊守壹人ニて當惑不參可相成ト申述候處然ハ留守居ヲ呼些と下地ヲ附
置ネバナルマイト申候越か◎趣故此間の御書面ニ付云々被仰出候譯ニ而
ハ無之旨板閣用人モ演舌致候儀ニ可有之就而ハ御心配筋ハ無之ト存候
尙御考次第ト申遣候事

○柳原へ雪江遣ス

伺書之儀御催促之處相控へ
長寛典被仰出候儀ハ從
朝廷被爲在度事
○正三へ但馬出ス
　右同條兩卿承知之
正三ゟ伺書御返答之儀關心ニ付殿下へ度々申上候處先日大藏大輔ゟ否
御猶豫願候故イソグニ不及被仰候處夫ハ小內之處旣ニ半月ニも至候故
是非何等とハ御沙汰可有御坐筋ト申上置候末痛處ニ而引込半月モ過候
處矢張爲何御否モ無之故昨日よふ〳〵執筆出來候故長谷へ尙申遣承知
申參候處トノ話
○寬典之儀ハ素ゟ從
朝廷御沙汰無之而ハ條理不相立候同役其心得殿下ニハ幕ゟ出候而モ宜敷
樣被仰述候得共是ハぜひ〳〵

朝命之心得尙盡力可致ニ付我輩ゟモ幕へ可申立旨被申越候
○越ハ幕ニ附候樣被疑候故但馬丈ハ弁解申述候由土州モ容堂立後ハ援幕ニハ無之哉と被申是亦同前申述置候由細川ハ邪广ニハナラヌカト被申候故委細承知不仕と申候所どふら早く退京ナラヨシト被申候旨
○土左膳來り用談スル主意左之通
△兵之助御暇願書持參相談越ハ無存慮よし內情ハ何事モ厄介之身分大事ニハ不致關係樣容堂被申置日々疲弊計よて無致方且此間自分ゟ三人集會之節被參候樣申候處段々と一事〳〵關係致候時ハツマリ參內登　營モ致サネハナラヌ樣可相成左候而ハ容堂申置候主意ニ不相叶當惑の趣之此方ゟ返答容堂兄發駕前御賴之趣モ有之故可相成早々御帰り可然亦御同か◎內情モ實尤千萬之乍去只今被帰候而ハ兼而合一同心之四藩之一藩ハ欠候姿離間說横行之時合意外之障碍可（マヽ）申出第一ハ我輩之弱ミと相成且毛利家寛典モ最早不遠ハ可被行此事件發表後御暇被願度

今日よてハ
御許容モ有之間敷と存ル兵之助參會ル出席有之ルとて爾後參
內登　營抔ハ無之樣受合可申條無掛念被參ル樣申含落意よて歸りル之
○夕景結城筑後守越伊藤友四郎土福岡藤治參ル事
同十三日
○第四時ゟ興正寺へ出ル越モ參
同十四日晴　國去月廿五日便着
○祇園祭爲見物如七日春長院へ參ル越老兄被參ル
一調笛話今朝殿下ゟ御書被下此間伺書抔猶豫之儀云々右ゟ如何相成ル哉
　ト被尋越ルニ付最早何分力盡之由御請申上ル趣
同望日
○今朝正三殿へ雪江遣ス
　伺書之儀議三卿ゟ昨日殿下へ早々御否有之筋と被申述素より遲緩ニハ

不成先日大藏ゟ少々猶豫之儀申ル故見合居ル處今以不相分今朝書通ニ
ゟ尋遣有之間否迄ハ見合ル旨御返答ニ付相分ルハ、兩三日中御決着御
否被仰出度と申上ル由
○大膳父子官位拆復舊云々ハ素ゟ以
朝權可被仰出筋幕委任云々ハ再征之儀殊ニ寛大云々之綱令ハ先月被　仰
出ル二付是非右一條モ
朝命ヲ以御沙汰之處可取計旨ヘ
○昨夜土之左膳ト會酒樓ル處後藤象次郎今日崎ゟ參ル處於藩府以◎〔脱之ヵ〕外
不相濟義有之旨申話候由亦同藩藤治後レ來後藤と及議論ル處互ニ不落
意故否直シニ來ル由何等之事件歟不話尤薩人兩名同伴一ツ◎〔ヵ〕人ハ田中
の由
○右之話ニ付小松へ内藏遣尋ル處只今迄崎ゟ來ル同藩士（洋行の由）人ニ對話致
居ル由◎〔脱之ヵ〕處何モ大事件ハ無之幕与佛別ゟ結私懇貿易拆幕佛計勝手ニ〔マヽ〕

ナル處置有之趣ハ申候由田中ハ不參若シ參候而ハ其儘ニハ不相成と申候由

○調笛兄今朝板閣へ參候趣ニ付對話樣子尋遣候處返事大意

○昨日申上候通私願相濟長防寬大之所承候處尾老公上書有之閑叟近々上京とゟ申事藝世子登　營ニて長防事情御尋問之末被決位の咄ニ御坐候

同十六日

○越へ雪江遣ス

△十四日攝政家へ調笛兄ゟ御請ニ兼而之伺書御催促申上候迄ハ御猶豫相成度云々被申上候趣之處左候而ハ議　奏衆早々御返答有御坐度旨被申述候とも於殿下調笛兄云々口實ニ被成迚モ運ヒ附兼可申我輩ゟ催促ハ不申上とも從

朝廷御否被成下候儀ニ候ハヽ仕合ニ付其赴（マヽ）ニ申上直され度と申進承知ニて明朝被申上候由

○昨日日野ゟ願ひ候ハヽ参　内拝
龍顔可被仰付赴(ママ)ニ付及相談候處大宇ゟ直書返事ハ願不申候而ハ不被　仰
付と申も些と如何のをのやと被申越越君臣話合ハ十八日依願細川右京
大夫儀参
内　龍顔拝モ有之處其前ゟ召ニより罷出三人へ無御沙汰モ如何と御勘(ママ)
酌ゟ云々傳　奏被申聞候儀ニ付明後日之處難有仕合よハ奉存候得共未
タ御暇モ不相願候儀ニ付先ツ不相願趣明朝日野家へ使者出候由此方よ
て明後日と申事モ不致承知全ク三人丈へ之御沙汰カト存居候處越之話
承候而ハ細川の供スルモ十分ニ無之故矢張越同趣意ヲ以明朝留守居よ
て使者為勤候之
○土藩象次郎へ内藏参田中幸助ニモ逢候由
○調笛見ゟ過ル十四日殿下へ伺書之儀御催促申上候迄ハ御猶豫よても宜
敷様御請相成候故議　奏衆盡力之障碍ニ相成候間自

朝廷御否被成下候ハヽ別而難有仕合と申所へ申上被置度旨以雪江申遣今
朝ハ下加茂へ参候故帰後認明朝可差上旨被申越ル事
同十七日國へ飛脚立ル廿五日返事
○調笛兄ゟ今朝殿下申上直ルよし申來ル
○土後藤象次郎参ル
○容堂病氣とハ乍申甚以御帰國相成殘念千萬心緒申述尤ニ聞受ル事
○當時見込居ル兵庫開港長防御所置五卿帰洛等ハ枝葉ニて夫ゟ被對西洋
各國耻敷無之様〔朱書〕象唱政事堂
皇國之國体大御變革相成度主意申述ル尤ニハルまゝ今ニてハ早くハ無之
哉と存候薩小松西郷へモ及内話ル様申置候
○細右京大夫被参一寸逢候
○鹿之助呼話ス
△此間板閣より何を紀伊守へ長防事情御尋ルハヽ委細可相分云々被申ル

處同人ハコマリ可申幸辻將曹上京致且紀伊守ハ内實忌中ニ付當分ハ出
間敷段々遲滯ヨも相（マヽ）將曹ニ候ハヽ卽刻可罷出且事情モ委敷可相分趣
御心附ニ而被　仰度亦閑叟モ被待候趣候所同人考ハ寛典御實跡モ被施
相濟候頃合考而可出故ニラミクラ無（マヽ）際限有之間敷乍然閑叟へ御相談無
之而ハ御決定難出來譯候ヤと申所モ被聞度旨申聞候

鹿云

△過日板閣へ出候節大藏卽席一箇之考ニ而最早御暇願而モ可然ヤ申出候
處如何可有之ヤ何を可相伺トノ返答ニ候處一昨日板閣ゟ書通ニ而伺候
處先ッ見合候樣との御沙汰と申參候ニ付明朝ハ亦板閣へ參何故先ッ見
合候樣被
仰出候哉御譯柄伺候心得ニ付幸其節只今御沙汰兩條御話之都合ニ從而
申述候樣可申聞との事之

同十八日

○正三雪江出ス
△毛利家御處置何分不相分由
△昨日ハ御評議殿下邸ニ而有之候得共不參故承知無之由
○越毛受鹿之助ゟ西園寺當か◎宛内用書面
一長地事情御尋之儀大藏大輔へ申聞候處御尤至極被存今朝雪江板倉樣へ罷出候ニ付申上候處いらよも紀伊守樣へ御尋ゟ分明可有之至極可宜思召候との事且長之御處置御運之處伺候所閑叟樣よハ廿五日とり御上京之趣御届有之尾公ゟモ御家來御差出之含ニ而多分當月中ニ者相分り可申哉ニ御內話御坐候
○柳原へ雪江遣し承ヶ條
昨日ハ殿下御不參ニ付議奏壹人攝政家へ被參候樣との事柳ハ當直故長谷參候處左ヶ條可致商議旨

此藩ハ矢張ハク歟會ナラン

〇十五萬俵年貢献相成候處山城一國被献度

〇昭徳院殿へ一位大政（マヽ）大臣被爲贈度

〇四藩伺書御否無御坐候而ハ右伺之赴意（マヽ）御採用有之様ニて幕府ハどふてもよた様御仕向之筋ニ相成甚以不宜と早々御返答有御坐度トセマル藩モ有之故否ハ申開可然殿下考ハ最初幕ゟ四藩共談合粗決候故伺參　内之上御評決有之度　大樹公ゟ被申述候末廿四日強而　樹公御願ニ付御書附被相渡候事故幕ハ罪ナキ振ニ而右云々返答致候而ハ如何との御話議　奏被申合候處最前四藩モ同意と幕ゟ被申立候處幕へ四藩ゟ出候書付モ過日

朝廷へ出候伺書モ大意同趣旨丸て同意ニてハ無之故此所ニて四藩ゟ幕へ書面差出候哉御尋ニ相成出候趣ニ候ハヽ其書面入御一覧候様被　仰聞其上最初幕ゟ同意云々申立候處此紙面ニてハ四藩丸之同意ニ無之旨御結◎詰問候而ハ如何トノ相談故今朝薩へ可申談事

○正柳長邊ゟ鷲尾抔御宥免之儀被申立ル處左ルハヽ六條ヲ出シル樣被仰
遁ル由幕意ヲ御含蓄と被察ル事

○戸田大和ゟ建白柳原迄出シ舊臘
崩御ニ付御坐所向想か◎惣体御清メ屋根迄葺替ル御舊例之處此節幕府鴻
費相嵩ル時合ニ付屋根丈ハ御見合被成下且御道具モ御新調ニ付五百万◎
か兩程ハ御入費相成ル處是も
先帝之御儀ニ付御品ニ寄テハ其儘被爲用不被得止分二万五千兩程御新調
ニ而ハ如何との主意之由柳原よて是迄之御先例之儀ニ付難相整事と考
ル其内幕ニ而被困ルハヽ
朝廷ニ近年貢献米之殘十万兩程ハ有之故幕府よて御世話被申上ルハヽ金
ハ不及出旨申ル處夫ニ而ハ不相濟當時上京諸藩も有之物議相生ル故此
儀ハ私見を申上試ル儀ニ付幕府へ御沙汰ハ御無用ニ奉願度建白モ先ツ
不差出前ニ被成度与篤尙幕府へ可申談との事之

同十九日

○藝ゟ生十郎参ル

一先日紀伊守ゟ書付差出ル處其後更ニ御沙汰無之故昨夕板閣へ今朝以辻將曹申上ル儀有之趣申遣ル處四時比御旅館へ出ル樣尤其節一通此書面差上候而委曲ハ演舌仕ル心得ル處存寄ハ無之哉被致相談ル旨令披見聊無別慮至極可然と申置ル且昨朝越へ申遣ル儀有之故實ハ板閣ゟ今日將曹生十郎可被呼歟と存ル趣申ル得ㇾ私儀當御旅館へ先刻罷出懸ル處途中へ永井樣ゟ御書付ヨて今日昼時御旅館へ可罷出◎〔脱カ〕旨被仰越何故ニ可有御坐ヤト苦慮仕居ル處只今之御沙汰ニ而安心仕ル旨申ル故充分兩人ニ而可致説破旨申置ル

○小松へ雪江遣ス

△伺書之儀正三如考之外有之間敷と申聞ル事

△町田はいりヨても出ル幸助此方ヨて云々故知而不知分ニ有之由

○越氷製器見ニ中里謙三差越ル勝門人兵ヨニ住

同廿日

○大久保市藏參藝書面渡ス且尾州ゟ板閣永井へ參ル樣被仰越ル處繁務ニ付御斷仍而板ゟ来吉（尾人之）ヲ遣ル由是ハ幕論同意ニ付尾有志當地ゟ来吉ゟ先へ七八人モ爲盡力參ル故於尾少々混雜可致ト云

○町田民部參委曲西洋談且

皇國大變革之密話スル懷中の折本ニ記ス

同廿一日　國當月八日立達ス

○藝ゟ生十郎參ル一昨日板閣へ出ル處一向身ヲ入きくよてもなくつまらぬ由

○後藤象次郎參ル過日之目的小松西郷へ話ル處無間然同意ニ相成ル由尚但馬雪江定一へも主意爲話ル事近日下土ニ付容堂へ一封願候赴（マヽ）之

○東本願寺ゟ自書參ルぬさもの入品共

同廿二日
○松閑叟十一日出立廿六日着阪ト爲知越候
○第五時前出門双松へ參對話スル
△象次郎近々帰土之時兩人ゟ書帖之願候由申置候連名ニ而可遣
△簡兄云象次郎余り氣張强過候若しあの通之議論ヲ吐置候而帰國候ハヽ亦不出合而も不知ト存候よし予云マサカ左様ても有之間敷候得共同人儀昨年ゟ出崎富國之策粉骨申候處國元にてハ不評判殊ニ當春歟英と商旗取交候儀甚異論有之既ニ容堂るす中にてハ帰國ハ危く候故不可致等内話モ承居候ニ付此度意表之發論ニ而藩士之其身を惡ミ居候意氣を變シ可申密策而と邪察申候旨相話候處至極の處へ考カ付候何分丸テ難信樣子此方考モ粗同樣之容堂ハ此議論採用可致と存候ヤのか◎と被尋候故此方考にてハ不承知歟と察候よし申候得も同意との返答右にて考候而ハ小松西郷等モ半信半疑カト存候

同廿三日

○正三へ但馬遣ス何モ替事無之依然因循昨日樹公參
內暑ニ付伺計之由

○容兄本月初二着の由自書來

同廿四日　國へ發飛脚

○細右京大夫明日發足のよし

○由井猪內參容堂傳言兵之助帰國之儀申述候故當分ハ過日此方ゟ申述候
處ニ動ハ不申旨申置候猪內ハ象次郎議論被行候ハヽ是非御人數交代モ
仕候故御帰り仕度旨申述候故其時よて可然と考默居候

○象次郎事ハ土州アナヲ見出物論有之候得共何卒此度之所存ヲ以御用被
有之度趣モ申居候故彌象次郎主張スル論モ人望ニ關係と察申候

○夕刻南禪寺藝旅館へ參る
明後廿六日頃登　營ノ儀ス丶メ置候之

石井云佐賀藩福岡嬉四郎來着京後何歟申合度由申述ル赴(マヽ)

同廿五日

○昨夕柳原へ上甲遣ル時話

△傳　献卷物ハ可宜由

△一昨日會藩手代木直右衞門抔參近内府公正三柳原ニ而專毛利家寛典之儀ハ四藩見込通り貫達致ル樣盡力有之處元來二証ハ無之筋ニ相成而ハ幕府之失面目且士か◎出軍諸藩を夥敷戰死ニル處全贅事と相成ル故追々傳聞不遠亦京地戰爭も可發云々申ル故柳原ゟ何をヲ取何レヲ捨と申譯モ無之至當人心帰服スル處被致度四藩の周施(マヽ)而已ハ不致ト答ル別紙委曲アリ

同廿六日

○大隅へ容堂へ遣ル帖相談無別慮由此頃象次郎如立論處置ハ甚不宜と獨見ニハ存ル由之

○小松參ル衆議尋ル處同意と申居ル尤彌平穩公正ヲ主張ニナクテハナラヌト申居ル胸中ハ不吐互ニヲカシク存ル而已

○正三へ昨夕但馬遣ス昨日之朝議不參多く且殿下御所勞急ニ御退散よて止ルよし

一昨日新撰組二人出ル〆明日以朝議斷然毛利家之御沙汰有之樣承ルニ付云々申出ル由正三不知と答ル

細マヽ之別紙但馬控有之

○驟雨後第六時越邸へ參候

△會藩ゟ過日脫走士と唱酒井留守へ參養ヒクレル樣申屋敷内廻り所々へ賴ル由甚可疑もの と云予云殘念留置入牢爲致ルハヽ情實吐可申と云君臣切齒セリ

同廿七日

○閑叟今日着京熊藝兩世子參

内鯉酒頂戴の由

○藝世子昨日登　營濟ル爲差御尋問モ無之由手帖ニ申來候

○尾成瀬隼人正今日着のよし

○夕景藝坤山兄來臨辻將曹モ參ル

○於藝父子家老抔申談ル處ハ粗象次郎議スル處ト同意ニ而將曹モ昨日後藤ト會集談合之由及密話辻頗憤發之

同廿八日

○都莊云土州藩人密話ニ過日原市有宮へ致拜謁ル節長父子英水師提督との寫眞出し是ハ謹愼中父子致洋行彼方ニて寫ル圖のよし申述寫眞ハ宮御留置のよし此圖ハ四月廿日登　營此方ニて樹公寫眞と交易致ル圖と存ル欺罔之策之

○第四時土邸へ參兵參會

○此間象次郎入聽ル主旨書付出來居薩ニても無異存よし借用帰る猪内云

會藩手代木等別よ紀州ヲ將軍ニ立可申なそ申話も有之由是ハ毛利家御處置四藩如申立樹公ニ而ハ內實決着相成會藩見込之如ク不相成候故歟亦ハ云々申唱他藩ノ內情探索スルナラン欤ト存候事

△大阪土邸馬屋ゟ出火長屋一棟町家少々燒乾泰助ノ騎馬ニ馴練之馬燒死江戶牽越候由

六月小盡國當月廿日立達桒浦上書取落（江戶同十七日立達）

○田幸介參五代モ交易筋余リ手ヲヒロケ不都合ナカラ今退崎スレハ尙洋人ヘモ薩藩ニ而失面目且五代モスマヌ故先ツアノ儘居可申尤萬事手ヲヒキ居候由後藤モ五代の眞似ヲシテ猥リニ船ヲコシラエ手ヲヒロケ大ニ後悔爾後ハ考モ付可申土藩暴論徒象次郎ヲ惡事甚歟由申候故此度之議論よて取人氣可申ト申候處實ニ左樣と申居候

七月朔

○後藤參明後日出立之由傳言申含置候事土州ハ隨分此度之注目六ヶ敷と

存候得共粉骨之心得ト申居候故否遅々スルト此方ハ帰ル由申置候之薩
之西卿ハ目下戦候意氣有之象ゟ重々止メ置候得共此方ゟモ出候ハヽ重
々戒メクレ候様申候故承知ト申置候亦云會桑ニ而殊之外氣ヲ付居若サ
ッ之三人小大西抔へ召捕候策トモ施候ハヽ直ニヤブレ可申大事ト申候
故實々左様之乍然ソレテ動テハサッヘ都下ニ而兵端開キ候云々汚名付
可申勘忍所之然ショホド鎮定ハ六ケ敷ト申置候

○藝ゟ将曹参

○此間紀伊守ゟ内話之父子始注目之處全ク土論ト合候故別ヨ書面ハ不差
上由夫故彼藩父子計建白ハ相控追而一同申立候而ハ如何ト申候故其通
ニテ宜敷と存候旨答置候

○五月廿日頃備前家老参リ紀伊守此度上京盡力之目的尋候故折角可申上
と含居候儀ハ御四藩様ゟ被仰出別ヨも考なく其内御國本之儀ニ付而ハ
少々心付モ有之由申述候處其主意承度よしニ付申述候處是迄モ不外御

間柄ニ付種々御諫言モ被申上ル處更ニ御採用無之方今ハ致方も無之乍
不本意沈默之体ニ付迚モ口ゥ◎御論支通り申間敷旨申留ル故備前よてハ
手を盡しル得共藝よてハ防長之儀ニ付建白而已夫よも名分條理ト申儀
毎々申出ル處其名分條理ヲ委曲申出度との赴〔マヽ〕申述ル得支如何ニモ尤之
儀感伏之至と申答ル由其後廿五六日頃祇園二軒茶ヤヘ因備阿參會將曹
招尙亦主意承り度よしニ付前日之通申出三藩感動同意早々各國元へ可
申遣との事ニ其後市之進ゟ因留守居へ早々可致登營旨申來出ル所右四
藩會集上樣よて被爲聞因備ハ不外御聞〔マヽ〕柄御依賴思召候處薩へ懸意之藝
藩ト參會伺歟御不安堵故樣子尋ル樣との御沙汰と申ル故兼而懸意之藩
々ニ付集會仕世上話抔仕ル尤少々國事之話合モ仕ル由因留少しハ將曹之主意申ル中申
出ル處相控ル樣被申亦出席委細ニ　上樣へ申上候處大ニ御安心遊しル
故今日ハ相下り宜敷との事ニ其時將曹ハ小松大久保西鄕等懸意ゟと尋
ル故不知由申聞ル趣ニ

○柳原侍従被參　秋田稲人白巖出ろ
同二日
○容堂へ大簡連名狀後藤迄雪江ニ爲持遣候事
○此度之密議大事件ニ付國へ雪江土便ニ而遣し可申事取極候事
○越邸へ第五時參紀兵參會
同三日　榮浦上書參り候
○土ゟ國へ遣候事定ニい多し候
○昨夜幕歩兵大手組与東寺島原ニ而致爭論一人ハ即死一人ハ怪我スル由
夫ニ而双方引取候處大手組四百人計東寺へ押寄候得共門鎖有之故外ゟ
四五發打候處へ新撰組ナカへ立入ヤミ候由
○八時ゟ勸智院へ參候興門御父子御出之
同四日　第三時九十度
○土猪内雪江方へ參昨夕永玄蕃ゟ象次郎呼ニ參候故罷越候處の話

永
長崎以來久敷不逢候故緩々話度との事候處今日出立致旨象申候ニ付暫時話候様崎陽且世上話之ツマリ當今爾後之處置如何見込ミ有之哉象云追々四藩申合建言仕置候外差當り考量無御坐候永云象壹人之考可有之少々御坐候得共土州父子へも不申聞候故何分難話永云夫ハ尤之乍然全懇意故話ニ招候儀役場よての對話と不存大意承度由象云小條理を不論一和シテ立國之基本萬國へ對不耻ト申様相成度此上ハ何分主人へ未タ不申候故御斷申上候永コマリ可申候故最早尋申間敷折角上様ニ而も諸侯ト共ニ一和御相談ニ被遊度　思召の由容堂上京候ハヽ無此上勿論象ニハ是非〳〵早々上京致候様永井頼ミ候由且虚説ニハ可有之候得共討幕之話モ有之赴〔マヽ〕象大言ノ様ニハ候得共此儀ハ私一人ニ而モ決而萬々無之儀御受合可申上當時合戰爭云々等以之外之儀と存候由申帰り候旨之

同五日第四時九十度　國へ飛脚廿九日返事

○細右京明日出立吹聽參ル

同六日

○調笛兄文通一昨日ハ二鷹櫻木ト樹公御入來有之處　照◎昭廟贈官位御歎願計之由△一翁返事密示寫置

○諸司代ゟ留守居呼出七夕ニ明日參内午刻ゟ可致旨傳　奏被仰聞ル旨書付ニ而達有之ル事

七夕

○今日參内服ヽ痛よて御斷申上候

○調笛兄ゟ返事雷閣へ雪江私事ニ付御料理ノ事之序ニ近日をよふ爲尋ル處尾老ハ全封書被出ルよハ無之當時之形勢委曲被致承知度其上尚被申上ル事も可有之由閑叟ハ着翌日永玄參ル時ハ至而健氣の處其後服◎腹瀉文海塚戸を樹公ゟ被遣日々診察執七歟實病ニ而閑之奸よハ無之由

同八日
○第五時後調笛來訪
○西周助和蘭留學中万國通法和解いたし呈幕卽
皇國立國之論議事院等之建白幕采用ニモ可相成摸樣候處亦不被行當時佛
學御相手且調物御用而已繁多失本意居候序ニ後藤話もスル何分方今實
行六ヶ敷可有之と申合居候事
○久我緣談話加州ニヨリ候譯密話四才妾腹男子ヲ久我家ゟ入與夫人之實
子と披露其產母寵愛ゟ妾ニシテ牝鷄の朝威勢甚敷久◎(か)く夫人慙愧ニ不
堪自害之由与風承候事驚愕〳〵
○柳原へ雪江遣歸る
△鷹殿下ゟ內覽御沙汰御免願之時攝政殿へ心付ハ無服伏藏◎(腹か)申上御補助
申候儀畏居候處何分年老ニ及不任心底御斷申上度由
柳一應ハ畏候得共右ハ當年四月之御請ニ御坐候處俄ニ御老年云々ハ不

相分旨申述候處鷹云實ハ五月廿三四參内之時専ら幕意ヲ援（マ）ヽケ論上堂◎（堂上か）多人數有之非藏人之内よも兩三人召使迄云々申述候者モ有之亦幕ヲ援タト被申ゟモ無致方廿五日大樹公ゟ直書ヲ以昨日ハ御蔭ヲ以開港之儀モ如建言被
仰出忝由挨拶被申越旁相願候由柳云重キ御職柄ニゟ只々堂上非藏人輩相評候とて御斷被仰上候ハ御輕々敷ト存上候旨广答夫のみニモ無之屋敷向ニ何藩人カ不相分時々人ハ代候得共兩人ツヽ居合不絶此門出入之人ヲ筆記致候由主意ありそふ當時ハ仮建住居家來モ別ゟ心痛ニ不堪赴（マ）ヽ故相願候由柳云左様之御都合ニモ候ハヽ攝政殿可申上と答之由

同九日

○正三へ雪江遣ス

○四藩伺書ハ迚モ明白ナル御否ハ有之間敷埓モ不明故先ツ此儘よてハ如何哉昨夕小松參候序ニ相話候處右伺御否有之候ゟも必ス長防寛大御實

跡可被相行とも不奉存候故此儘ニても可然様存候旨申聞候趣ニ付相應
申答置候由
○兵庫開港ニ付幕へ被
仰出候儀ハ嚴ニ紀律ヲ立候様如長崎大藩へ守衛可被仰付入京且守◎寺
社靈場へ不立入様右等諸藩商議云々之處殿下ニて五日振程して諸藩ト
云々ハ除キ可然との事故其通り相成昨日ハ幕へ被相達候半ト七夕御談
判之處彼方共見込骨子御除候様ニも有之而ハ強（マヽ）御達ニモ不及と申上置ト
ノ事
同十日
○越藩留手附永田儀兵衛島原滯留之事幕奥祐湯淺勘六之話致候事
○豐伊東藩士話
幕ニ而ハ當今上京大名御◎ハ帰シ度其末在留諸藩士迄一旦引拂被申付
度ト申事ニ

○申後興門親子微行入來
三國幽民藪内紹與被召連此方ょて秋田稻人白巖呼ル

同十一日

○調笛文通昨日登　營之由右ハ一昨日歟雷閣へ雪江出シ御預場處之儀催促之序ニ閑叟抔之儀尙爲尋ル處何そ登　營之上との事其夕方以直書久々御逢無之故云々申來昨日午後出ル處直ょ御逢閑之事伺ル處着翌日永玄參ル所何レ登　營之上是迄之御都合モ相伺ルゐ閑考モ御直ニ可申上とて何モ不申述其後不快ニ相成ル處毛利家一条ハ何そ同人所存御尋之上可被決との御話の由◯寫眞ハ室賀ゟ近日越豫へ可被下由之

○小松參致對話ル

○第五時後山階王へ出る醍醐大納言堤左京大夫落合調笛兄共

同十二日　幕ゟ會へ手當一年間三十五萬兩計の由戸田大和守話調笛兄傳話

○昨夕調兄密話昨日登　營跡へ成瀬參ル處留守ニ付歸リ今朝同人臥内之

家來雪江方へ參相話候ハ當地へ着當分ハ板倉始殊之外懇切ニ話尾を大依賴と申居候處老公封書（板閣先日中根へ話ニハ封書ハ無之ト申全僞誑セシ之）故板へ申談候處近日登營可被仰付其時御直ニ差上候樣差圖候得共登　營之儀も無御沙汰段々及延引候故板閣へ差出候由夫ゟ板始前日トハ取扱霄壤之違早々歸レバヨキト申譯ニ而勿論幕之をよふ更ニ其後ハ不相分候由老公封書之大主意ハ今日ニ至幕府之威力ヲ以御處置有之候而ハ不宜爲天下ハ如何樣辛苦艱難モ被相忍而立國之基本可被相定タトエバ豊公ゟ大政所ヲ人質ニ被出神君ゟ伊奈圖書ニ切腹被仰付候等皆以天下之大事ニハ難換譯と被相考候抔之事ニ候處會藩等ニテハ不外尾よて四藩ト同意シテ建言有之ハ以の外と申候由不圖同論ニ相成候處ヲ疑念ゟ右樣申段甚不落意之ト云且成瀬モ徒ニ滯留故戸田之方へ一日參如何可致ト及內談候處大和守ゟ是迄種々乍不及粉骨致候得共何事モ不貫此度モ參政被仰付候處永井トあの樣なふゟん敷者故同席スルモ不快御斷申上候得共達而之御沙

汰故當分無據御請申上候迚モ老公思召モ貫兼可申ト之返答痛歎話計ノ由

○此間調兄へ賴置候四人寫眞昨日御直ニ願上昨夜室賀伊豫守ゟ調兄迄相廻シ受取御禮モ賴置候事

○今朝土州窪田某使ニ參雪江へ話ス昨日鰍犬山藩八木某へ參候處幕ニ而甚不取扱御暇モ出候ニ付昨日參内今日泉山へ參詣十七八日ゟハ歸候よし御返答ハ如何ト申候所尤ニ思召との事之乍去迚モ御信實ニハ無之中〳〵御心底ハ不尤ニ思召と申サヌ計ト大不平ニ申居候由

○昨夕定一之居候處書林ゟ壯藏へ昨日勸修寺殿內山本左近ト云參酒のませ色々話候內當月か◎年五月廿五日頃御所れし曲直瀨道策と申者を幕ゟ新撰組ニ暗殺爲致候由此頃モ宇藩之西園寺ヲ暗殺スルト云事二條殿內山中法橋ゟ傳聞ト及密話候故內々報告ストト云兩人頗正論家之由右ニ付

爲用心備中ゟ雪江轉宿サセル之
○藝寺尾雪江へ參
因備へ樹公ゟ先達而丸山ニて因備阿藝參會之事ニ付以御使御書被遣兄弟格別御依賴候故決而四藩ト申合候藝論ニ同意致間敷ト嚴敷被仰遣候由備ハ日置帶刀モ藝使者同行下國段々主意申述候處備主ハ素ゟ斷然不動同意乍然每度之上京疲弊甚敷故不致上京帶刀と用人壹人遣候間藝申談盡力爲致候筈之因ハ御直翰ニ而動可申哉との事
○辻ヲ梅澤招色々長論申述且諸大名ト御親敷被遊度思召候得共當時在京四藩抔ハ構而登　營不致紀伊守ニハ每日ニても登　營可致梅澤◎（脫か）へ辻モ度々參可致懇意由
○寺尾船越旅宿へ先日參候處近藤勇跡ヲ付參リ致面會色々丸山會議論其他相話候由之
同十三日

○大阪へ異人參候聞有之故壯藏明朝下坂申付候事
○閑叟見舞基吉遣候處横山平兵衛凉亭ハ松隈玄安ニ逢候處最早快よし
○因幡守ゟ五ヶ年振ぬと報書當
大樹公ハ兼々御懇意ニ付此上とも心付も無遠慮申上御親敷様との事可有意味之
同十四日
○隅州へ及書通大阪異船の事尋遣候處一向不知由依而今夕壯藏不阪ハ為見合候事
中元
○將曹へ雪江遣ス備前様子尋候處備前守ゟ板閣へ自書遣シ委細ハ家老日置帶刀ゟ可申上此外無心付由右帶刀ヶ條書致持參居候得共未逢候故不分尤因州摸様分り候上板閣へ申出度含之由板ゟハ早々聞度との趣之
同十六日

○第五時過ゟ調兄邸へ参ル火大字船妙法さもる等みる
○密話追々疲弊甚敷全体六月迄の見込ニ而出京月々萬金ヲ費シ其上今日
更ニ周施(マヽ)盡力モ不出來ル故國元よても最早見切り一旦帰國可然と議論
申越當地ニ而ハ先日ゟ發論之儀其上先日登　營致ル處是迄之様御懇話
モ無之親藩トモ不思召趣ハ被察且昨日モ成瀬密話等察ル而ハ迚モ致方
無之故此節御暇相願ル處ニ決着申ル故御話置ル趣尤千萬アレ程迄必死
力(マヽ)御周施ルても貫徹モ不致御見切之段御同意千萬之併先日ゟ粗及御噂
ル後藤之所存容兄へ陳述否近日よハ可有之其上御談判可申上此度ハ進
退御同時ト兼而申合ル故大簡へモ御話ルハ、亦考モ可申上と申ル處調
ゟ何そ明日よも可申心得との事之弄ゟ左ルハ、後藤ゟ及吐露ル儀申上
ル歟モ不料亦其時御申合可致立論大議ハ尤同意不動ル得共事實ニ施行
時機ニ至テハ迚(マヽ)力盡凡庸小子抔不及簡見不能思量容兄是非上京乾施◎斡
旋か可有之と過日及書通ル處如何返答ルや簡兄トハ十分話合不致ル得共

小松始ハ土藩ハ如何樣とも薩計ニても可致盡力趣ニ付動モ申間敷候得共僕ハ考ニワタリ兼候故呉々尙其時御申合可致候

○昨夕成瀨參逢候處粗過ル十二日ニ記處ト同意何分兩度目登　營致候處其日ヨ無御用候故御暇被下候由板閣申渡候故御否ハ何等ト被成下度旨申述候處出立前日致登　營候ハヽ御返答可被仰出との事ニ付尙老公ゟ殿下有栖川大藏其外不外間柄ヨて使者被申付候故相話候處十日位ハ出立及延引候とも不苦旨日限迄右之通被申聞一日モ早く立候樣との事ニ可有之由攝政樣尹宮へ出候處同主意尹宮ニハ大納言殿若シ此頃上京之含共有之候ハヽ被見合候方可然隼人正モ早く帰り候方安心ニ可有之との趣致痛歎候故調兒ゟモ四藩是迄盡力之話ハ委曲被申述候處老公へ何寄之土產話出來候と感泣致尙此後調兒とハ萬事機密ニ可申合旨約候由也

同十七日

○六時過供きも計よて宇治結城筑後守別莊へ參一日大ニ拂旅苦之情候事
供小性等發短炮候處川向番所小藤堂也より不審ニ參林ゟ込筒打拔候計外ニ
無子細旨申述候事番所ニ而ハ致仰天候様子一笑々々

同十八日

○調兄へ一昨夜密話御暇一條薩へ相談之末如何と申遣候處昨夕酒井遣伺
今夕小松呼直ニ心緒申述明朝可被申越由

○柳原ゟ眞繼大和守使ニ參過ル十四日幕府ゟ土橋眞繼へ中元として銀三
枚ツヽ取次へ五百疋ツヽ被相贈兩役衆同樣のよし穗瀆(積か)◎良之助外壹
人ト使ニ參候處大納言殿留守雜掌モ詰合不申預置其後兩役衆相談ニテ
受納申上候由右ニ付幕書記役へモ從大納言殿銀五枚程欤(マヽ)ニ而被贈而ハ
如何ト相談故其通リ可然と申置候書記役等被差遣世話ニなる主意の由
最早機嫌取れ一策と存候

○結城筑後夕刻來密話此間日向高鍋藩何秀と申者先年致面會候事有之處

過日訪來逢候所主人嫡子右京亮亦若年寄被仰付專ら笠閣之相談相手ニ致
候含之儀當時幕府爾後之處置着眼如何ニモ不安ニ付何分御役御免可願
含爲其上京近親御籏本詰合故及歎願居候由右幕着眼ハ當時佛國へ注文
之軍艦等參候ハヽ追々是迄幕へ不服之諸藩以兵威壓伏爲致可申其末ハ
乍恐
天位之處も如何と奉存候次第ト頗慷慨之氣色相顯シ話候由之折角左樣可
相成歟トハ察居候事尙酒ニ而モ爲呑可及懇談候筈之

同十九日

○壯藏今日藝洋之助と下阪サトウへ之口上覺書渡遣候之

○調兄ゟ返事

昨夕小松來候ニ付愚衷十分申候處小松も別陳モ無之芋兄へ罷帰委細可
申上旨よて相濟今夕又々小松來隅州所存之趣申聞（今晝モ隅兄ゟ右之一件よて長文之小簡到來）
候故尙心体打明し斷然決心之趣申聞候所小松ハ左樣之御沙汰よてハ使

命不果姿ニて當惑之樣子何分尤とハ不奉存今一應勘考候樣との事僕ハ
決心內慮伺差出候と申て相濟之

同廿日　國九日立達す

○第八時過越邸へ伺心緒承候兵庫防長之事件ゟハ越ニて着眼ハ昨年上京中從　當樹公迄モ不肖之身分將軍職ハ御請難致御先代樣迄ハ宜敷候得共何分重任ニ不堪乍恐德川家無御相續ニ至而ハ無止候故夫丈ハ可致承知候得共爾後ハ神祖岡崎御在城時分之心得ニて天下諸侯ト共ニハカリ不申而ハ不相濟赴〔ママ〕反服〔覆か〕被仰聞候實ニ至當感服之處其後被爲繼御重任候而ハ昨年之御主意とハ大ニ致相違候故此度上京之末是非〳〵御反正有御坐度ト致盡力候得共更ニ不致貫徹同志對三藩無申譯且今日何之處置も無之疲弊而已國ゟハ如何之次第早々見切帰候樣申越痛心當惑の談之（右樹公之反省ヲ目的ニ而盡力之儀ハ今日初而承ル之）大隅書翰モ被見候處大意ハ力盡疲弊ハ御同樣之儀候得共只今御互ニ引拂候ハヽ有志堂上ハ亦幽閉抔ニ相成有志諸

藩モ瓦解ニ可至何分
朝廷御爲ニハ難換候故御基本相立候迄勉强被成度との事之此方ゟも力盡
疲弊更ニ無致方段ハ御同様ニて一日も無益故御暇願度候得共防長之儀
モ未タ不相分且只今御歸國候ハヽ四藩ト申スモ跡◎〔脱か〕ハ薩ニ微々たる一
小宇藩故自ラ勢ヒ無之孤立之姿兼々進退一致之約束故今少々時合被見
合度旨達而申候得共何分決心ニ而動キ不申其内昨夜小松歸後今日內慮
伺可差出と草稿取調居候處永玄ゟ明日晝前後逢度可致登營と申來候故
同人歸り後之趣とて今日差出候事ハ見合候由ニ付亦其赴〔マヽ〕ニ而止之儀モ
可申述とて歸り候事
○調話昨日歟成瀨家來ゟ話ニハ備之日置モ藝申合之儀ニ付以ケ條主人ゟ
申立候儀ハ止メ候由
○夕景小松來
大簡兄ゟ調兄御暇唯今被願候而ハ不都合故自分ゟモと兇候様いたし度

との事ニ仍而今朝之都合ハ話置ル小松ゟ大藏へ申ル主意モ只今引拂ニ相成ル而ハ都下之人心形勢ニ大關係變動可申大隅モ甚當惑之儀防長御處置不遠ハ何等ト可被　仰出最前之伺書御否モ無御坐候此兩条御否今少々御見合不被成ル而ハ御不本意之儀と奉存ル旨種々申上ル得共御納得モ不被成亦御内慮伺可被差出ト御決着ニモ不相至ル故尙此方ゟもと先試ル樣との事ニ

○中雪へ西雪遣シ永玄應接尋ル事登營謁永玄ル處兼而大藏ゟ閑叟登營ルハ、樣子聞度赴(マヽ)ニ付呼ル昨日登　營モ勉強故久敷御側ょて御話ハ難澁之赴ニ何事歟從

樹公御話ニ付一二ヶ條ハ申上ル由ル得共譯不相伺酒飯モ被下ル處餘り無頂戴退而板閣ニ謁ル內ょ吐氣催ル故御醫師抔參り話モ不出來右之赴大藏へ申ル樣との事尙控居ル樣被申暫時して亦逢防長御處置一日も早くとの思召ニも被爲入ル故不遠ハ御沙汰ニ可相成由ニ付兩三日中ょハ

可被仰出哉ト申候所左様ハ参るましく何迄ニ
上様モ一両月ニても御帰府無御座而ハ不相済旁可成丈ハ早き思召のよ
し且又し大蔵御暇願ニハ不相成哉と尋ニ付粗ハ申述候所當惑らしき様
子の趣右ニ付越ニても先も不分候故彌内慮伺出候處ニ決候よし小松ゟ
自書ヲ以ナリ尚申遣くれ候様頼候事
○攝政家へ閑此間出両役衆も出席之防長御處置被相尋候處別ニ考ハ無御
坐候寛大之御處置相成度可成寛ニ相成度趣之殿下ゟ其主意幕府へも申
立候哉ト被相尋候所別ニ申出候程の考ニも無御坐候乍然自然御尋も候
ハヽ可申出との御請の由中雪之談之
同廿一日
○昨夜越へ永玄云々ニ付尚心緒申述度候条伺書ハ差出候儀相控明朝中雪
酒十之内被遣度と申遣候處返事ニ已ニ中雪帰邸後彌相決國許へも飛脚
立邸中へも及布告表向之者も夫々致承知今更と相成甚以迷惑の由返答

之内慮伺ヲ出ル儀邸中へ布告ょも不及譯ゐと存ル
○中雪參ル故左之通昨日永玄ゟ云々之話モ有之處先日ゟ閑叟出ルハ、長防モ可被決旨　樹公度々御沙汰も有之儀ニ付一向兩人ニ而致登營直ニ伺候ハ、爾後之御もおびも可相分其末所置もル半と存ル趣相談申遣ル之
○雪江ゟ調兄同意の趣ニ付板閣へ懸合否被申越度旨申遣置ル事
○福岡藤治來
土州へ象次郎八日ニ着艦及評議暫か◎漸十四日決着ニ付以早使申越ル由容堂ょハ是非快氣次第出ル得共即今ハ難致上京仍而左膳象次郎輩差越多分廿七八日迄ニハ着可致趣之○兵帰國致度由与大簡可談筈之
○第五時後閑叟兄旅館へ調兄ト參會五ヶ年振實ニ老衰驚入ル房弱と被察ル屈原ら俊寛の再生与可申ル
○登營之時長防御處置之儀ハ可成丈寛典ニ御處置有之度旨申上ル由

○御直ニても帰國之儀願ひ由不快ニゐなりきも今迄ハ滯留ハ不致と申居ひ

同廿二日

○大阪壯藏ゟ呈書薩道モ昨日ハ大坂へ着ノよし佛人モヤしき前通行と申越

○山口内匠爲暇乞參逢ひ

○昨日越老板閣ハ今日登　營之儀申遣ひ所夕景留守居呼出シ明日午後可致登　營旨之

同廿三日

○土州由井猪内參兵之助帰國之儀相談少々脚痛よも有之由今日登營長防之儀可相分且大簡へも申談明後㕝否可申ト答サセル

○第一時出門登　營調兄同伴板閣へ謁閑叟登　營候ハヽ長防御所置可被決趣伺居ひ間御摸様如何候哉相伺度ト兩人申述ひ處閑叟へ是迄之次第

被遊御話ル所寛大ニハ相成度侚与篤相考可申上趣故未タ御處置ニハ不
相至との事之兩人ゟ一昨日閑叟方へ參同人ニ承ル所御尋も御坐ル故可
成丈寛大之御處置相成度申上ル由退考亦申上ル心得ニハ無御坐様承込
ル由申ル處前文之通申上ルよハ無相違由之英佛着阪ニ而土地割渡之儀
之外ニ御直ニ申上度趣申立候故明朝俄ニ御下阪との事之

愚案閑老二枚舌ニ可有之ル

英佛申立ル共一應板閣面晤之上御下阪ナラ可然英人ニコビヘツライ

候而已よてツマラヌ事之

同廿四日

○大樹公四ッ時供揃よて御下阪の由諸司代ゟ達有之

○土由井猪内參る

○藝小林柔吉昨日藤治ニ逢內話ニ

幕府海陸軍一万計上京ニ而四藩を壓伏サセ是非〳〵猛威ニ而歸國爲致

若シ不肯候ハヽ打滅か◎滅之勢ヲ被張候趣長防御處置も依然タル不條理
を以可被施由先スル時ハ人ヲ制スルニ而只今事ヲ起可申抔暴論申候故
藤治ゟ鎮撫ハ致置候由酒氣も過半可有之と察候と申居候幕府よて右様
實ニ以兵威壓倒被成候時ハ如何處置可致ヤとの事故於此方ハあつく迄
モ恭順可相竭將曹抔論言語同斷之と申置候事
○薩小松代市藏參
昨日登　營板閣話ト廿一日閑叟話と違候赴(マヽ)申聞置候
○前記辻之話ハ初而承候由何分輕卒云々吐露不申様小松ゟも戒示有之度
旨申傳候様含置候尤幕處置ハ油斷不相成候故互ニ見聞ハ盡し相分候ハ
ヽ通達可致ト約置候事
○辻ゟ西園寺へ今曉板閣老ゟ如別紙寫達有之ニ付内密及報知候由
長防之儀早々寛大之處置可被取計旨從
御所被　仰出候ニ付申達候儀有之間末家壹人吉川監物別ニ家老壹人致

上阪ル様毛利家へ可被相達ル

同廿五日　國へ飛脚立

○柳原へ但馬遣昨朝幕ゟ藝へ達之一條尋ル所一向不知由左スレハ幕斷ニ而云々相達ル儀ニて如昨春末藩抔呼出ル末如幕論藝ニ而不取次ル故直ニ申聞歎願差出ル様可申渡含ト被察ル夫を寛大トスルノ迚モ末藩モ上阪ハ致間敷出ルニシテモ九月中ニ可相至事

○土福岡へ内藏遣ル處浪士かりニ付土脱走モ表札爲打ル由夫ら爲ニ此間藤治方へ集ル處其者共内々申ルニハ四藩ヲ依賴ニ奉存居ル處退京ニ至ルハ、關東其他暴發可致必當地へ可出趣及密話ル由退口大切と存ルノ

○閑叟ゟ手簡參ル今日發程之

同廿六日

○結城方へ林遣シ高鍋藩士板田莠水築弦太郎面會之話爲尋ル處莠ニ逢ルよし主意ハ過日モ結城へ及密話幕府ニてハ海陸之兵力ヲ强盛ニシテ諸

大名ヲ壓倒屈服サセ
天朝ヲモ拱手タラシムル之目的ト被察ル且江戸幕人ニ而ハ徳川家清和源
氏六孫王ゟ出ル故乍憚
尊位ニモカワル丁ナシト存込居ル此末如何ト不堪痛苦主人モ外藩よて御
役方相勤ル而ハ一日モ不相安と申大意之筑後守確証相尋ル處無之よし
申述ル赴(マヽ)コレハ申聞(マヽ)敷筈之實ニ如右ルハ、將門之逆ニ超越セリ勿論幕
處置形跡ニハ不相顯浸々然𪜈幕猛威ヲ更張スル之密策之
之
○山内兵之助御暇願度旨相談大簡兄へモ申合無別慮旨今朝猪内迄申遣ル
○大簡兄へ書通
過ル廿三日板閣應接ハ一藏へ申合ル通ル處翌廿四日曉ニハ藝へ云々達
有之虚欺言語道斷ト申遣ル處返事ニ實以愚弄之極天下之閣老として虚
言ヲ吐ル儀罪科深重可憎々々と之余程不平同意と察ル之

○大阪昨廿五日立壯藏ゟ見聞書差越候事 別紙アリ

○別紙英公使へ爲見舞內藏今夜下阪申付候事

○藝辻將曹參候

○板閣此間毛利家へ相達候樣御書付御渡相成候ニ付內々早速申上候通ニ御坐候一昨年ゟ御小內迄被仰示是非〳〵周施マヽシテ上坂候樣被仰聞候處此度ハ御書付面通之外ハ添言モ無御坐候就而ハ早々毛利家へ可相達樣國元へ申遣候儀幕よてハ當時弊藩ゟハ御取次御斷申上候

天朝且諸藩始幕府よて御因循と奉存候此度御達さへ候得ハ何ケ月何ら年かゝるとも毛利家ニおゐて幕府ハ御傍觀被成候姿故らよふの御沙汰歟ト奉察候當節ハ於毛利家幕府之出意表上阪相成候ハヽ可然ゐと相考候所上坂後之御取扱モ不相分候故幕へ可相伺ゐと存上候と申候故答出意表候考ハ尤之此節ハ相伺候とも迚モ御密示ハ無之と存候如何樣左よふも候ハヽ相控候樣可仕多分上阪仕候ハヽ此度寬大御處置

ニ付末家始士民中ゟ歎願書差出候様被仰渡候と奉存候間其心得ニて出
可然亦弊藩計ゟ申候とも安心も難出來と相考候故可相成御四藩様ゟモ
上阪可然と被仰下候ハヽ大ニ力ヲ得疑念モ薄く可相成と奉存候
答越宇ハ一別後更ニ通路モ不致御宥免モ無之故右等之儀申通候事ハ不
都合之（内實ハ逃策之）サツゟ是迄不絶往來も致候故サツをもかり兩藩ゟ通し候
ハヽ可然上阪後之處ハ追々内密サクラレそふなをのあと存候
御尤様ニ奉存候間尙サツと申合候様可仕候
○藝藩父子兼而及建白とも存候主意不日差出度處内密致披見心付ハ申くれ
候様申居候之

同廿七日
○將軍今日八時御供揃御乘切ニて御歸京の由諸司代ゟ達シ有之事
○阪下駿馬（◎阪本龍馬か）參藤治同伴之長談スル
○朝廷内外大患之時暫大藏願御差留の由中根西園寺へ話候事

同廿八日

○昨夜半國廿一日立一封達ス定一モ廿日着此度之儀至重至大ニ付圖書昨日ニハ乘船可致着迄ハ未發ニ願度由申越候事

○新谷土井帰便遠与桊へ自書出ス

○大阪内藏壯藏報知アリ

○藝船越參小松へ辻ゟ長へ相投候儀薩加入申談候處幕ヨて不承知ニ可有之夫ゟ早く長へ申通シ候方可然と申候故直ニ藝へ申遣候由船越へ大坂ヨて紀藩人幕借金世話致候名元爲尋候處諌(イサ)川某兵コ叶次郎作と存候由

同廿九日

○昨日大坂報知ニ於崎陽英人殺害𪜈實事之由申越候故昨夕調兄へ如約束爲知候得𪜈返書ニ今日被召候故登營申候處英公使余程六ヶ敷申立於幕も心配之よし切手ハ土人之趣右ニ付平山圖書戸川伊豆設樂岩次郎土州へ爲談被遣候由横笛と申ハ土船ニ

無之坂本龍乘居候船ゟと考候由仍而明朝土兵へ參懸合候含の由横笛ハ
土蒸船之（調兄覺 違ナリ）

○今朝土福岡方へ林遣内情爲尋候處昨朝迄更ニ承知不致候處永玄ゟ重役早々御旅館へ出候樣申來候處藤治モ不快ニ付留守居出候得ハ於長崎英ヲ土士及殺害候旨大阪にてミニストルゟ六ケ敷申立於幕府迅速御吟味不被下候ハヽ直ニ土州へ參り可懸合旨申立候故今日平山圖書始三人被遣候處ニ御決着候間早々重役爲案内下阪可致同行旨之邸内役人申合ハ土人ト申儀彌確証モ有之英人申立候事候ヤ一應伺度且確証も無之候ハヽ幕吏差付被遣候ゟ當地役人モ御坐候故一應取調候樣被　仰付度赴申出候處右ニ土船横笛丸へ逃込候故土人ニ可有之と申位の事且當地詰役人へ一應取調候樣御沙汰被下度段尤候得共此儀ハ於大坂板閣ゟ伺候而樹公も御取極被爲在候故幕吏被相止候儀當地にてハ不被及御沙汰下阪之上板閣へ可申立との事故昨夜猪内下坂重々國情モ申出候而御斷可申

上且英人へモ一應ハ引合〻心得其上帰國尤蒸艦無之故サツ艦借〻よし
後藤着坂遲キハ崎ゟ右之事上へ達〻故ゐとも推考申居〻由申聞〻由

八朔

○昨夜調兄返事ニ英人ヲ土人及切害〻一條何分六ヶ敷申立〻事ニ而此度
外國奉行大小監察抔土へ參〻ハ全事情詳悉容兄へ申述同兄ニ而盡力可
有之トノ事實ハ樹公御直書をモ持參之由縷々御懇切之御主意被申越來
翰有之之

同二日

○調笛兄書通昨夜日野ゟ家來呼出演達書付ヲ以實母所勞ニ而再願之赴〔マヽ〕無
余儀事ニ付一先ツ御暇被下〻由

○土兵モ昨日御暇願濟〻由之

○林福岡へ遣候處猪内下阪後もよふ不分よし薩西郷よて專ラサトーへハ
懸合居〻趣之

同三日

○内藏壯藏大坂ゟ帰り密話承候事

土之士暗殺之様存詰何分ミニストル不承知の由下手人不相分候ハヽ是非〱此度ハ及攻撃候由氣色を變シ申候由其他別紙アリ

○四時後越邸へ參り候左ケ條申置候

一調笛兄トハ從來人ﾏ、合見弟ニ候處此度ゟ

朝廷ゟ四藩迄御書付相成爾以懇交之情後世迄互ニ殘度候故爾後兩敬可申合事當主へも相談追ゐ返答承度事

同四日

○昨夜調見内話近日二條攝政殿婚姻も被相整候由御裡方ハ伏見宮御妹のよしむこ殿五十二よめさん四十三とハ振袖の由新聞紙ニ可書載事件ニ十七年程前結納濟引移と申時よめさん所勞よて見合其内二條殿召使出來此人爲妬心のひ居候よし絶言語候其召使當夏致死去候故云々

○土藩藤治毛利信吉參る
○猪内始英と應接於幕府不好由水先之儀丈直應接之處相濟象次郎へ英艦
參ル、、浦戸海門外へ迎ニ可出旨申ル由
○第四時出門土兵ゟ陽明家へ參殿
○土兵へ容堂英公使ト直應接可然と傳言申含一封相渡ル事
○陽明家ょて調笛兄坤山兄參會今日大樹公ゟ調笛兄佛御注文相成ル馬具
拜領の由華美ヲ極ルよし
○御同處へ越留守居伊藤友四郎參り此方ト兩人へ願拜謁ル故逢ル處越薩(傳奏迄御請出し候儀友四郎)
留守居傳　奏日野家ゟ呼出ニ付出ル處左之書付被相渡ル由(申落し候之)
　兩事件銘々見込遲速之異同も有之ル得共大樹並大藏大輔伊豫守等參
　内之上寛開帰着も同樣ニ付御取捨之上被
　仰出ル尤其節之摸樣ハ委細大藏大輔伊豫守ニ而承知ニ可有之併不參

之面々者大樹へ可承合候事

同五日

○昨夕傳　奏ゟ被相渡書付ハ諸藩へモ被相達候由ニ而備前ゟ廻達ニ相成候由

○越中根雪江暇乞ニ參候昨夕戸田大和守方へ參色々相話候内

○毛利家末藩始呼出相成居候處如何之御處置可被仰出哉ト相尋候處右之事ハ大概御胸算ハ可被爲在と恐察申上候而よふ〳〵ト決義（マヽ）ハ不相顯何分人冠ら六ヶ敷御心痛故着坂迄ハ御發露有之間敷と奉考候由

○公平ニ諸侯ト萬機ヲ議スルヿニ無之而者不治事ハ御熟知ナカラ何分幕習甚敷故御口外モ六ヶ敷と存上候由尤其後之機會被爲待候と申事ハ不相伺由之當時ハ幕吏遠國勤御手當モ定相場一俵八十目之（マヽ）割合の由然ル處守護職諸司代ハ依舊の由ニて幕吏之内唱不平候もの有之人冠◎（か）冠ハ一ヶ年持高外幕ゟ三十六万金程候由

○昨夕辻將曹參建白案爲見候事

同六日

○薩へ雪江遣帰省願候含ト申遣候事大久保丁度當方へ參候處ニテ引返し縷々帶刀へ主意申談候得共何レ後刻一藏參候而返答可申述由

○大藏方へ爲暇乞參候午時出立之朝ニ而戸大和守へ御遺物之話致シ柳原へ同人談合候處尤之儀ニ付攝政殿へ可相達由○前殿下よて藤井宮内事先年黒田へ金千兩陽明家ゟ御借用ニ取計致シ自分遣捨候由其儀發革か◎覺ハ其節爲御挨拶御自詠二枚外ニ何品ゟ被遣候儀宮内取計候處以呈書御禮申上候ゟ知れ候由殿下よても仰天被成候由候得共久敷貞君御方ヲ相勤候者ニ付不便ニモ被思召候故ツヽミカクシ被置候處如何御處置可被成との御相談ニ付何をいよの守とも可申合同人ゟ又可申上と御返答申上置候大藏考よハ宮内モ是迄格別致出勤候者ニ付内密大箇兄へ相話同人手元金ゟ陽明家へ差出シ福

岡へ御返濟候ハヽ可然との事ニ此方考ハ夫ハ實ニ言語道斷之儀且藤井モ先代へハ大ニ宜敷候得共大簡兄へハ不宜其上不屆至極之儀相話候ハヽ迚モ無事ニハ不相濟何分考無之旨申置候事

○大久保參候

○一昨日之御書付ハ傳　奏迄御請申上候樣との事候得共何分ゟの處よてハ御請難申出候故尙亦伺書出度よしよて致持參候故令披見無別慮旨申聞候容堂大藏へハ大簡と兩人ゟ如別紙候得共兩兄ハ尙所存次第被差出度旨申筈ニ今夕薩ゟ傳　奏日野へ差出候事別紙アリ

〔附箋〕原書ニハ此別紙御記入ナシ

先般兵庫開港御差許相成候就御達振事實顚倒仕候故尙又奉伺趣御坐候處兩事件銘々見込遲速之異同も有之候得共
大樹幷大藏大輔伊豫守等參內之上寬開之歸着も同樣ニ付御取捨之上
被
仰出候云々御達之

御書面奉拜見候防長之儀ハ大膳父子官位復舊平常之御沙汰ニ被及幕
府反正之實跡顯然たる上ハ天下人心安堵仕國内一定之基本も可相居〔マヽ〕
筋ニ御坐候得ハ第二ニ外夷之事ニ及兵庫開港時務相當之御處置相成
候而順序可相適与之鄙見御坐候得ハ固より寛開之帰着ハ同様ニ而更
ニ異儀〔マヽ〕無御坐候得共順序遲速之異同ハ瞭然相分り候儀ニ御坐候處其
段ハ趣意徹底被爲
聞食置候由難有奉存候就而ハ當節上京之四藩も同様申上候間誠不被
爲得止御差許相成候との御文言益以的當不仕何等之儀同様申上候而
不被爲得止御差許相成候廉ニ可有御座哉
御取捨之上
公裁之御旨趣一圓安堵難仕當惑之至ニ御坐候其節之摸様大樹に可承
合
御沙汰ニハ御坐候得共不容易

朝議之樞機筋違ニ可承合道理無御坐再應
聖諭之趣ハ奉恐入候得共前文之次第柄ニ而ハ御請可奉申上条理辨別
難仕候付不顧多罪奉伺候以上

八月六日　　島津少將
　　　　　　宇和島少將

○御暇願之儀何分此方唯今帰候而ハ實ニ大當惑無依頼且勢モ屈シ可申其
上幕ニ而ハ四藩ヲ帰ス策も有之由且土州之報モ不遠可有之候間夫迄待
候様尤御重病ニてハ何共難申上候得共左程ニモ不被爲入候ハヽ重々御
猶豫被下度旨被申合候由小松始も同意ニ願候よしニ付尚可致考量と申
置候
○結城來
○大久保ゟ過刻之再度伺書大隅連名ニ而傳　奏日野ヘ差出候趣申越候別
紙なり

同七日

○土福岡昨夕傳　奏へ出候書付渡ス今夕下阪いたし候由容堂ハ所存次第追而可被出と申置候

○安代鶴夫着ス廿七日出國の由圖書ハ明日可着

○大簡兄へ御暇願之事ニ付可參と申遣候處不快の由ニて斷之

同八日

○圖書致着國情承り致安悅候事

○夕景大久保一藏參一昨日大簡兄始小松抔ゟ云々申聞候得共昨夕亦重役參云々ニ付何分不得止御暇奉願候旨申上候樣申合候事

同九日　國前月廿七日立達す

○明日帰省願書差出候事一同へ心得申聞サセル

○薩へ雪江參艦之儀借用申遣候處此方モ致帰國候而ハ大簡獨立之姿ニて甚不安心ニ付非常用意ニ三邦丸ハ浪華差置度趣ニて斷之此度帰省不平

故と致邪察候依而藝艦借用及相談候所早速致承知國元へ可申遣趣之
○藝蒸艦廿日迄ニ廻阪尚申遣候
○飛鳥井書記役三宅將曹へ八左衛門遣シ明朝御暇願書差出候ニ付重々周
施（マヽ）之儀相頼遣候處能呑込ミ此方如見込望日迄ニハ願濟參　内ハ十六日
ニゟ十七日ニ出來可申由之
同十日　國へ別飛檄立ル
○帰省願書月番傳　奏日野家へ以留守居差出落手　幕板閣へモ
朝廷ニ云々願候趣爲屆候事
　願面案
當四月上京仕候處尚亦内外御多事之御時合ニ付暫滯留可仕旨被
仰出奉畏居候處此節國元ゟ飛脚差越同氏春山儀先日以來殘暑ニ相障時
々發眩暈難儀仕安心之症ニ無御坐趣申越候處最早七十六才之極老故
甚以心痛當惑ニ付重々奉恐悚候得共何卒此節御願◎（暇カ）之儀被

仰出候様伏而奉歎願候尤爾後
御用之節者速ニ上京仕候故幾重ニも不得止情實深々御憐察被成下別
段之
御慈許を以御暇被
仰出候様伏而奉懇願候以上
八月十日　　　　　　　　宇和島少將
○陽明御兩殿正三へ但馬角左衛門出ス柳原へ圖書出ス
○日野雜掌ゟ留守居へ今朝の願書ハ老中ゟ諸司代へも差出　樹公方ニも
用向無之候故御暇被下度と被申立候方早く運ひ候趣申來候得共兩度上
京御暇之先例無之ニ付三宅庄藏へ爲談八左衛門遣ス
○首途心ニ清水祇園へ四時後參候高大寺豐公北政所像拜し候入相歸る
○日野ゟ閣老歟諸司代ゟ幕ニても無御用候故御暇被下度と有之方都合宜
敷趣雜掌ゟ八左へ申越候間越前とハ少々違此前兩度共幕云々ハ不申立

由申遣候事

同十一日

○昨夕淨敎寺へ大欲（◎か吹）御門右大將被參此度御暇相願候主意被尋候事誰そ馬廻りニ不逢（マヽ）ふハ不歸よしニ付雪江八左衞門馬廻りナリ出候事以の外の事之

○板閣へ參ゑ御暇願之事ニ付話候處御先代之時被爲召候故矢張御願ハ幕府へモ被差出候方宜左候ハヽ　幕まても無御用候故御暇被下度旨傳奏へ可申通尤御書面よも不及直ニ今朝御出ハ夫ゟ主意ト可致由之且此度之願ハ老父所勞歸省奉願候得共實ハ度々之上京昨年之水損抔國力疲弊窮迫ゟ願候儀ニ御坐候

御所向且薩州抔ハ中〳〵夫でハ不相整候故無止取繕及歎願候旨實情相話置候尤亦後日召候ハヽ出候樣との事故をもや御斷申上度實ニ有害而無益恐入候旨申候處其言上り甚御賴母（◎數か脱）自分よて有益と存候人よハ扱

々困り入申ル今御帰省ニてハ甚心細との一言出ルニ付よく其御なんぞふが出ルやを申ル得共是ハ實ニて薩州等ハ迚モならぬであられればおさへハ不出來御帰省ニてハ跡甚以不安心云々長談中〳〵望外之儀と及固辭ル事夫ゟ一人役ニて不安堵之話之

○品海砲台御免之願モ話ル處心得居ル故江戸ニても可出左ルハヽ當方ゟモ可申遣との事之重々頼置ル尤公用人へ少々心遣の密話アリ

○土英之話スル

○御暇乞登　營願ル旨申ル處是非〳〵被　仰付ル參　内日決ルハヽ爲知くれル樣ニとの事之

△柳原へ爲暇乞第四時參

○日野へ板閣對話之事申遣ス

同十二日

○昨夜柳大納言ゟ於初引移ハ來春三月比ニハ是非有之度旨被申聞ル事

○高崎密話薩よてハ圖書因循論と惡敷申居候由夫故御暇ト運ヒ候樣存候
樣子之
○柳原ゟ土橋淡路守ヲ以昨日被相讓候
孝明天皇被爲　召候御冠被差越感謝直ニ申述候
○大久保一藏來陳大主意
大箇兄此間之凉氣ニ相障心下否塞不食之由病根脚氣ゟ起候ニ付土地替
り候ハヽ可然何分一旦ハ爲養生歸國相成度旨醫師ゟ一同申出小松始申
合候處モ其通ニ付入聽候處唯今直ニ帰國願候モ恐入候故先ッ下阪養生
之儀可相願趣よて今朝願書差出候故右之段申上候樣被申聞候由實ハ大
箇兄壹人居殘候而モ無詮候故旁被相願候旨相應申置候事
同十三日
○三宅將曹ゟ多分今日御暇可被
仰出參

内ハ十七日ニ可有之赴（マヽ）之
○右ニ付此間約置故板閣へ十七日之事申遣倚十八九兩日中出立と申事爲
響ル之
○第四時ゟ出門藝世子旅館へ參暇乞之追々帰國願度含のよし
○櫻木へ出る藤井宮內一条ハ筑留守居ニ而能々相含居ル由之
○夕刻日野家ゟ留守居呼出ニ而如願御暇被
仰出來ル十七日參
內可致其節御暇之儀倚日野ゟ於
御所可被相達由
○同家雜掌近藤外記水八へ文通之內十七日參
內拜領物裏付狩衣一領御夏扇三本入一箱のよし
同十四日
○昨夜櫻木殿下ゟ

孝明帝被為用候御喜勢る御ゑむさ入共御讓被成下候事

○興門主爲暇乞御出被下候鷹大納言殿重病危篤ニ付明日彼方へ出候儀御斷之由之

○土福岡藤治參候

○當月五日急便ょて幕吏狀相違候趣ょてハ英船未タ參不申由兵迎船參候歟陸路帰候歟是亦不分明と申候

○薩此方帰候ニ付暴徒失望之餘違變ヲ不發候得共宜敷ト申居候既ょ今朝歟原市屋敷へ士兩人入込致切害首を持立出候處家來追付板閣屋敷邊切合兩人之内一人切候ニ付一人切服◎腹か主人の首ト三ッ持帰りいと申事何者歟不相分候得共探索致居候故分候ハヽ可申筈之多分水府人ト被察候

○第四時出門山階宮へ出ル

○日野家ゟ薩留守居呼出シ過六日差出候再度伺書之御返答有之由廻達

〔附箋〕演說書原書ニ記入ナシ

寫

演說書

誠ニ不被爲得止御差許ニ相成候儀ハ開港之帰着ハ同論ニ候間
先帝既ニ被爲止置候得共時勢誠ニ不被爲得止御差許ニ相成候儀ニ而
四藩言上之順序遲速之場合ニ而ハ無之帰着一理之儀ニ而諸藩四藩同
樣申上候旨
御沙汰ニ候
大樹へ可承更
御沙汰之儀ハ大樹參
內ニ有之候間始末承知之儀故摸樣柄ヲ可承樣之儀ニ候
右御主意彌不明ニ相成ル得共伺ル度每ょワあらぬ事ニ相至ル故最早此
儘ょてハ如何ト薩へ相談ょ雪江遣し處同意の由返答有之
一大簡兄此節不得對面遺憾云々被申越ル事原市ハ幕陸軍隊之內ょていゐ

し候よし

同十五日　國當月五日便達ス

○十九日之發程內密十八日之處へ決ス

○日野家へ明後日參　內旅館ゟ直ニイタス事申遣シ候且御手續書被相渡候之

○將曹ゟ

サツモ轉居此方も帰り土論モ不分紀州在京無益ニ疑念のみ土論分ても

一應藝へ申論決の上ニ不相成候而ハ不都合云々

紀帰る歟不帰る歟

○觀音院來臨

○板閣ゟ留守居呼出

△明日午後登　營致候様

△御暇被下候間一ト先帰國可致

○薩仲之助ゟ今夕傳　奏日野家より留守居呼出

△昨日之書面被相渡候節過日再伺書一結ニ可被相下處調落ニ付今日被渡候由之

同十六日

○第一時爲御暇乞登　營謁板閣候且品海砲台御免尙頼置候事

○拜謁茶果被下暫御話申上原市之儀モ被仰候甚御手支之趣役ニ立程ハ惡マレ候ものゝ(マヽ)申上候事樹公御考モ水人歟

○小袴地三卷酒饌拜味御禮謁板閣候事

○永玄へ逢候原市殺害之者何分不相分書付モ差出候由

同十七日

○御暇參　內初ゟ拜

龍顏其他如御次第書都合能相濟終ゟ於鶴之間傳　奏ゟ永々滯京盡力太儀被

思召候趣ヲ以此御品賜ト演達
　裏附御狩衣
　夏御扇
　書附被相渡候別紙寫可入事
○退出ゟ攝政家兩役衆廻勤
○兼而調合申置候故當宿寺僧侶之樂奏申付三曲承ル
○土福岡薩高崎參候
○福岡内密申先日薩道へ容應接之時内實英人ハ必ス土人之所爲トモ難申
　故左程よゟ不存候處平山圖書頭抔必ス土人ニ可有之ト申候ゟミニスト
　ルも然ハ云々之處置可致との事ニ及ヒ此度參候由ニ付容堂ゟ若シ彌無
　相違候得共幕之處置以の外ニ付此後何等申立候儀モ難量其節ハサトウ
　云々致發言而者不苦哉ト申候處少しも不苦ト答候由之
○明朝六時供揃發程之儀申出候不意よて余程皆々致仰天候樣子之

同十八日

都を立出て

旅衣ゐちさりかゐしくもきり北晴ぬこやふ故跡になしつゝ

○六過發程馬上鳥羽通り牧方（マヽ）ニ而晝休七時前阪邸へ着致安堵候事

同十九日

○藝世子京ゟ以兩士自書到來兩士逢候

○小松大久保へ雪江遣ス一藏ハ今日上京帶刀ハ三邦丸出船ニ付一寸逢候事

△藝蒸艦廻着

同廿日

○京ゟ八左衞門文通發途之時申付置候伺書之儀柳原返答過ル十七日參　內之節議　奏衆へ十五日ニ隅州兩名之再度伺書傳　奏日野家ゟ被相下候處右ハ如何樣御主意ニ候ャ不遜歟不條理之ヶ條有之被相下候事哉左候ハヽ其事以御書取被仰出度且右伺書之御返答モ乍憚

明白トモ不奉存旨申述候處其書付ハ御渡し相成候趣よて一寸披見致候
計且御兩所ゟ之伺書ハ被差返候譯ハ無之尤承知モ不致傳　奏取計故伺
可承合旨正三柳原返答ニ付退出之時承候處少し分り兼候由ニ付十八日
八左衛門柳原へ遣爲承候處其儀ハ昨日於
御所正三柳原申談候處右伺書御留置可相成義ニ決着傳　奏日野へ被及
示談候處日野よも兼而御留置被成候御處置之處差懸攝政家ゟ伺書ハ可
被相下様御文以被仰越候ニ付不得止乍不本意右様取計相成候由尤攝政
殿文寫ハ追而可被差越旨返答有之事

○今日荷物蒸艦へ積込候之

○小松參逢候

○午後長作別莊へ參候

同廿一日

○發大阪邸第四時藝蒸艦豊安丸へ乗移る

長三十間幅三間馬力百廿六馬力
○夜第九時出艦夜中通航
同廿二日雨無風
○朝第七時遙ニ西洋帆船見る鞆津ニ英蒸艦碇泊
○藝三原沖ニ而幕小蒸艦先へ馳居ル處無程乗越ス
○暗雨故夜第九時興居島へ碇船十二時出艦
同廿三日
晝第十一時椛港へ着艦
第一時過鯨船ニ而上陸大安悦之至之

旅ころもなちやよふの形雲きゝれもれぬ都のなとれもひつゝ

氷製器

最初横脱か◎ニシテ十五分時三二五分

漸暖湯ニツケル　同時

亦横ニシテ　同時

丁卯文月仲の七日宇治の河はらなる結城氏の別荘を訪ける時

世のつらさ旅のうさをも今日計流しよかりな宇治の河水

文月末つ聲のいはさるに

空蟬のもかなきゝこそ聲かきぬ四方よ秋あせ立そもるよゝ

慶應三丁卯臘月再度上京日錄

慶應三丁卯十月三日容堂兄所存幕府へ建白相成候之委曲別帳ニ誌有之
同十四日在京諸藩政事ニ關係之者共二條城へ召御主意被　仰示尚所存有
之者ハ居殘御直ニ
大樹公御尋可有之此方よハ留守居代都築壯藏罷出候事
　御直ニ土容堂兄ト同議之旨申上候控別ニ在り
同十五日樹公御參
內御奏　聞政權一切被歸
朝廷度云々別記ス
同十九日
樹公御奏
聞之趣御聞濟相成候別記ス
○右ニ付自分早々可致上京旨被　仰出候事
十一月十二日

容堂兄ゟ自書到來來ル廿三日爲上京發艦之由申來圖書へモ象次郎ゟ文
通供いゐしい様申越い事

同廿九日

藝豐安蒸艦廿五日大阪ゟ爲迎紀伊守殿ゟ被相廻い事

〇十一月六日須藤但馬西園寺雪江差立上京御猶豫爲願乘船申付い處同廿
二日京着願書差出い處當月二日傳
奏日野家左之通
精々加養少モ快いハ、可致上京云々

十二月九日來ル十七日令乘船ノ趣致布告い事

〔朱書〕○長使節瀧彌太郎來ル

〇京地過ル十一日立急便十七日夜到來
過ル九日以來不容易變動相釀い事申來

〇右ニ付少々增供申付い事

同十九日發艦第四時過之

○廿日泊八島廿一日碇兵ヿ廿二日着大阪此夜五時過乗川船廿三日夕第
三時過着淀橋上陸
於大阪再度之勅書拜見可追加事

同廿三日

○六時着京旅館

○田中幸助來八日以來之事情密告當時薩ハ是非〱用兵力候見込其注目ハ此度徳川家ゟ政權返上且將軍も被癈か◎廢候ニ付政務兵備之費用
朝廷ニ有か◎無之故削封被
仰付御請ニ至候ハヽ宜敷若及御違背以其罪御征伐ト云土ハ政兵云々ニ付費用差出候所ハ宜候得共今削封云々ハ不可然ト云兩藩不合他十藩も土論同意之ト云此方ハ今日着是迄之次第更ニ不承初而只今致明了候位の事考モ付兼申候先ツ土論同意と申候之

同廿四日

○高崎左京來
過ル八日前ゟ薩ニ而ハ以兵威推參當時之攝關始點（黜か）◎退有志卿御登用之決議ニ及置ル處八日惣參
内ニて長州父子入在（マヽ）五卿入洛共御免候處矢張持論主張終ニ火急左之御處置有之ル由
　攝關幕府等御癈（マヽ）絶師宮始御采用二条殿始出仕留相成ル
　其他及密話ル處別記ス
　仁門洋行昨日御願れ由
○天機伺之義參豫役所へ伺出ス
○八時御所ゟ留守居呼出申來ル右帰りル處參
内可致旨直ニ出門
○伺
天機之義五条少納言へ謁御答柳原侍從ゟ伺

天機御満足之由
○長谷橋本ニ逢ル處此度
徳川内府ゟ政權返上ニ付御政務御用途へ領地ゟ御入用可差出ル事且官
位一等御辞退之義ニ付尾越ゟ御書付願敷赴(マヽ)申出ルニ付別紙の通御書立
出來ル幸參　内之事故披見之上心付もルハヽ申述ル様被申聞ルニ付御
書付拜見（内々ハ過刻扣(◎控か)處まて見置ル事）

御請
私義昨日着仕八日以來の御摸様更ニ承知モ不仕今夜參　内仕ルᐣ
御所之御振合大御變改を見上ルᐣ恐愕仕居ル位の事故是非得失等難申
上乍然追々
御沙汰モ被爲在ル通何分公明正大衆議之帰スル處ニ御取極被爲在度書
面ハ一字一語ゟ人心之動靜ニ關係仕ル故重々被入御念度と奉存ル
橋本云

一々御尤之義昨日以來いろ〳〵と申合取調よふ◎[脱か]〳〵今夜此書付ニ決候

此方云

然ハ尾越兩人此度取扱候義ハ極々痛心之義ニ付先内々拜見被　仰付度

德川臣下之動搖仕候モ無餘義譯ニ而候得与落意仕候義肝要と奉存候

兩卿云

尾越内々家來ゟ打合無心付候由ニ候

此方云

左樣之義ニ候ハヽ別段心付無御坐

○春岳押◎[か]坤山兩兄密話八日之夜ハ常御所御椽迄銃隊操[マヽ]込候由

○春岳條城へ出候處憤騷絕言語候内府公故鎭定ニ至候由

○朝廷之摸樣吾輩ハ廂之間ニ屛風圍よて控居

○下參豫之家來ハ新御廊下よ同斷よて一藩ツヽ控所有之羽織ともまおて

昇　殿致居候

○岩倉ニ始而面會致ル九條殿時分ゟ引込居人之
○尾越御書付被相渡ル
追而寫可書加事大意ハ
内府公辭退ルハヽ前内府ト可被　仰出事萬機御用途の爲領地の内ゟ可
差出事
但領地の内ヲ以ト有之處今夜衆議シテ「ヨリ」ト直ル之
〔付箋〕
一辭官之事被
聞召ル付而ハ朝廷官家之例ニ倣ヒ前内大臣ト可稱事
一政權返上被
聞召ル上ハ御政務御用途之分領地之内ゟ夫々之公論ヲ以御確定可被
遊事
右兩事件爲心得相達ル樣「以と有之處ゟと今夜直り候之」
○別ヨ内々德川家ゟ如前件被申出ルハヽ直ニ諸大名へも應高差出ル義可
被　仰出事ト申書付被相渡ル
但是ハ容堂心付ヨて德之臣爲折合御書付被示ル樣象次郎取計ル之
尤明日ゟ七日之間ニ御請可申上筈尾越共明日下阪ニ可相成歟
同廿五日
○參豫役所ゟ左之通達シ
大意之

朝廷ニおゐて萬機
御裁決被遊候ニ付而女博天下之公議をとり偏黨之私なく衆心と休戚を同
し德川祖先之制度美事良法ハ其儘被差置御變更無之候間列藩此　聖意
を体シ心付候義ハ不憚忌諱云々
○尾越今日下阪之
同廿六日
○陽明家ゟ御側使來逢候而御礼傳言申上候同人話ニ昨日ハ
孝明天皇御證ヾ當ニ候處御備物迄御控候樣との事申居候
○後藤象次郎參候
○今日ニ至上下議事院の紀律早々相立不申候而ハ
王政復古も有名無實且私論偏黨ヲ不免候故昨日モ反腹か◎復陳論仕置候
尙今日ハ結搆之次第藤治取調居候趣
○此方是非〳〵盡力之義申述候事

○高崎へ雪江遣候

○明日ハ五卿入洛可相成其上ニ而發事端可申哉ト存候赴[マヽ]致密話候事

○大藏へ急用ニ付書狀遣候彼方留守居へ賴候事

○板倉へ返事一昨廿四日遣候處大阪御城口よて取次不申由持帰候ニ付當地永井るす用人へ賴遣致承知早々遣候趣之

同廿七日　國へ飛脚立ル

○結城參漂話スル

○旅館前長兵追々千余モ通ル今日薩長練兵天覽之由深意可有之歟と存候處四藩出無他意よし

○三條始今日歸洛のよし五藩守衞晝後本陣前通ル

○右ニ付三條へ歡之使者出ス

○仙臺ゟ大內主水遊佐傳三郎昨夕賴母方へ參經丸ノヿ願等ハ急ニ相濟間敷ニ付先松島見物として入國有之度赴申陳ニ付今朝賴母事家老但木へ

遣委曲吉田ゟ懸合の都合も爲申述候處尤之義右ハ彼方ゟ吉田へ可懸合候故左樣存候樣申聞候由

同廿八日

○議定衆文箱到來致披見候處午刻不遲〻樣參

朝可致旨申來御請出ス

○九半過出門先日人才御尋ニ付左之通書付出ス

此書付差出候義先ツ見合候事

三條實美殿

松平備前守

長岡良之助

○於宮中長藩楫取か（梶◎）素彦（マヽ）と申者出居逢候事

○小御所御中段ニ而總裁有栖川帥宮ゟ演達

議定役被

仰下候

御書付被相渡ル奉畏入ル併愚昧宗城重き御役被仰付
朝威ヲ汚ル義モ可有御坐深奉恐入ル故可然御夫〔◎奏か〕
聞奉願ル終而自分礼節
　侍坐議定衆山階宮共五卿
右未タ對面不申參與衆へ逢頼置ル事
○沙法院容堂兄旅館へ參對面色々密話
○小松胸算ハ西郷始トハ異論之乍然可〔マヽ〕及説破ル時ハ藩中結黨國力微弱ニ
　至ル故不致辨論尤少ニ而モ有名テ開戰端而モ長州ニ而相分リ居國家滅
　〔◎滅か〕亡ニハ不至故傍觀致居ル趣よて此度去不出と申事併脇々ハ迷惑と
　笑ル事
一此度モ西大兩士薩よて大芋へを至極恭順可相盡と申置ル由
一過ル九日よハ脩理大夫にて旗棹様のモノ持參且三尺計之桐之箱宮中へ
　持出ル由錦之御旗歟ト考ルよし

一内府公尾越持參御書付御請ニ相成候ハヽ不用人數此機會ニ可歸左モ無
之而ハひきゑは有ましくと考候よし尤ニ存候
一此方云西大兩人討徳主張致候處大芋ゑらぬ事ニ可有之一應ハ此形勢御
互ゟ致密示所存承候而ハ如何表向ハ所勞見舞使者よて宜候猥僕も左考
居候御（ママ）案故越歸候ハヽ申合使可遣と約候

同廿九日　國へ別便立

○昨朝出置候山陵拜伺濟候ニ付明日出候都合申置候
○神山左太衞參候
○昨夜尾田宮伏水一士早馬ニ而差越
阪城内府公よてハ御請可被成旨監察以下大不平且橋本ゟ伏水迄屯集之
者共此度之事致傳聞候ハヽ直ニ可致動搖哉甚當惑懸念如何處置可致哉
ト相談ニ付象次郎方へ參話合尾老微行位よて上京橋本邊屯兵ハ大阪歟
關東へ爲引拂可申若不肯シテ及動搖候ハヽ　城兵ヲ以挾擊被成候ハヽ

彌　府公御誠實顯可申其他考無之ト申帰シ候由之

○春岳兄ゟ大阪廿八日付飛檄相達致披見候處浪華城形勢縷々申來廿四日之御書通御請相成候故今廿九日川船ニて出立明晦日上京の由申來爲天下可賀々々畢竟越老誠實貫日月且又　内府公恭順英斷ニ而相整候義奉感服候事○猥公へ廻達ス今朝尾報とハ雲泥之

○五時ゟ出門山陵拜ニ出る御本坊へ出候處丁度御法會中ニ付拜見致居相濟拜礼申上候

御位碑か◎牌前散花蓮花頂き候事

御陵へ登山中苦吟

君まさてかくも〳〵と世をうらみ
　のあならぬ臣を袖しほりつゝ

○仙臺但木土佐出る

同大晦

○中根雪江來浪城都合能由尾老公ハ間歇熱よて登　城無御坐昨日着京のよし

○樹公御上京ハ色々異論有之處　内府公よハ御下阪よて人心鎮定之末ハ御上京可被成筈故何時よても不苦其内御入洛後御參モ無之条城よて空敷御消光御坐ルハヽ亦々人心動搖可致ニ付御入洛ルハヽ直ニ御參内有之所と岐相定ル上ニ被成度旨御尤之至ト奉存ル事

○昨朝尾ゟ土へ報告之義尋ル處右ハ少々意味有之尾老着伏ニ而新撰隊長へ直諭ル處大阪ゟ御沙汰よて出張故自分よてハ難引拂何卒阪地ゟ御沙汰御坐ル様左ルハヽ直ニ引取ル由申出郎阪地よて尾藩士ゟ申立ル處口上振穩當ならさるや德監察邊不同意尾モ三十不滿之書生輩持論主張不決夫ゟ云々如雲へ申參ル義ニ可有之よし尾ハ夫故華城ニ而受不宜赴ゝ之其基ハ余り白地ニ
勅命を奉取捨ナキ故之

○後藤象次郎來容堂兄ゟ今日ハ尾越ゟ御請申上候迄ニ而他ニ事件無之且
諸藩へ貢費用料候義も過日申出決議ニ付亦今日せまりてハ爲德川氏を
專らト致候樣之響候而ハ却而不宜旁不參の由之尤と答置候此方ハ歲暮
爲御祝義出候と申置候之
○町便急報
一本月廿三日辰時二之丸炎上同廿五日卯刻ゟ薩与酒井左衞門と戰爭サツ
之屋敷燒田□ゟ出火未火不鎭大砲取合輕か◎怪我人夥敷城門固メ嚴
重府下逃支度大コンサツの由之
○七時出門歲末爲御祝儀參
內謁柳原侍從御祝義申上又出坐
御滿足之由被申述候
○銳鼻兄密話實ハ着阪登　城之末當方御都合申上候處無彼是御承諾相成
尤大小監察邊紛紜モ有之處御直諭ニ而收り候廿八日尾越迄御返答御書

付被相渡候故廿九日發阪之乍然直ニ發表まてハ人氣立候故此上大小監迄と篤承伏相成候而可被發由之

一大小監察ふたり迄さへ落意すれとも其以下ハいたしよきとの事會桑モ御暇ハ出候處未タ日頃不決兩家々來ゟ尾へ何卒是迄骨折候義ニ付何等と自

御所被仰渡被成下候ハヽ尚更難有と周施(マヽ)頼候よし迚モ六ヶ敷と話合候事

一徳兵十六大隊有之故隨分薩長ゟ手を出せばと存候者も多々有之由

○町飛報江戸過ル廿五日之話いたし候處誰モ不知其内越之八郎熊藩津田半三郎ゟ爲見候由ニ而少々委曲書付持來り候矢張近來藩邸へ常野邊浪士爲住候ニ付右ヲ可相渡と取締酒井左衞門尉ゟ懸合候處不相渡夫より開事端候由右ニ付越君臣共徳与薩發動候而ハ以の外ニ付今夜直ニ從朝廷云々風聞有之處暴動不致樣双方へ御沙汰有之度との赴(マヽ)之參

朝下參豫丈申合參豫衆迄申出候事此方ニハ今夜抔不及心配双方如何ニ
致沸騰居候とも江戸の話わけも不分發動而不致□□にハ見合可然と申
候得共若一發而ハ不可救用心にしくハなしと衆論故夫儘ニ致置候尤柳
原へ及密話候處大藏ゟ今に中山へ逢候時被相話可然侍從ハ此方同意其
儘見合度と申居候德薩ゟハ越之動搖歟强く候乍然是迄手おち有之故老
婆心生やすく歟と存候柳原話ニ岩下出居候故被尋候處未タ委曲不承候
得共邸內へ入込不申內ハ手向ハ致不申譯亦四方被取圍候迄邸內へ(マヽ)ニハ
居申間敷とも遙察いたし候由尤假令江戸にて右樣不慮之義發候とも當
方にて猥ニ動搖ハ決而不仕と申候由左モ可有之筈之

○尾越ゟ服(か)◎復　命書付中山卿へ出ス

今般

御沙汰御坐候兩事件之趣慶喜へ申聞候處謹承仕候旨申出候此段奉申

上候

十二日　尾老
　　　　越老

戊辰元朔
○爲祝義參
朝拜
龍顔ル自分共久留島始九人二列ニ出ル
　但出礼前長谷被參今日ハ官武一同之
　思召之由且少々御風氣ニ被爲　入ル故御垂簾之赴（マヽ）皆々へも傳ル様演達
故（マヽ）
　又下參豫陪臣小御所於階下拜御簾ル義被免ル事
一今日ハ爲御禮不及廻勤尤參
朝不相成被
仰付故之爲後日記置ル

○三条へ面晤互ニ一別之挨拶世態變遷等相話ル末三条ゟ是ハ私一箇之考
昨今上京是迄之次第も不辨ル得共アナタ故御話申試ル
徳川氏ゟ政權返上ニ付御用途之分領地之内ゟ夫々之公論ヲ以御確定と（マヽ）、直
仰出昨夜尾越ゟ内府ょて御請有之旨被申出ル由全体政權返上ルハ、直
ニ土地モ相定り可然譯勿論關八州其外無法ニ差出ル様との御沙汰ょて
ハ御無理ル得共ゑとへて申ル得去五畿内等申様早々相決度政務御用途
計ょも無之是非海陸軍被相備兵威モ無之ゐハ不相濟如今御門々諸藩勤
番ょてハ各疲弊ニモ堪兼可申何分ょも夫々之公論ヲ以ト有之ゐハいり
の事哉當時賢侯議定役モ被成ル義故此處ょて御決議相成ルハヽ他諸侯
異論モあるましく相揃ル上と申ゐハ中〳〵急ニハ不整と愚考申如何思
召ルや

答

如何様尾越ゟ御請申上ゐも無際限此儘ょてハ不相濟乍去最前兩人へ被

相下候御書付の夫々之公論ヲ以ト御坐候文字總裁宮御始の御着眼ハ如何御坐候や丁度私ハ着京翌夜之義更ニ前後御次第モ不辨候故當夜御書付拜見仕而不審モ不生亦兼而之
御沙汰ニて將軍職辭退之義モ
召之諸侯出候上と御坐候處舊臘始俄ニ斷然御變革被爲在候御譯柄モ承知不仕廿四日夜拜見之時ハ矢張
召之者共罷出候而被決候事ト奉存候只今迄モ同樣ニ御坐候御賢考の如◎
（かく脫）三月哉四月ニても不相定候而ハ不宜義尤當時議定役被　仰付候面々計御相談ニて御取極相成候而も外々之者異論不申上と申事ハ私一箇ニてハ難申上何をニも萬機之出る所ハ仮ニ御處置の三御役其御役々一坐衆議公論ヲ可陳議政所早々被相定度左候ハヽ早々御入費御坐候故德川氏ゟ土地も可差出譯亦獨り德川氏而已ニ無御坐諸大名ゟ御入用料差上候樣被仰出度乍去是モ私一箇之考故御賢考之赴（マヽ）ハ外五藩へモ被仰聞

候而ハ如何

三答

如何ニも御尤之義明日ニも参集御話合可申云々

○東久世粗三条同主意諸大名方モ御用途差出候義ハ藩屏之任も有之候故強而それニも及ましく徳川ハ政務ナケレハ余地為御用途差出候儀当然云々丈違候是モナカラそれ而ハ徳川モ不承知尾越モ同様亦諸侯方致貢献モ当然是ハ粗

朝議此間決居候故強而不取合候之

○岩倉王政復古ニ相成候得共迚も唯今之様ニ候而ハ此先基本相立候様ニも参間敷御説候ハヽ相伺度

岩倉以下力を盡可申まで二十一行原本代筆なり

答

私義ハ御承知之通四五日前上京致し候位ニ而一向未東西も不相分何とも難申上

岩倉
私者同様九日以後出懸候位ニ而何分者不相立◎か分候得共唯今之次第ニ相成候も
朝幕見込相違仕朝ハ攘夷と申幕ハ開港を唱候より起且長州戰爭等ニ而
畢竟か様ニ相成候處唯今之處ニ而も王政ニ復し皆一ニ歸候故是迄之義
ハ一洗致幕者出長者出候而皆共々協力致候上ニ無之而ハ不相成と存候
旨

答
誠以御卓見ニ而何れ御論之通り大樹者出候様早速御召上をニ相成候而
議定職ニ被仰付合心ニ無御坐而ハ不相成過刻三条より土地之御議論有
之候處唯今貴所様之御論ニ對し候而ハ先枝葉と存候何を明日ハ參集致
候故明日被仰出候而ハ如何

岩倉

明日者可申出故御同意ニ候ハヽ薩長之間ハ御周旋被下度

答

乍不及微力ニ者◎（脱カ）候得共御同意ニ候間力を盡可申

○明日參內之義容堂へすゝめ候處幕を撥トテ満

朝嫌疑有之明日ハ德川ゟ御用途貢献ニ付列藩へも同様御沙汰之申立候

故尙更不都合此方へ賴候よしなり

同二日

○容堂方へ參用談する

○晝過ゟ御用談ニ付九条殿へ參集（三宮議定参与不殘）

○內府公ゟ十一日之時會桑ハ爲致歸國候赴（マヽ）申上相成居候眞ニ鎭静之實跡

會桑歸國之上ニて上京之方可然との說起ル

自分陳述

最初御約束の事ハ更ニ承知モ不致候得共事實無相違鎭撫行屆候事ニ候

ハ、會桑ハ滯阪中ニ而も內府上京ハ不苦御義而と奉存候九日ゟ沸騰仕
候ハ、會桑計よハ有御坐間敷ニ付會桑歸國候とも德川家臣之鎭靜不行
屆よてハ矢張御安心よハ無御坐と相考候旨申述候處未決
德氏領地ゟ御費用差出候ニ付諸藩ゟモ差出候樣
御沙汰御坐候方可然旨申上候處至極可然との事之

○王政復古ニ付早々外國へ其趣申通候樣德川氏へ可被　仰渡尙又入京モ
近々御免可然ャとの事ニ付至當之旨申上候事

○七半頃越藩酒井十之丞申候ハ今晝頃ゟ阪勢追々出伏水會モ出候由風聞
有之ト大藏兩人へ申出候而不堪驚愕折角是迄內府公堪忍恭順亦各心配
よて
朝廷モよふ而之の都合ニ至切齒之至右ニ付大藏ハ少々早く風邪と申歸
り此方モ五過退散越邸へ參候事

○尾成瀨土象藝將曹細孤雲藤歸雲追々呼集及衆議候處實ニ處置モ無之乍

然今一層盡力いたし度會桑之上京尤不宜候故ニ帰阪當地追々能都合ニ相成居候間此上堪忍被成先々御上京被相控度と右六藩人早々出立可申上と決ス土ゟハ粂尾昇參候之全体此間尾越へもはや御上京ゟ而宜敷と申處を相通シ候而御發足ト御約束候處右ヲ不相待今日ニ至候ハ江戸ゟて廿五日之一件有之ゟ阪城人氣沸騰止兼候勢ゐと評論する曉七過帰る

同三日四日御所ニ詰之

○伏水へ昨夜會人三百計戎服ニ而上りサツ長ゟも追々人數よしよらみ合居候由之

○御所ゟ御用有之候故早々參內可致旨申來ル九半時供よて越へ參候事容堂モ參候筈の處右ニ付直ニ御所へ出候由梅澤孫太郎參候（德のかん さ川之）逢候處是迄の幕習說之勿論內府公ハ中〳〵突然御上京ハ有之ましくと考候由尤二条城先詰大久保主膳正（陸軍奉行並）二大隊大佛邊同高力主計（歩兵奉行）二大隊入京ニ付条城居所用意ハ

申來候よし之

○七半頃參内越土藝之尾ハ七過參
内所勞中仮建ニて休息一寸對話申候之

○入相前ゟ砲響相聞伏水開戰端候樣子追々注進御所内如昇之沸兵火盛ニ
ミユル

○總裁宮議定衆トラれ間へ出席いろ〳〵評議之其内公家壹人來り只今サ
ツ藩四五人出候處竹田街道へ阪地人數押參候故
勅命故通過不相成旨申聞候處一丁計去り亦進行終ニ戰爭ニ及候赴(マヽ)申出候
と演達　勅命云々余り早過キ不可解之

○左之通り達有之
於江戸表酒井左衛門尉人數押出松平修理大夫屋敷取圍砲擊等致候趣
相聞候是全私鬪之義ニ候間追々取糺之上急度
御沙汰之筋モ可有之候得共右形勢ニ就方向相惑擾象(マヽ)無之樣孰モ鎮靜

ニ可罷在万一暴擧有之輩ハ可爲
朝敵之事
是非之論決モ無之暴擧云々ょて
朝敵トハ公平之義ニ無之阪人ト於伏水サツ長戰起ルニ付此書付出ルやと
存ル事
○容堂ゟ議定役ニアリナカラ如此重事無御話合御發表ハ畢竟容堂ハ役ょタヽヌと被　思召ル故ょて御役勤居ルモ恐入ル故御免相願ル由　總裁〔ママ〕宮始へ申上ルニ付三宮ゟ自分召最初ニ不及御相談事ハ甚以此方共之不行屆重々コトハり申ル何分此不容易御時合ニ付何卒勘弁ょて不相替被勤ル樣尙此方ゟ申聞ル樣との御事故畏ル得共一應の御沙汰ょて御請可申上ヤ如何とは存ル得共申聞亦可申上と御答申置容堂へ傳ル處其位ょてハ御請ハ不出來と申ル故然ハ自分考宮方へ尙可申上申置再度三宮御沙汰の由申聞ル處中〳〵御請難申上赴〔ママ〕申聞ル就而ハ右の次第御奏　聞

ニ相成改而御評決可被爲在候不容易當夜之義ニ付是非勤候樣
勅諭被成下御書付モ改り候ハヽ可畏と申上候處尤之義ニ付議定役と可申
合との事之

○亦三宮ゟ召先刻の事及評議候所中山始御書付改め候事甚不同意ニて六
ヶ敷實ハ各方へ相談無之のみならに　總裁(マヽ)宮且兩人へも無相談出候故
我等共とても同樣御役斷外無之との事ニて其儘ニ右の事容兄へ及密話
然ハ轉法輪方迄下り御沙汰奉待居とて退出スル紀伊守も其事聞ゝ眞似
いたし同。主意ニて御斷申上無程陽明家迄退く

○尾越ハ是迄之周施(マヽ)不行届故當夜之義ニも押移恐入候趣ニて御役御免願
書差出候事大藏ハ一条家迄退く尾仮建ニて平臥之

○越藝退出前ニ和門宮ゟ三人召
御前ニ而只今不存寄軍事總裁(マヽ)被　仰付候更ニ嗜も無之候得共先々御請申
上候就而此末武門義ニ付呉々賴思召候間無伏藏心付ハ可申上且右ニ付

此方にハ只今ゟ退出いたし候無程可申進候間可被參との御事之
　後藤象次郎等大悅喜スル自分にハ未タワからぬト申置候
○尾越之下參豫へ此上之形勢ニ依てハ
御鳳輦叡山へ御立退可被爲在との御內意御密示のよし御所內へハ既ニ御
沙汰有之由書付モ有之跡へ誌ス右ニ付實ニ致仰天驚愕不取敢三宮へ拜
謁相願決て不可然との譯反復申上總裁宮早速
御前へ被罷出可申上山階宮ハ議定邊御說得可被成との事之尙不安心ニ付
岩倉へ逢重々申述候處既ニ被　仰出候得共全御所內丈の事と被申候故
無此上至重至大之御義と奉存候間早々御取消願敷と申述置候
　舊臘末ゟ若州港ニサツ蒸艦廻居候由承居候間萬一深謀にて叡山ゟ御
遷移モ難計と壹人實ニ竭死力申述候處先々御取消ニ相成候由難有奉
存上候事
○右樣至重至大之事御內々豫之

御沙汰とは乍申議定役勤候自分（マヽ）へハ無御沙汰云々發表ハ矢張容堂過刻御断被申出ト畢竟同様ニ付總裁へ拝謁相願内々あちらも趣次第
御鳳輦叡山へ被爲入候御沙汰相成候處議定御役相勤候私共へハ一切御示談モ不被成下畢竟不肖愚昧故之義と私身分を顧深々恐入候義ニ付何卒議定御役御免被成下候様偏ニ御願申上候赱（マヽ）申述候處承知申候何ぞ可申談との御返答之

○右主意違候而も不相成候故五条へ爲念申述置候事

○東久世ゟ御用之由ニ付進候處左の御書付被相渡御禮申上候事

宇和島少將

昨今不容易形勢ニ押移候ニ付而者多年勤王之旨趣彌勉勵
禁闕警衛可有之被
仰出候事
正月

○七時頃軍總裁仁宮ゟ出候樣被仰下候故議定へ達し退出之宮へ參會東久世越土藝自分無程一同宮御側出る鎧御着用御家來高左等兩人着具土副將

一副將參謀人物御尋且跡三人參謀と御內談越ハ議定役モ御斷且軍務ハ當主へ被仰付度と申上候此方同樣申述候其內議定役御免且人數不差出御用談而已ニ候ハヽ追ゟ御請可申上と申上候藝ハ親へ相談御請と申上候此ハ些と不尤と存候此時ニ至親へ相談ヨハ及間敷と存候容堂ハ少々遲參壹人出候處議定御役御免モ願置候事故御斷申上候由

○七半頃亦參內無程仁宮ゟ被召出候處左の御書付御直渡

宇和島少將

參謀被

仰付候事

右ニ付只今議定役御免奉願上居仕合ニ付何分御請難奉申上旨申上候處

議定役ハ此方ゟモ御免可申出ル故參謀是非〳〵相勤ル樣との再三御沙
汰ニ付不得止御請申上ル事
○今夜九時頃烏丸ゟ公卿御門守衛可致旨被申渡ル事直ニ人數申遣　御車
寄前固メル之
○止戰之
勅使四条ト長谷美濃權輔被
命ル處兩人ゟ發向致シ若不奉
命時ハ如何取計可申ト宮伺ルニ付自分ヲモ召御尋ニ付兩卿見込ハ如何ト
尋ル處
勅命申聞不相用ルハヽ不得止及指揮打挫ル外無之ト考ル由被申聞ル間太
段止戰之義被蒙　仰ル事故不奉
命ルハヽ其段尚御伺可相成尤戰爭中皆々憤發之事故一通被仰聞ルあハ承
伏不仕程難計故御懇ニ條理曲直明了御教諭被下双方落意止戰仕ル義

勅意ニ可有御坐不奉
命ハ、御改◎（攻か）撃云々ハ乍憚御使之御本主意よハ有御坐間敷尤私輩不
申上とも
勅命被畏入候上ハ御兩卿御胸中ニ止戰ニ至可申御見留ハ相付居候義と奉
存候得共御尋ニ付失敬不顧申上ルト申候處至極尤とて被退候危き御使
と竊ニ存候四条ハ客氣の人之
○六時前宮ゟ召候ニ付出候處議定衆參謀衆被相揃止戰
勅使モ警衛藩人揃兼よふ〳〵先刻出立候處段々時刻も過薩長得勝進戰淀
城ニ近く相成候故最早右御使ハ被召歸宮ニ而御出張有之可然との衆評
之ト正三陳述有之候實ニ驚愕至極是全薩長之陰謀奸策と存候宮ゟ考ハ
ト仰ニ付正三◎（脱か）へ止戰使ハ如何樣の御主意ニ候ヤと尋候處昨夕ゟ於伏
水戰爭候處程近之義ニ付止戰之義被仰出候よし左樣なら場所柄故被止
候義よて全無益之私闘故相控候樣との御主意よハ無御坐追々薩長勝ヲ

得相進み候得共其儘被差置候ャと申處勝負ニ寄候譯ょハ無之候得共段々戰場遠くなり且機會も遲候故との事之自分云遠方ニ相成候而モ止戰被仰付候而与篤是非曲直御糺相成度と申述候處から〳〵承知無之宮御發向ハ何分御見合相成度此度之戰爭ハ徳川与薩長之是迄積累之双方憤懣ゟ發候義

朝廷へ奉對候譯とハ不奉存候只今宮御進發御坐候時ハ徳川氏

朝敵之姿ニ可相成何卒此度之戰止テ顚末曲直追々以公論被相決度旨反服

◎か　復　及建白候處官軍ニ向ケ及發砲候ハ則

朝敵故機會ヲ不失御乘出し可然之由中山之老卿すら意氣込ミ被申候自分ゟ昨夕於伏水戰候ハ阪兵ハ會桑此方ゟ薩長互ニ舊怨固結仕候故連戰不解之勢全官軍ト心得ましく官軍ト申候時ハ彼賊名御坐候故ょて現ょ闕下ニ迫り　禁闕へ發砲仕候とは自ら相違御坐候半と申候處衆卿

勅命ニ出候軍勢へ敵對ハとふしても

〔付箋〕
四日晝後宮御發向ニ付少々よても人數出ル樣以書取被仰付ル處公卿御門之守衞すら人數不足心配致ル處よて當惑ニ付中山大納言殿へ直ニ其通り申述如何可致と及相談ル處左樣の御都合なら公家（マヽ）御門が肝要故附添人數ハ不及御差出此書付ハ取消可申との返答ニ而濟ル事

朝敵故御發向早々有御坐度と宮へせまる故自分ゟ昨夜容堂紀伊守も參謀
被命ル故此大事件一應所存御下問相成度と申上ル處宮ゟ自分モ折角左
おそ存ル兩人（脫◎）（所か）存尋ル上可相決其迄被待可申との事中山始退ク
○夫ゟ自分轉法輪へ參容堂へ逢委曲申談ル處同兄モ同意論之藝ハ陽明家
ニ付雪江遣し云々之次第爲申述委敷ハ跡ょて可話と申遣ル
○朝廷へ亦出宮へ申上ルニ付帥宮始御集會相成容堂モ同意と申述ル處中
〳〵馬耳風其內宮ゟ土藝宇ハ不同意ょてル處自分召連ルハ薩兵計ょて
安心モ不致參謀諸侯異論有之儘ょてハ公平ならぬ處有之よし被仰ル處
東久世ゟ薩兵計ょて御不安心ハ無御坐三條亦云兵事ハ人數之多少ょハ
よらゞ勝ヲ被得ル左乍憚宮之御胸算ニ可有御坐ル故早々御發向被爲在
度と申上ル自分ゟモ御守衞之兵ハサツ計ょて聊御不安心ハ被爲在間敷
三人愚存之處ハ最前ゟ申上ル通ニ而相動きル義（マヽ）ハ此上ハ被決
御聖斷度と申述各退き終ニ御發向ニ相定鳴呼可歎可惜可悲內府公恭順之

義ハ無相違ル處終ニ被蒙冤罪ル其基ハ會桑之尤自分抗論弁解不行屆ル
故と恐悚慙愧容身ニ無地ル自分轉法へ參ル跡よて修理ハ宮へ直ニ迫リ市藏ハ高左京ヲ促シル由
○七半時軍事總裁（マヽ）宮自
禁闕御發向錦之御旗二本御先へ進ム東寺へ御宿營之
○爾後
朝廷更ニ所爲なく恰モ大病人之傍ニ看病する如く痛歎〱
○無程長谷へ對面漸か◎暫時陽明家へ退き休息仕度其末戰勢無變ルハヽ旅
館へ見計引取度尤形勢ニよゟては早々參
内可仕と申置退出陽明家へ出昨夜金閣寺へ立退のよし
暮時旅館へ歸る
同五日
○昨夜以來斥候追々歸ル阪兵敗走薩長追擊伏見竹田鳥羽之口々阪兵ハ不
居淀城へ懸ル由委曲ハ別ニ記ス

○天機伺ニ参　内左之歎願書軍事参謀衆へ出ル心得の處兩卿共出張ニ付
岩倉卿へ出ル得𪜈是ハ参謀ゟ直ニ宮御宿營へ出ル方可然との事彼方モ
御混雜と奉察ル間何卒被受取度段申ル得共とふそ御宿營へと被申ル故
致承知ル趣申述ル
昨朝軍事總裁宮御發向之義ニ付御垂問御坐ル故不顧管見愚意之赴（マヽ）反
服陳述仕ル處
廟議御決着終ニ御進發と相成ル處重大之御事件着眼齟齬仕ル𪜈畢竟
不肖庸昧事理洞察之見無御坐故と奉恐入ル依而此儘奉
命罷在ル而ハ爾後奉汚
朝威失事機ル義出來可仕深々恐悚片時モ難相安奉存ル故何分参謀御
役御免被
仰付度尤此頃不容易形勢且一昨夜
御沙汰之趣モ被爲　在ル得𪜈

禁闕御警衛之義少人數ニ候得共粉骨砕身相勤候心得ニ御坐候已上

正月五日

○岩倉話ハ御願書ハとふ形りても宜敷私之所願ハ御末文ニ而此上何分御守衛御頼申度候九門守を失候ハヽ是非〳〵此所御防被下委曲奉畏候勿論其覺悟ニ而他念無御坐候岩亦云万々一モ
鳳輦御動と申時ハ尾越貴朝臣ニハ御隨從御保護被申上度此義別段深々御頼申置クとの事之不肖之微臣實以冥加至極奉畏入候と答置

○御動坐之義如先夜事有之而甚以不容易と存候故中山卿へ謁左之通應答スル

只今岩倉卿ゟ云々御内示誠以不肖之私重々難有奉畏入候以死御保護可奉申上候中云折角私ゟも御頼申候間厚御心得可被下相應答右ニ付申上置度事ハ
御鳳輦之御動靜程至重至大之御義も無御坐實ニ都下計ニ無御坐皇國中之

大變ニ付何卒万々一右様の御時合ニ至候ハ、尾張始在京之銘々ハ罷出候故御發表不相成内ヨ御下問被成下度伏而願上候中云至極御尤御大事を被存上候段感入候私出頭致居候ハ、必〱前以御相談可申上候自分云此義ハ他卿へも他人へも不申候故左様被思召度中云私も御同様相心得可申御互ニ堅御約束申上置候御安心被下度との事之

○宮御本營東寺へ玖十郎ヲ以參謀役御免願書差出ス早速及御披露候處追而御沙汰可有之由

○大藏ゟ急帖到來一昨午前雪江下阪申付候處今日第六字歸邸仕永井玄蕃ゟ内府公之直書渡持參僕拜覽直ニ尾へ廻候何をも追々御順達可相成候得共事至急ニ付右寫差上申候

　奏聞之次第ハ有之候得共

　輦轂之下ニ於て干戈を動かさゝる様兼々兵隊之者共へ申諭置候得共彼ゟ已ニ砲發之上ハ此上之形勢心配致候間呉々茂

鳳輦守護被致候義厚く御頼申候已上

慶喜

尾州　藝州
越州　宇和島
土州　　殿
細川

正月四日八字認

○柳原侍従大津へ出張ニ付るかし直垂鞍置馬借用申來相廻ス
○夜半容堂兄ゟ内府公直書廻達スル

同六日

○昨夜出候斥侯（◎候か）角田歸る淀堤ニ而會藩斥侯（マヽ）ニ出逢候由八幡關門衛律（マヽ）（◎津か）兵此降參之
○第十一時越邸へ參雪江密話過ル三日夕伏水竹田兩口戰爭會桑兵思よらぬ事ニ狼狽スル由

三日夜東丁奉行所へ呼出の上之

臣慶喜以下從來云々まで二十九行原本代筆なり

△坂城ニ而意外開事端別ニ奇略遠謀モ無之頗當惑之形勢且當地之事情等
甚踈濶ニ而今日と相成如何スヘキと雪江等へも被尋ル位如何ふも無策
と痛歎申ル尤阪地ニ而諸藩へ布告如左越阪留守居出ル之
先般獻言之次第も有之ル處豈料ヤ松平脩理大夫家來共要
幼帝不盡公議矯
叡慮天下之亂階を釀しル件々不暇枚擧依之別紙兩通之奏聞を遂け大
義ニ依て
君側之惡を拂ルニ付速ニ駈登軍列ニ可相加もの也
〆
臣慶喜謹而去月九日以來之御事件を奉恐察ル得ハ一々
朝廷之御眞意ニ無之全く松平修理大夫奸臣共陰謀より出ルハ天下之
所共知殊ニ江戸長崎野州相州處々亂妨刦盜及ルも同家々來之唱導◎道
かニより東西響應し

皇國を乱りᛍ所業別紙之通ニゐ天人共ニ所憎ニ御坐ᛍ間前文之奸臣
共御引渡御坐候樣
御沙汰被下度萬一
御採用不相成ᛍハヽ不得止誅戮を加へ可申ᛍ此段謹ゐ奉
奏聞候
　正月　　　　　　　　　　　　　　慶　喜

〆
薩藩奸黨之者罪狀之事
一大事件盡衆議と被
仰出ᛍ處去月九日突然非常御變革も◎かを口實ニ致シ奉侮
幼帝諸般御處置私論を主張ᛍ事
一主上御幼冲之折柄
先帝御委托被爲在ᛍ攝政殿下を廢し止參

内ル事

一私意を以宮堂上方狡恣ニ黜陟せしむる事

一九門其外御警衛と唱へ他藩之者を煽動し兵仗を以
宮闕ニ迫ル条不憚
朝廷大不敬之事

一家来共浮浪之徒を語合屋敷屯集江戸市中押込強盗致シ酒井左衛門尉
人数屯所ㇸ砲発乱妨其他野州相州処々焼討刧盗ニ及ル支証迹分明ニ
有之ル事

〆

外ニ旧臘御建白之一書拝見被
仰付ル得共混雑中ニ付写略之
臣慶喜不肖之身を以従来云々

○今日参　内可致処服(マヽ)痛と申御断申上ル事

○五日之處へ誌ル軍事參謀御免願書今夕宮御本營東寺へ持參諸太夫(マヽ)へ早速及御披露ル處追ゐ御沙汰可有之赴(マヽ)之

同七日

○仁宮御宿營淀へ御用有之家老出ル様申來頼母雪江差出ス

○八幡戰爭相濟追々牧方へ進候由

○高崎左京昨夕早々歸國可致旨ニて宮御宿營東寺を退ル處玖十郎逢直書渡ル由可惜之至之

○結城築か◎筑後守參種々驚歎話之昨夕當地角力庯之間御庭へ百人計出ル所大原ゟ此度自御所直ニ被召使ル故勤王可相勵旨申渡有之由ゝしゐらぬ事之是薩ゟ抱之陣幕出度故申立ル歟と存ル

○御所ゟ御用有之ニ付申刻參

朝之御沙汰候所服（マヽ）痛ニ付飛驒出
○賴母歸候處於淀御宿榮◎か（營）東久世ゟ
　昨日被差出候參謀御免願書御殘念ニハ（マヽ）無餘義思召候得者被
　聞召
○九時頃御所ゟ飛驒御書付持參スル總裁（マヽ）宮始御列席ニ而御申渡之即御請
可致赴（マヽ）候處名代故一應申聞候上と退出スル由
内府君胸裡ハ全敵對
禁闕之義無之候得共實跡之上昨今ニ至辨解之致方モ無之我輩先年ゟ今
日ニ至迄百方竭心力ト雖最早不可救切齒痛歎なあら
朝決ニ隨候外無他策候故被
仰出候趣奉畏候旨申出候樣申付飛驒亦差出候嗚呼爾後如何と世態を案
思望洋之歎不能眠
右御布告書別紙アリ追錄スヘシ

○午後參　内
○岩倉ゟ逢度旨先刻ハ昨夜之御請書被差出安心申候尙此上御盡力深く御賴申上との事故彌爲
朝廷盡微忠候心得と申置候
岩
此間議定役御一同ゟ御免御願相成候處今夜よも强而可被仰〔マヽ〕出候故何分御勉勵相成度との事ニ付尙御沙汰之上御請可仕と申置候
○象次郞ニ逢候奉伺御機嫌處近日私も極々危く候處先々昨夜よて解疑仕候容堂樣ゟ今夕退
朝懸罷出相伺候樣被仰含候義モ御坐候間御目通願度奉存居候夫ハ如何樣之御主意ソと申候處德川御事ハ是迄御互ニ實ニ御丹精御盡力被爲在候處昨夜之御布告よて最早不可救只今彼是被陳述而も御爲よ不相成夫ゟハ議事院の事今一層御踏込眞ニ官武御一致被懸公議サツモ積怨もらし

候義又萬機の政更ニ御紀綱モ不相立此分ニてハ解体ニ至候故是非〳〵
御盡力の思召ニ付其處相伺候樣大藏大輔樣ゟハ私被爲召御旅館へ出候
後參殿之心得只今三岡八郎へ御樣子伺候處昨夜以來甚御當惑被成此上
是非御盡力の思召と伺候よし申候故勿論一勉强可致と申置候
○靱負橋本ゟ帰る内府殿昨日歟蒸艦ニて帰東の由薩人話候越人兩人先刻
通行の話の由華城ハ尾越へ被賴官軍來可渡之
○小松の家來朝夕兩度參逢候

○國へ別便立る◎以下八日か
○御用有之故明朝巳刻參
朝候樣參與衆ゟ申來候
同九日
○朝廷へ名代賴母差出候事

○奥州但木土佐參此時合ニ付伺
天機候都合奥州承之上ょて余程時合遲々相成候故如何可仕ャト相談之幸
土佐モ詰合候故參豫役所右次第以書付相伺候ハヽ、ソチラょて相伺陸奥
守へ申遣度との主意ょて御仮建へ罷出候樣差圖モ有之候半と申置候
△奥州上京之義如何可有之哉ト申候故追々諸藩モ上京更ニ御沙汰有之義
且兎角北國諸藩ハ是迄勤
王之志薄き樣世評モ有之此時ニ至而ハ早々御上京相成度と存候土云當時
れ處
朝廷御をよふハ如何更ニ御事實不相辨由ニ付着後今日迄の處委曲及說話
候處何分一昨夜之御沙汰尤とハ不奉存候決而御國本ょても異論可有御
坐當時御上京御坐候而も御盡力被成方ハ無之如何とも當惑心痛の赴(マヽ)之
此方云兼而如御沙汰公論衆議ヲ以裁(マヽ)斷可相成議政所早々御取建相成尙
反服(マヽ)悉談詳議公平至當と存候處申立候端緒モ可相開ャ奥州樣ょハ〆る

と御國論被相決此條理之外無之ト御確定ニ而御上京被成候ハヽ御盡力ニ依而至當之御處置ニモ可成相哉と存候尤此後征東と相成候ハヽ討手可被蒙

仰モ難量旁御目的ハ被相立と申候所士云委細奉畏乍憚御尤千萬奉存候尙又當地事情申上御國論御決着相成候ハヽ上杉佐竹其外へも御示合ニ相成御同意の御方々と被仰立候程も難計亦東西各藩相（マヽ）分れ候程も不相知と申互ニ微笑する重々公論条理名義之處被入御念と存候旨申置候事

○雪江戸田大和守方へ遣ス內話

○和州モ甚進退當惑のよし

○梅澤孫太郞始ハ昨日尾ゟ保送下坂梅澤妻子ハ殘る尾の食客ナラント

○諸司代屋敷ハ差支ヌ由之

○永井玄蕃ゟ來帖密示左の通

寫

此度上京先供途中偶然之行違よて近畿騷然よ及候段不得止場合ニ而素ゟ奉對
天朝他心無之段ハ兼而御諒知有之通よ候乍併聊たり共奉腦◎惱か
宸襟候段深恐入候義ニ付浪華城ハ尾張大納言松平大藏大輔へ相托し謹而東退仕候已上

正月　　　　　　　　　　　　慶　喜

此度之事變追々切迫之形勢ニ押移候ニ付別紙之通
御奏聞被遊今七日早朝大坂城出御軍艦よ而御東歸被遊候且又御城ハ尾張大納言殿松平大藏大輔へ御預相成役々モ御軍艦ニ而罷歸地役之面々ハ兵庫表へ罷越候樣申渡候此段爲御心得申進候以上

正月七日　　　　　　　　永　井　玄　蕃　頭

戶田大和守樣

○柳原亞相投書中侍從ゟ申越候よゟ東本願興正寺之僧兵不日大津口へ出

張の由六日角力御用被仰付と同段失体之
○昨日ゟ二条城之蓄穀ヲ伏水人へ賜ル由サツ長人氣ヲとるの策之
○頼母帰る德大寺中納言殿直達ニ而
此間御免相願ル處議定役更被　仰付ル由
○右ニ付容堂方以雪江相談スル
○越老返事左之通申來ル又々過刻
朝命下阪云々被仰出

寫

此度上京先供途中、、、、、、、、、、、、、、、、、、、、、
、、、、、、、、、、、、、、、、、、深恐入
ル義ニ付謹而浪華城各へ相預退去帰東ニ及ル間右之旨趣可然御執成
御
奏聞有之度頼存ル已上

伊達宗城在京日記

慶喜

正月七日

尾張大納言殿
松平大藏大輔殿

右ニ付但馬様子聞越邸へ遣ス

○容堂兄モ先ッ御請申上ル由ニ付同様飛驛差出ル事
○土深尾昇今日歸ル由内府殿七日御立退セを承ル故直ニ登城永井へ謁只今
御引取ゟ不宜是非〳〵御止り
朝廷御わひと歟何等と御處置被成度申述ル處玄蕃もナロ◎〔ルホトか〕尤◎〔とか〕
〔脱か〕計其内御退城紀兵守衞佛之赤隊同斷佛艦よて航海と存ル由
△會桑ハ隨行らしくも無之行衞不相分趣不可解事
○御所ゟ高間清一郎參り先刻久我中納言ゟ錦御旗二本公家門脇へ被建ル
故可致守衞被申渡ル由申出ル事

○越より但馬歸る華城へ尾越參り總裁(マヽ)宮を奉迎ル樣との事明日出立ハ無
覺束よし
○松代留守居長谷川深美初夜過來當時信濃守在江戸之處此時合ニ付極々
心痛定而固メ抔被仰付ル半左ル時ハ
朝敵ニ隨從之姿ニ相成左致ましくと存ル而も力ならは進退當惑の至右等
ニ付形跡上ゟ
朝廷御疑惑相蒙ル而ハ是迄尊戴之志泡沫と相成可申種々痛歎申述尤之至
折角只今之事嘩いたし明朝ハ奥平重役ト一同呼處置承度と存居ル處よ
て何分其主意相認爲見ル樣よと申歸は

同十日

○五迚か◎辻被參逢ル具足借度よしニ付主從當節ハ用意無之若シ大坂やし
きよ龕末の物可有之吟味の上尙可申進旨を申し置ル
○松代家老赤澤助之進ゟ昨夜の書付出ル事

○小倉留守居呼ゝ得共不分阪地の家老呼ニ遣ゝ様申聞ゝ之

○左の七藩九門入被留ゝよし

高松　松山　小濱　大垣　延岡　鳥羽　宮津

○八時參　内西四辻か◎辻ゟ書面三通渡拜見不覺痛歎悲泣いゑしゝ事

○三條と岩倉ニ逢

○華城ハ新撰組ら會兵やきしならんや天下の名城都府を烏有ナスコ以の外れ事之

三條前中納言以下被止官位の事まて六十九行原本代筆なり

右副惣裁

三條前中納言

岩倉前中將

聖護院宮

德大寺中納言

右議定職

外國事務惣裁　仁和寺宮

外國事務惣督　三條前中納言

東久世前少將

岩下佐次衛門

後藤象次郎

右以叡慮被

仰出ル事

奥刕會津

勢刕桑名
讃刕高松
豫刕松山
備中松山
上總大田喜

右慶喜同意反逆顯然ル間悉屋鋪召上殘兵追放被
仰出ル事
但殘兵敵地迄可相送ル事

若刕小濱
濃刕大垣
志刕鳥羽
丹後宮津
日刕延岡

徳川慶喜

奥州會津

勢州桑名

讃州高松

豫州松山

備中松山

上總大田喜〔付箋〕「松平豐後守歟」

若年寄

永井玄蕃頭

同並

平山圖書頭

右御不審之次第有之候ニ付被止入京候事

正月

同

竹中丹後守

同

塚原但馬守

大目付

戸川伊豆守

同

松平大隅守

目付

新見相摸守

設樂備中守

拔(◎榎本か)對馬守

牧野土佐守

岡部肥前守
大久保主膳正
小栗下總守
星野豊後守
高力主計頭
小笠原河内守
大久保筑後守
大久保能登守
戸田肥後守
室賀甲斐守

右今度慶喜奉欺
天朝反状明白既兵端ヲ開ルニ付追討被
仰出ル依之右之輩随従于賊徒反逆顯然ル間被止官位ル事

同十一日
○守口ゟ衞門帰ル事情承候
○第二時參内五字帰り候
○岩倉ゟ明日ハ申上候時刻ニ御參被成度外國事務總督可被
仰出候故必〳〵御請有之度旨被申候中々以不肖之義海外事情モ不相辨
他兄へ被　仰付度と申述候處左候而ハ甚御差支御手前ゟ外ニ無之是非
御請申上候樣との事尙相考置御沙汰シ可申上と申置候事
○今日仙臺等留守居御呼出
兼而被
召設候儀ハ全公平衆議ヲ可被爲採
思召之處豈圖哉突然干戈ニ至り云々各國力相應人數引纏速ニ上京云々
トノヿ之
同十二日

○昨夜半參豫所明日午半刻參
朝可致別段御用ニ付所勞ニても押而出ル樣との事之
○午後參　內
○小御所御中段ニ而惣裁宮ゟ御口達
此度外國懸被
仰付ル事一應奉固辭ル處何分相勤ル樣との事故御請申上ル之
○細右京參　內ル處無程今日ハ衣冠着用と尙又御沙汰ル由ニ付早々此方
も陽明家へ相廻ル樣申遣三条へ斷置御同家へ參ル事七時過着替參　內
申ル
○轉法輪ゟ出會申越逢ル
△此度外國總督被仰付ル處ニ付心添深々被相賴ル赴此方ゟモ相應相賴
申ル互ニ無服藏可申合と約置ル事
△此度萬機御施行ニ付各國へ布告之義ハ一日モ早く有之度旨內々薩抔

ゟ心付申出ル處舊臘ゟ御評義ハ御坐ル由私ハ不存其内今日之形勢ニ至ル故只今當地へ公使出ル樣ヨも不相成先ツ
王政復古丈を可被告總裁（マヽ）宮モ御在阪東久世も同樣ニ付岩下後藤差下シ應接有之筈ニ相成ル御告文ハ如別紙と被相渡拜見申處
上ゟ御直示之年月日下ニ
御名御印と有之候拜見濟而三条ゟ御直々と申所ハ異論モ有之又御名ハナシ或ハ御号と申說ル處迚モ今日攘夷と申處ハ難出來時合御直示之外無之御印計之處ハ岩下モ盡力之筈御号と申而も何歟風雅之字各國へ被遣ル爲ニ被爲附ルモ尤ニハ不相考御印計ニ而不相濟ルハ、矢張御名の方當然而と存ル尙御考伺度ト懇談一々御賢考の通ヨて愚存無御坐ル御直示ハ彼等意外の義ニ付多分御璽計ヨて可相濟と奉存ル旨

○何分言行一致信義を不被失義腰か◎肝要と存ル旨申述同着眼之

△明日ゟ九条家ニ相成候處外國事務局と申立派ニハ六ケ敷候得共區別ハ付度との事
△當時於江戸開成所用懸仕候諸藩士之分ハ當地出候樣各藩へ御沙汰ニ相成撰人之上被相用可然同意之尙名元吟味の筈之
△御直示御本書ハ昨日左の兩卿持參
○後藤ニ逢尙申談置候事
○三条ゟ（マヽ）又出會申候處
甚御苦勞千万候得共總裁（マヽ）宮東久世モ異人應對是迄不致義最初が大事ニ付何卒アナタ御下阪宜敷願度此段御沙汰ニ付申上候尤可相成ハ早く御下阪被下度との事故迚（脱か）◎も私出候而も御役ニも不相立と申候處是非〳〵御出被下度との事故畏候旨申述候事右ニ付尙後藤へも申聞候故御話合被下度との事之
△實〳〵諸卿之内異論有之困り候處よふ〳〵納得尤入京抔ハ追の事第

一是迄被爲於
朝廷候而ハ攘夷御主張候處不得止時勢ニ付云々と申義ハ御布告相成度との事ょて草稿モ出來居一体ハ此度一時ニ出候ハ、可然候得共何分間ニ合不申候故跡ょて御發示と申所ニ而ハ如何との事故間ニ合不申候ハ、左様の外ハ無御坐と申置候

○象次郎ニ逢候同人モ明朝ハ下阪の筈の由ニ付兩人共不居合而ハ不都合ニ付此方出立迄相控候様申聞候尤左之三人私共ゟ參豫ニ相願○印兩人ハ在京ニ付御前之御下阪亦金策の義申含明朝差下申候

○サツ　寺島陶藏

土　陸奥陽之助（實ハ紀伊達五郎弟）

○土　中井弘藏（實ハサツ田中弘介）

○外國之應接ニハ是非金策無之而ハ不相濟ニ付三条公へ相頼候處何程可入哉との事御尋故先ツ二万金位と申上候右位ハ只今

朝廷よてとふら出來そふなものと御意之然處不相整如何せんと御當惑
ニ付參豫等大阪町年寄へ御用金手合次第可差出追ゐ相應利付元金可被
相下旨被仰出ㇾハ、下阪後可取計と申上此御書付相下りㇾ由ニゐ爲見
ㇾ右ニ付此方下阪ニ付ゐ之入用ハ御家來〃手合御坐ㇾ得ㇵ可差上私共
費用モ此内〃差出ㇾ心得と申ㇾ故承知と申ㇾ之

○小御所ニゐ五時前拜
龍顏且總裁宮〃御褒詞御書付御渡頂戴退出
　但御禮參豫衆へ申述ㇾ事

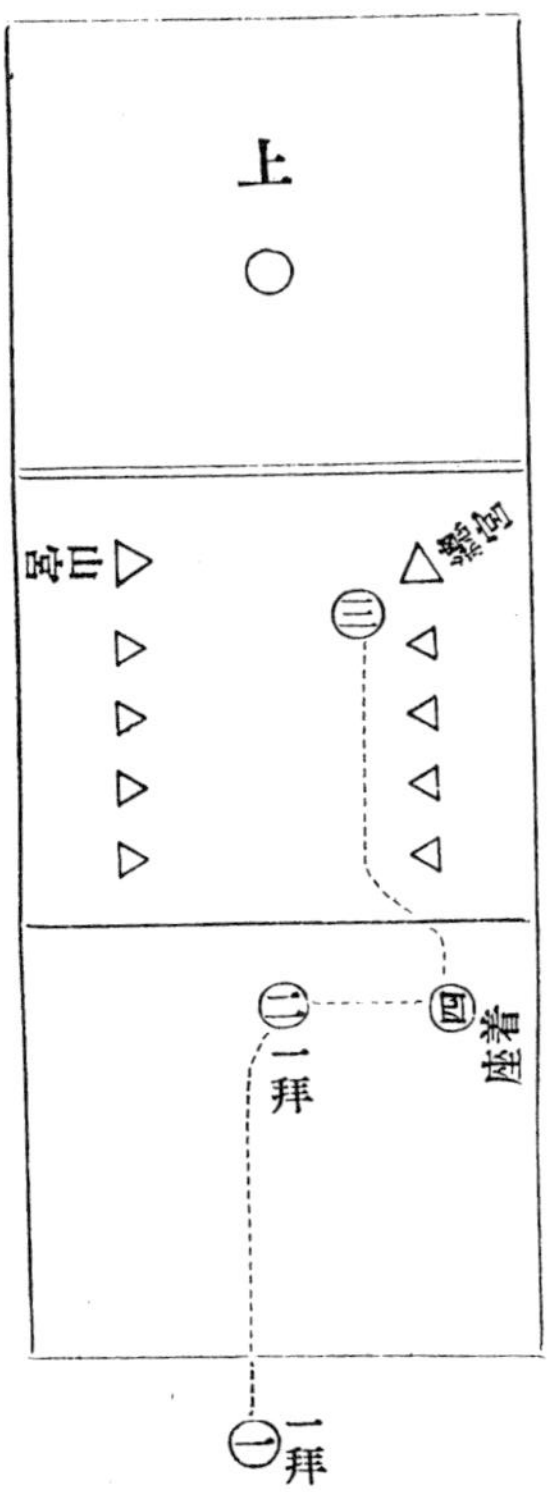

…………此線膝行三印ゟて御褒詞頂頂（マヽ）◎戴四印ニ而拜見退去

○御酒肴拜味御礼非藏人へ申述ル

御褒詞寫

國家多難之砌度々登京周旋盡力遂ニ使

王道復前古ル段

叡感不斜ル愈以勵忠志可爲

皇室之維城旨

御沙汰ル事

宇和島少將

同十三日

○明日下阪之處ゟて爲調ル事

○土ヶ松山高松討手願御旗二流（マヽ）拜領之由昨夜容兄密話故於當家モ同州之義傍觀ルあハ武門之失面目ル故願書差出ル事案末ニ記ス

○定議局中之義不相伺ルあハ帰京後不都合ニ付機密懸左之者參預役所差

出度

飛驒玖十郎

○象次郎報告只今備前留守居參同藩家老某兵庫表通行与英人行違ゟ開戰端終ニ砲戰ニ相及ㇾ赴(マヽ)ニ付後刻議政所へ出ㇾ様申聞置ㇾ由一難事を生申ㇾ

○松山討手願

豫州松山此度朝命違背徳川慶喜隨從仕反狀明白御坐ㇾ上ハ御征代(伐◎)可有御坐弊藩同州之義傍觀罷在ㇾ而ハ不堪恐悚ㇾ間何卒乍微力討手被仰付被成下ㇾハヽ武門之面目難有仕合奉存ㇾ遠江守在邑ニ付私ゟ奉願上ㇾ

正月十三日

宇和島少將

○午後九条殿へ參會今日ゟ仮之大(◎)太政官之

○松山討手願下阪中飛驒玖十郎下參与へ出候事岩倉へ願候事

○備前家老日置帶刀兵士英との一件三条殿と一席ニ承る結曲か◎局ハ万國公法よて御裁〔マヽ〕許相成候も宜しくャと相尋候處倘當邸同役と申談度よし申出候事

△小人壹名英とえさにし昨日歟帰シ候由此者へ一封爲持越寫差出ず無謂殺害候ハ不相濟候處謝罪ゟ如何及異議候ハ、備前一國而已ならず日本中之迷惑と可相成大主意之

各國公使中

○北陸諸藩之内上杉佐竹津輕小南部ハ兼々勤王之志厚候故教説勸勵いたし候樣御皷舞可有之諸藩の內よハ君臣之分を不知向モ有之云々之書付長谷持參相談故愚考ニハ右四藩之勤王實跡モ不覺悟候得共ナニサマ如斯四藩ニ不限御沙汰ゟ諸藩とも感徹興起尊

王之忠志確立仕候樣一般御敎令被爲在度と奉存候旨申述置候

○會盟之

勅諭且議定職以下分職成勤之主意（徵士（數員不定 勤務四年）貢士（一藩一人 無年限）等之處置案御示ニ付

無別慮旨御答申上候

○山階宮ゟ外國事務總督可被

仰付故御賴被成候旨之

○井上石見外國事務參豫被

仰付候事

同十四日

○岩倉へ以玖十郎昨日之願書催促スル松（マヽ）討手ハ應援の御沙汰よて宜しく

ヤとの尋之旨申出故其通りよて不苦ト爲致返答候參豫役所へ家來出候

事ハ今日否可有之よし

○八過轉法輪爲御用談來

△備与英之御處置万國公法ヲ以被決ル外無之乍然備前等ハ元來攘夷主張彼の情實不辨故西洋の法ヲ専ら被用ル様存ル而ハ人氣のおり合モ如何其外議論ヲ可生而よさは當然公平之條理ヲ以被決ルト申所ニ御注目相成度ル故

宮始へも御話申呉ル様との事尤如御心付公法と申候からハ的當れ（マヽ）御坐候尤耳馴ぬ人〳〵ハ疑惑可仕洋外諸國の法と申事ハ主張して唱ルよも不及畏ル旨申置候

△此度各國へ被相渡ル御書付寫を一体へ布告可致ヤ岩倉抔考ハ今御示ルハ、人心動可申との事如何存ルヤとの事之是ハ新聞紙よて直ニ世間承知可仕御祕シニモ不及且人心之動ル事ハなるまじく動ルとも當今此外御處置無之故無御頓着可然其内右寫被相示ルとも益モ無御坐ル此度萬機ヲ被爲握ルニ付於

朝廷御取扱之段各國へ被仰出ル旨大意御沙汰よてハ如何と申述ル處至

極同意之

○此度ゟ各國と被爲結通信候義全國へ被相觸候義書付二通被爲示此方ハ
先帝叡慮ハ被爲在候得共當今不得止和親交通と申方可然と申述候處右ハ
三条草案のよし少々文字ハ心付申述候

○備日置帯刀參同席ニ而逢候

△昨日御噂有之候萬國公法ヲ以御處置の處ハ奉畏候得共是迄の國情ヲ
以考候而ハ一應備前守へ申聞候故か◎上御請申上度其譯ハ償金差出候
義二三万れ事ナラ如何樣とも可仕候得共莫大之義よてハ國力ニ不及
且　天朝御爲ニ盡力御守衛抔仕候覺悟の處夫モ疲弊シテハ御免奉願
候外無之左候而ハ外國の事件ニ付
朝廷勤不出來るニ至國內人氣動搖仕備前守方ニ而應接仕度と相願可申
赤土ト相成とも不苦等押移り可申ャ上京の私共ニ而奉畏候而モ右樣
ニ至候時ハ如何とも仕方無御坐候重々恐入候義ニ付一應申遣度と申

出尤四日目よハ御請可申上との事三条よて聞届相成候之此方ゟ償金の義ハ未タ應接無之故今日迄ゐと御沙汰よハ無之平和の應接ニ至て如右可相至ヤと推量よて候乍然何分詰合よて御請不出來候ハ、應接之時ニ至遲延不都合無之樣早々可取計と申置候兎角十日の弁解ヲ專ら申無益ニ長談迷惑之

△十一日備小人英ゟ歸シ候時差越候書面寫

本日松平備前守家臣池田伊せ日置帶刀兩人神戸町通行之節右兩人供之者ゟ無故槍戟炮器を以て外國人ヘ襲しハ何故ニ候ヤ早速申譯ニ罷出可申候若各國共滿足する樣申譯不相立候に於てハ彌外國へ對し干戈を動度と見定め猶外國共所置ニ可及候左候而ハ只備前藩ニ不限惣而日本國中之大災難ニ可相成候事

正月十一日

右各國公使ゟ被申出候事

○後七半時發京六過至水見水◎伏か乘船
○前大阪ゟ以飛脚松山征討應援被仰付候よし報告昨日之願ハ畫餅トナル期
限ハ追而可被仰出四條大將之

同十五日

○六時華邸へ着ス
○後藤と弘藏來ル
△今夕宮へ出取決公使來阪之御沙汰今夜弘藏下庫可相通若出阪不都合ニ
候ハヽ我輩下庫可致事
○會津料地五万石外國事務局へ附屬相成度事後象話
○入相頃宮御本營へ出る
△後象といろ〳〵話各々國元の話ニナル象私ハ御承知遊し候樣御國元物
產懸居候處中〳〵六ケ敷迚モ只今よても土州よてハ何モ出來不申京地
よて粉骨仕候方宜敷候

△御前ニハ女中ハ不召連ヤ御永き事ニ相成男子計ニてハ御不自由不相濟とふそ御呼寄遊し度越前様モ御呼上セニ相成候と申候土越兩兄左様なら實ハ困り候故呼而宜しく舊臘始子供出來外ニも四人も居跡のさひもなるゆへ考居候と申候處然ハさし向京ニて御召抱ハ如何と申候故まゞいそきハ不致と申置候

△五過宮御歸營拜謁三条ゟ傳言左ヶ条申上候

一萬國公法いまゝ本邦へ遍く承知無之所ゟ外國之法專ら被爲用候様存候而亦異論モ可生何分公平至當之御處置相成度申合候ニ付宮へ申上候様致承知候旨返答仕候尤私ゟも萬國公法ハ勿論輿坤上ニ被行候至當公平之法ニて他ニ至當と申ハ無御坐萬國之字ニ付異論生候ハヽ文字丈之義乍然不申唱とも濟候義ハ其通ニて宜敷と奉存候旨申内意ニ御坐候

一日置帶刀今夕モ不致下阪候故十二日三条と承候事情申上候

△宮ゟ過ル十二日サツ岩下松木抔ゟ何分片時モ早く御應接無之而ハ彌六ケ敷可相成旨申出切迫無止故東久世へ臨機處置可有之旨書付相渡ル事

同卿十三日藝蒸艦ゟ回庫之筈

△十一日夕ハ岩下ハ伊勢出あるまじく(マ)ハ無之と申ル處十二日夕長藩兩人ゟ

德川ゟ政權歸朝ルハ、早速御布告可有之處今日迄無其儀如何ニ付京へ出可相伺世界一日モ無政府國ハ無之と申立ル

備前一條中〳〵六ケ敷申居ル由

○後藤中井モ被爲召ル

東久世下向後事情不分ル故兩人明朝出立よて事情承り只今迄出張の人〳〵よて相濟ルハ、此方後藤ハ歸京外國懸の局早々取調相建度伺ル處其通との事直ニ兩人下る

○御所よて軍務の事モ宮へ無御通達御處置相成土州等討手被命御旗被下

候事モ跡よて御承知井上石見宮參与被仰付候事モ不意ニ被仰付候抔御
總裁之無實とて御歎息四条五条烏丸も同歎之

同十六日

○奥平家老逸見志广參處置承候
朝廷へ歎願書ミせる追々可寫入美作
勅命ニ而上京御沙汰モ候ハヽ發江戸候義モシ出來可申ャと申候歎願大主
意ハ
　出勢御沙汰奉畏候得共是迄君臣の義ニ付關東へ向矢合丈ハ御免被成
　下度との事隨分尤之京御聞込ハ如何と存候
○七時宮へ出る兵庫東久世と吉井幸輔文通みる東久世應接御布告書ハ意
外喜悦其内六ヶ國へ可被相渡處一通外持參無之甚不都合早々可相廻筈
之
△備前一条ハ追而書付可出よし

△横濱封港ハいろ〳〵意味有り六ケ敷候
△自分兵庫へ不參候而ハ東久世不歸由申來候處昨夜象次郎申合遣有之故同人歸後進退可決と申上置候
△兵庫居留所手せま故早々上阪致度申立候故否可申越との事故守衛人數居留所サツ長へ申談候上相決其上市中心得向被仰出候後當所へ參候樣被仰付度申上サツ長留守居呼ニ遣ス薩出候故吟味申付候

永井清左衛門

○宮ゟ兩大事件總裁何分難行屆候故外國之方ハ山階宮へ被仰付候樣相願度との御事御尤千万奉存候併よふ〳〵十五日ニ東久世より總裁ハ宮樣と各國公使へ被申述不日御代合モ不都合いりを岩下後藤所存モ被相尋度と申上候

同十七日

○長州山田市之丞參る各國公使始當地出度よし右ニ付守衛兩藩よて出來

候ャ居留所モ何迄ら宜敷ャ早々申合候様申付候長一大隊半位有之よし
中〳〵市之丞ハ若キ者なから能く分り候才子之
○佛人モンブ（マヽ）ランへ雪江遣し候五代ゟ今朝申越候故之直ニ同伴よて参候
故初而逢候今日王政復古ニ相成候處御處置によりてハ誠ニ以隆盛國と
可相成亦議論のみよて諸開港場其他因循送日時ハ是迄ゟもあしく可相
成甚以朝暮懸念申候各國人モ注目致居候關東ハ大ニふらけ居候處
王威之早く行届候様御處置有之義極急務と存候戰爭ハ惡事ヲ除候爲よて
必其前ゟ政令ハあよふ〳〵可施と廟算ハ決居候ものよて戰爭ニ付政務
迄やみ候譯ハ無之其處懸念ニ存候よし
○佛公使此頃ハ段々門佛蘭之説被信候故不遠歸國可致跡ハ伊太利のシ（マヽ）ニ
ストル勤居候妹ムコ参候ハヽ宜しくと存候由
○今日ハ初而之義ニ付極大意申上候尚追々細事可申上との事
○今日ハ火急之事別而不都合尚又其内細事モ承度と申分れ候

○島津伊勢參逢長州同樣申置致承知候モブ（ママ）ラン之事話候處同人モ昨日逢
致感心候由今夕ハ致上京候間尚修理樣へも申上何とら周施（ママ）仕度と申候
故五代モ三条岩倉充分申述候樣子ナカラ精々盡力可致旨申置候
○八後宮出る
朝廷ゟ過ル十一日土州へ松山高松討手被仰付御旗下賜事ハ更ニ前以宮御
始無承知藝モ同斷ニ付
將軍宮之無詮又土藝ゟ伺出候處最前ゟ無御承知事候得共両家へハ
朝廷へ得御指揮候樣可申渡と異論相生シ此（ママ）方ハ議定職故被相談候旨內々
五条ゟ話故打入等之都合ハ一同御指揮可有御坐度初從
朝廷御相談無之ハ不宜候得共臨敵地銘々氣々ニてハ不宜旨申述置候
○四条へ無罪之商か◎商民抔安心農業可致其外改心帰順之者ハ寛大云々
官軍ニ向候者ハ無用捨打捨可申抔御布告有之而ハ如何と書付內々示置候
事

○兵庫ゟサツ吉井幸輔長片野十郎帰り東久世ゟ烏丸への文持參追々應接
濟候よし云々申來候
○東久世と此方交代の事申來候之
同十八日
○奥平家老用人參り候美作守上京の事申談候之
○後藤象次郎ゟ昨夜帰𪜈今朝
宮へ出候由申越ス
○飛驒昨夜帰り從
朝廷亦松山追討應援被
仰付候處　將軍宮ゟも此間被仰出候故
御双方同様の事何𪜈ヲ可奉
命と伺候處宮の方奉し候様との事之
○參与兩三輩可差出旨

○第八字宮へ出る象次郎ゟ
宮御側よて應接昨昼時迄ニ結局之書付東久世出シ後譯候寫差上候右ハ
五日ヲ限決答之筈公使〱申立の通御處置無御坐候ハヽ戰爭之外無之
備前よて不奉
命候ハヽ御征代〔マヽ〕の外無之事
○兵庫暫時モ其儘ニ不相成候故岩下と陶藏椿助等東久世よて決シ遣候由
○此方ハ當地ニ而諸事取扱亦兼而市中之義モ裁〔マヽ〕許相成度と申合候よし
○英公使ゟサツ長土士御使ヒ被成候處及不審東久世ゟ三藩士共
朝廷へ被擢拔候故藩士ニアラヌか◎スト被申致安心候趣右ニ付早々其藩
々へ
朝廷ゟ被仰聞當人承知モ御沙汰之事可申立事
○長崎奉行の樣ナルモノ早々被仰付度由
○サツ長土三藩計御任用よて不遠亦混雜可生ニ付尾越等モ被交度由

○右ニ付此方今夜上京ニ極候事

○酒井若狹守之事御双方ゟ行違不都合の義議定職之處ニて申述呉候樣御頼有之候事八過歸る

○長山田市之允來異人居留ハ中寺町可然よし且旅宿の役人等ハ如何可致ト伺候故差向ハ兩藩ニて取計可申且阪地諸藩且市中へ不法無之樣急与心得の義布告相成度右案文いたし候而

宮迄差出候樣申置候

○薩吉井幸輔參候故同主意申置候幸ゟ異人賄等伺候故町人へ申付公然

宮の方へも可申出ト申置候

○高松屋敷借用之義致承知候

○桃井俊藏參り志操申述候昨日ゟ

宮御家來へ潔白之處申出候由右願候ニ付前条居留所之義申遣候間屋守

對馬守へ一封遣ス

○今朝備前日置帯刀參候一旦西の宮へ參居候樣申置候國元報告明後日參
候よし
○江戸歳暮の飛脚達ス
○桃井參歎息話且身分之義潔白之事願候
宮へモ申出候よし序有之屋守へ申遣候
○四時過船出來乘船
同十九日
○八過伏水へ着馬間違遲々候ニ付不得止歩行松原通よて乘馬
○六半時著直ニ大(マヽ)政館(マヽ)へ出る
○東久世應接ニ付各國公使ゟ差出候書面和解三條へ出シ一坐評議大藏此
方如申出絶(マヽ)然御處置可然申立候下參豫皆同意堂上中山中御門少々異論
終ニ決議三条參　内九過之伺候處
叡慮モ不被得止候故如衆評と被

仰出ル七時帰ル
○右之義東久世へ為報知三条此方ゟ連名一封雪江へ為持早ゟて兵ゟへ遣ス
同廿日　國舊臘念五立達ス
○午後參　内　御元服濟御祝義申上　准后御方へも相廻申上ル
○柳原ゟて着替大〔マヽ〕政官へ出る今日三条不參之
○長崎鎮臺之義早々被命度申出ス
　醍醋〔醐か〕◎大納言　助　五代才助
○崎通詞佐藤麟太郎願書三条ゟ廻ル
○備前ゟ神戸一条異人ゟ理不盡之義有之互ニ發砲云々屆有之
○五代帖三条へ廻ス
同廿一日大〔マヽ〕政官へ出る午時過ゟ
○脱走澤帰京ルハ、長騎鎮臺尤外國總督ゟて

参豫
五代才助
井関齋右衛門

右申立置ル

一東久世兵ゴ鎮臺未決

○三百万金富家ゟ爲御積金出ス

○楮幣通用之事

右条評議未決

○左之通決議

一毎日巳ノ剋出勤申刻退出

一一六ノ日休

一議事之体總裁ヲ始下参与迄總而出席無之向ハ不相預次官ニテ可決事

一毎日巳ノ半刻ゟ議事相始可申事

○五時前帰る右の廻達越へ遣ス

○五代呼ニ遣ス大阪之

同廿二日

○岩倉へ御守衛之義可談事

○會盟之　詔如何

○武家諸法度ニ類ル御書付

○大阪今日可決事

○島津參る奥平へ出勢御沙汰相成度重役モ先日諸藩へ御沙汰後上京申ル

○長崎警衛

肥筑島原大村

右如舊

外ニ臨時御警衛向大村ニ被仰付度

右内國事務ゟ申立ル様談ス

○酉々大納言大阪へ下向被
仰付候外國事務兼帶之
一西周助本藩津和のへ呼返之上
朝廷御用被仰付度三条へ申遣ル
一開成所へ諸藩出役人名モ夫々申出ル様留守居へ被尋度
○溝口孤雲ゟガラバ一封出ス
○辻將曹云當月初江戸土藝兩邸燒拂ル由
○三條へ參卧上對話
○長崎ハ東久世望の由木戸準一郎へ傳言のよし
○崎陽十五日出土人ニ逢事情委曲承ル鎭臺ハ土海援隊ゟ保チサツ土藝同
心筑加入佐賀ハ不出奉行ハ十四日蒸船よて遁去八万兩ハ土ゟ懸合戻ス
早々鎭臺出來ル様申ル
○佐藤鱗太郎呼出る

三條へ及歎願候赴（マヽ）奇特之義ニ付
朝廷外國事務御用可相勤候
右の申聞書面ハ追而渡ス
○溝口孤雲へガラバゟ差越候手帖和解爲致候事
同廿三日參會
○昨日總裁（マヽ）宮ゟ御書付ヲ以被仰渡候義疑惑ニ付可相伺事明白スル
○大阪ゟ公卿門御守衞被免度越へ談ス
○遷都之義有之廣澤大久保後藤建白自分同意と申上る
○楮幣ト金三（マヽ）百万（マヽ）兩御積立の義モ無別慮旨申上候
○昨夕於大政館總裁宮ゟ御渡書付

大阪鎮臺
外國事務ノ兼職
宇和島少將

○久世應接中關東へ使節遣ㇱ云々ハ何分早々御實行相成度と申立置ㇱ

同廿四日

○四時大(マヽ)政官へ出る

○公卿門御免願

○岩白山書面

○酉々守衞藝人ゟ

○木戸大阪へ當分連ル

○姫路落城一条

○大阪惣年寄

岩倉密話

○盟會の事ゟ(マヽ)

○大阪ゟ出候ヤ

○海陸局へ林玖十郎

○下阪後御用ナクバ出ズ

安井九兵衞

今井

比田小傳治

三休橋大宝寺丁

徳阿旅宿

花田ャ嘉兵衛

表札　有栖川宮御用達

西光菴

徳　阿

惣年寄安井九兵衛ヲ以富豪之丁八十名呼出金二万兩御用金被仰付

右ハ大阪長堀十丁目

伊丹屋勝藏悴

善太郎

當時　吉住良之助

同小堀江二丁目

濱や芳兵衛

此兩人へ尋ルハ、可相分

當時　濱口牧太

○會計局ゟ外國局入料尋ル事只今見通不相付よし返答

○薩ゟ戰爭手負之者爲療養兵士在留英醫呼越度願聞届ル山崎始口々警衛へ心得も申聞ル事

○長谷ゟ以書面襪被免ル旨

○中御門ゟ以思召金一万五千兩被下置ル旨

○雪江歸る

○總裁局顧問　市象準三人

○徵士下參与海陸軍　林玖十郎

○三条ゟ木戸ハ何卒當地へ留置度よしニ付三十日程下阪ニ致度ト申ル處今日ゟ總栽(マヽ)顧問被仰付よし然ハ後藤モ同樣よルヤと申ル所まづその通との返答故全体兩人とも召連度存ル處相反シ當地被留ルそハ跡ニ人物

モ無御坐五代ハ重役ニハ不申付相談可仕もの無之然ハ私身分ニ於て所置可致と申候處夫でハ不相成左樣なら兩人の內壹人宛ハ下阪相詰候樣いたしてハ如何との事故夫ならハ承知可仕同局之物論モ不面白故仰ニまかせ候半此度下阪の時ハ後藤召連可申と約置候

○民部大輔佛ゟ帰り候樣相成可然と建白ス

○關東へ御使節の評議決ス

○橋本大納言房（マヽ）へおぬお房ゟ之文通披見大意

過ル十二日内府ゟ俄ニ軍艦ニて御帰り以御房（マヽ）靜寛完（院か）◎院樣へ御目通被相願其節被申述候ニハ上京被成候處薩州へ（マヽ）遮り夫ゟ戰爭ニ相成候終ニ朝敵之名を被蒙當分恐入被申候由一旦朝敵と被申候てハ御對面遊し候處被對朝廷恐入をられ候ゆへ御見合相成居候得共尚强て御願ニてハ御情合御對面ニも可相成ヤ

朝廷へ宮様ゟ御詫の義モ御願相成候處かゝ聞よてハ何とも御心配遊し候よし乍然何卒御當家の處ハ御無難ニ相濟候様よ御願ハ遊し度思召のよし天章◎（璋）院ゟよハ早速御對面も御坐候よし是迄追々御都合も宜敷〔か赴によりれは丶急ニ出船のよしモ書有之候事〕と御承知遊し候處よて誠御心配被爲在候との事

○大市ゟ關東へ問罪之勅使被遣候義先刻御評決ニハ相成候得共尚心懸相生候故明日御再評相成度下參与とも議度よしニ右ハ過刻市藏兵助ゟモ被差遣候外無之と申出候處おぬなの文も有之萬一伏罪陳謝之手順相立朝敵ヲ被免候様議論相生候而ハ以の外之事ニ付懸念相生候事ゟと致密察候三条岩倉との口氣察し候處朝敵三条ハ如何体よても難免岩倉ハそれ程よハ無之様存候

同廿五日午後ゟ大（マヽ）政（マヽ）館へ出る

○大阪へ内國局ゟ誰出役申候ャ

○酉々同所居館の事

○弘藏彌三郎今日下阪申付ル事

○白山を用ル事

○澤九州鎮臺

○公卿門守衛被免ル事

○分取品々如何

長崎　野村[illegible]（◎惣か）七

同廿六日

○東久世昨日歸京來臨御用談如左

一廿四日應接各國公使上京之義彼ゟ願立ハ不致ル得共周施（マヽ）有之度ト一昨廿四日應接之節申述ル故何を相運ひル樣可致尤拜

龍顏度趣之　二条城可然ゟと申合ル

一關東使節ニ答　勅如何と尋ル故未タ聞不申尤其節東へ向帶兵出ル其外へモ發向と申答彼ゟ然ハ戰爭可相成ヤ答勿論赴（マヽ）次第左樣可相成ル彼云何と申人被參ルヤ答其人名ハ不知彼云其後の摸樣伺度ル

一備前神戸一条早く致度よし
一大阪へ商(マヽ)人早く遣度よし
一(此方ゟ)横濱外國人居留ニ而可相成不可用干戈事彼よ里諾ル早々可申遣其内
日本ゟ開事端ル歟對外國人理不盡之事有之而ハ不得止旨申出ル由
右廿四日ゟ七日ヲ限り可及返答筈晦日迄之
一遷都之話三条よても聞久我モ話ルよし東久世ハ丸テ同意之乍然瀟
朝不同意やゝもすれ𪜈先年大和御(マヽ)
幸之如くサツ長ニ而奉擁様疑念モ有之亦ハ外國爲接遇　遷行(マヽ)之様存ル
輩有之萬々一慶喜ヲ被免又サツ長ヲ除抔之密謀相生而ハ實ニ禍起墻
肅(か)◎蕭今日之姿亦瓦解可致哉其處モ甚懸念ニ付致熟考と申事何分一
月五六度ハ二条大(マヽ)政館(マヽ)へ被爲　成ル様よハ相成度との事實よ　遷行
ル而も跡之大御變革舊習御一洗之目的無御坐ル而ハサワギ丈無益と
奉存ル大政館へ臨

伊達宗城在京日記

御ハ重々願敷事と申答候
一（東久）中山正三憶病且開ケヌ故庫港へ同行外國人の状態軍艦等爲見候ハヽ少しハ爲ニ可相成歟廿八日ヨハ帰庫ニ付同伴之義申出候而ハ如何との事ニ是ハ尤可然何卒左様相成度と申置候

同廿七日　國正月七日立達ス
○午時前二條城へ出る
○總栽（マヽ）宮と御本丸へ參見候處御新建邊へ參候處先頃迄此所ニ御住居內府公と被唱候處今日ハ朝敵と成我輩ヅカ〳〵見物ニ參候事實ニ不堪悲歎長房（マヽ）等ハ化粧道具鍋釜等モ取ちらし候を雜人とも兩三日這入引出シ乱妨目を當られ候愁然落淚ニ及候
○阪（マヽ）大阪鎭臺
大阪栽（マヽ）判所副總督　　宇和島少將

右德大寺ゟ被渡候

○征東之緩急策略見込御尋ニ◎（脱カ）付明日可申上と答

○岩倉ゟ

御親征と相成浪華迄一時被爲

成海陸軍御撿

覽被爲在候ハヽ御軍威隆盛賊落膽諸卿モ少々ハ異情相辨可然必死相願

候心得各所存承度よし

○雪江ゟ諸司代屋敷の事話反（カ）◎（返）答是ゟと申置候

○酉々へ下阪の節警衞人數添候樣且是迄政事ニ係候兩人附添の義參与ゟ

被申述候事

○將軍宮　滋の井　　　大原

右御軍議ニ付早々帰京御さヽ

同廿八日

○眞田家來北澤幡の助長谷川參ル信濃守甲府城番被命ルよし處置ハ矢張官軍臨境相應ル筈

○朔日夕下阪

○三日各國公使上阪する

○阪地布告書をあを能様爲認可申事

○此度外國御交際御布告ニ付而ハ横濱表居留外國人ニ對し干戈を相用間敷ル尤逆徒ニゟ力不致様御達置ニ相成ル間心得違無之様相觸可申事

正月

○大阪長州毛利内匠

○長門廿二日發足のよし兵助話

○小松帶刀徹ママ士參ゟ被仰付ルハ、外國事務局ゟモ外國事務懸申渡ス

○五千東久世ゟ預

渡り　　　　　寺島陶藏

○諸司代屋敷与越邸振替直約濟

同廿九日

大(ママ)政(ママ)館へ午前出る

○眞田甲府之事岩倉へ可談決

○陸奥陽之助大阪へ可廻東久世へ旅案内

○僧軍之事

○蝦夷地支配人の事

○横濱箱館　　　○賄賂書付

○松山の事如何　　大阪爲替

○各國公使拜

龍顔ル節之御都合制度廉(寮か)へ談ル處西洋之振合相分ル上調度趣ニ付下
　阪後早々爲調可申事

○酉々相談大阪代官　内海多次郎
仁門ゟ
此度帰京錦旗節刀等返上被　聞食ル上ハ兼而願置ル船(◎航か)海之義去十
五日交際御布告之事件ニ而被爲濟ル得ハ一日も早ク御許容被下度奉願ル
事

正月廿九日　御名

○正月十四五日頃再擧之事ヲス、メ割腹之由　若年寄
堀内藏頭

○櫻木へ出る江戸當月廿一日立達ス
仲春朔日
○今日ハ休日之處御用有之出る
○木戸淳(◎準か)一郎下阪後藤象次郎ハ大(マヽ)政(マヽ)館規則定ル迄滯京

○山科（マヽ）下阪迄ハ當方ゟて裁判（マヽ）

○小松町田下阪可申付事

○分取　○阪町方取締名元

○會計ゟ下阪

○四条通り手遊調練太さ　つゝら　かふせん

○大阪旗用意

○帯刀御幸御用モアリ早々

○鋼鐵船御取入ノ　

○宮洋行ニ付公方調

○齋右衛門事　○肥後書付返シ

○内國壹人將曹之類　○姫路處置

右三日用

○内府公御直諭今一應江戸へ申遣ス

○民部太輔（マヽ）　大原の事
○英佛へコンシュルゼネラール
○江戸表へ諸品廻方差留
○御下阪二月十五日ゟ廿日迄
○各國人大阪ニ而開市之布告
○等級相定ル事
○行在所へ御供公家可成一團ニ相成度三職ハ三職ニ相成度
大政館（マヽ）仮ニ搆度
右三ヶ条岩倉密話
同三日
○六時大阪元西町奉行所へ着
○色々用事五代と弘介參ル
○替せ尋ル事

同四日

○俊助ゟ英公使へ東久世ゟ之達書よてハ不決着ニ付御裁〻許書且何日處置承度夫迄ハ一歩モ不動よし之

○十二時ゟ會集小松岩下五代中井之

○岩下ゟ以三時限裁(マヽ)許書且七日之内處置相付候趣俊助へ申遣候之

○弘藏之義サツ邸與議有之只今よてハ暗殺之程難計候故暫爲致潜居可然ト五代へ小松及密話候由横港テモ可遣と申候故無止故其通可然と申置候

○藝隊長ゟ當地与力同心之内帰順の者將軍宮被免サツ長ゲイ三藩へ暫時附屬被申付候所裁(マヽ)判役着阪ニ付御受取可被成下ヤ暫時御預申上候心得と申出候故醍醐參の上相談可及返答旨申置候事

○天王寺各國居留所見分明日參候筈之

○堺土州カタメ備前と交代且爾後ハ訴か◎訴訟等當役所へ伺候様相成可然

尚又明朝ゟヵ◎[惣]年寄呼土ょて難義之譯可相尋筈之

○七時過議事濟

○今日國へ別便立る彌三郎モ江戸へ遣ス

同五日

○市中巡羅ヵ◎[邏]昨夜如何相成居ルヤ

○萬國公方ヵ◎[法]上刻之事

○政府ゟ詫文之事

○後藤ゟ但馬雪江へ文通上書東久世自書到來

備前一件ニ付政府ゟ詫書之義外國局之見切ヲ以取計可申旨惣裁宮(マヽ)被

申付ル間何卒大阪表御出役之方々公論ヲ以御取計被下ル様御頼仕ル

象次郎ゟ

覺

一コンシュルセネラール

英人ラウダ佛人白山

右御　外（マヽ）決ニ有之候事

一大阪開市之事

右總裁職へ申上相濟ル事

○三日大（マヽ）政館（マヽ）へ臨

御御親征之義被仰出ル事

○陶藏ゟカラバ所持コンボート一年一万トルニ而借用阪庫用弁ニ備度由

庫用ルハ、兎モ角阪ニハ強而入用とハ不存

○江戸廻船之義兩問ヤ伺出ル間勝手ニ可相運と及裁（マヽ）許ル事

○政府詫書之義庫地よて異人打合申越ル様懸合ニ爲及ル事

○澤へ文通長崎通詞三人上阪之義賴遣ス

○兩替閉店九人呼出心得申聞サセル

○難波家來モ吟味

○曉六前兵コゟ俊介使來ル英公使東久世之帖見候處何日處置とも無之加之東久世モ如約束下向無之岩下モ不來俊介陶藏位ニ爲任置候義甚憤懣扱兼候故東久世不在なら此方出庫願敷由ニ付小松五代抔へ早々出候様申遣且サツ蒸艦之義も靭負ヨて小松へ申遣置候中島作太郎之（六日）

○出庫之用意申付候之

○小松五代來薩蒸艦用意申付候之

○内海多次郎
大須賀
鈴木も宜よし小松話

○町々會所ヲ五丁ニ一ヶ所ニ相成可然ャ

○第三字過馬ヨて出立暮〳〵西の宮へ着ス

○備前家老池田伊せ呼候處不快ニ付番頭と外ニ壹人出る五代但馬兩人ゟ号令人之名爲尋候事

同七日晴

○今曉備前家來ゟ名元附出ス

日置帯刀家來
馬廻り士
百石 瀧　善三郎

五代餘程骨折候之

○六半過出立四半時神戸濱邊へ參候處俊介參英公使ニ而昼飯上度との事仮居住へ參候ラウダ話候無程サトー參候先刻ゟ佛公使と各國公使談判ニ而まゐせ候由ビールシャンハン出る佛公使先日本國へ帰る◎（趣脱か）各國公使へ申述候處昨日上陸此間のハ虚言ニ付論談のよし○一字過英公使來對話懷中留ニ有之略ス

○夫ゟ公會所へ參三國公使ニ逢候

イタリヤ　アメリカ　プロイセン

○歸懸佛公使へ參逢候和蘭ハ留守之

暮前帰る

○五代寺島參ル備士善三郎助命之策英コンシユル代ラヴダへ五代話置ル處態〳〵亦爲話合參ル事實意不堪感服ル
○薩道俊介同伴參ル明日一字ゟ各國公使ト應接之約申述致承知ル少々雜話殘酒爲呑歸る
同八日晴
○九字半佛公使來昨日之礼之
○岩下五代伊東俊介寺島參應接之談判スル
○十二字馬よて出一字公會所へ參ル無程澤父子大村參ル一應挨拶よて三人歸る
○備前談判ニ懸る其前ニ此度自分事外國事務總督被申付ル處甚事情ニモ疎漏且愚昧之事故應接等不束ニ可有之又是迄之徳川氏役人の話承傳ル處談判兎角議論ニナリル由何分互ニ信義ヲ以無マヽ服臟話合度旨申述ル處彼ゟモ所希と答ル其他別記ニアリ

○英公使ゟ今夜七時頃ゟ夜食振舞度故参らぬ而との事致承知と申置候
○和蘭公使へ参り逢候いろ〳〵話候夫ゟ俊助旅亭まて小休する
○七字英公使方へ参り澤モ被参候夜食地か◎馳走之
○十時前ゟ十二時過迄いろ〳〵別室まて話別記
○ラウタ部屋へも一寸参候妻よも逢候
○一字過歸迄一寸酒呑彌三郎へ傳言申含候事

同九日晴

○國ゟ別便参候吉田ゟ若狹守の事申候ニ付而之
○五代寺島中島参候
○サツ長へ備前士今夜處置の事ニ付警衛且取扱の義申聞候
○備前るす居へも申聞候事
○九時プロイセン」イタリヤ公使参候
○東久世ゟ自書來る京まて待候由

○一字蘭公使來ルプロシャ戰爭圖入書到來昨日約束之
○五代伊東ゟ助命應接取懸候故瀧之處置兩人寺へ參候迄侍候樣寺島中島
當書來開ク
○中島作太郎參候備前ゟ先鋒被仰付候故今夜之處置濟候ハヽ直ニ神戸之
固メ引取度○留守居モ此方立候迄控居可申ヤ夫々伺候故如相談よて宜
敷と申置候
○五代伊東參百法及弁論候得共何分助命之義各國公使へ會シ百法弁論公
使中二時間密談終ニ不承知のよし第十時過割腹不堪憫惜存候一首詠候
瀧善三郎臨死を思ひて

ゐとすしゐ思ひきりても瀧のいとの
千筋もゝすしそふかみゐ哉

同十日雨
○岩下五代寺島參候

○六ヶ國公使へ許書差出ス

○佛人白山日本コンシュルゼネラール呼越以紙面申付ル事其内少々書面ニ心付申出ル間尚亦大阪ゟて衆議の上追ゟ改め可相渡と申置ル同人對話懷中小本ニ誌ス

○京攝ゟ一封來ル御親征ニ付被仰出有之明夕國へ爲心得立ル筈候(ママ)之

同十一日晴

○五代來昨夕各國公使ゟ伊東兩人呼ニ參候よし事件ハ詫書少々亦心付有之書改候(ママ)度且西の宮通行返答延引の催促のよし詫書ハ今夕二時ニ可相廻と約置ルよし才助ハ英軍艦よて第十字出船する赴(ママ)之

○英公使來ルいろ〳〵雜話何そ新聞ハナキカとの事故征東海陸軍先鋒諸藩名元付ミせる第三字過歸る

○岩下伊東寺島來ル離盃スル

同十二日晴

○七時過出立八時英館へ參十時英蘭公使と同しく輕舸よて鋼鐵船へ乘移る

十一時過出艦一時過保（マヽ）山沖へ着ス三字頃川蒸氣ニ乘四字夷島へ着夫ゟ分れ運上よて小休川屋形へのゟどふとん堀先ゟ上陸英館へ參入相過立馬よて六過歸館

伊達宗城在京日記終

解題

森谷秀亮

一

伊達氏は北家藤原房前の子魚名の玄孫山蔭（やまかげ）から出で、子孫常陸国中村に住んだが、朝宗（ともむね）の代に至り源頼朝の奥州征伐に従って軍功をたて、陸奥国伊達郡を賜わって伊達を称するに至ったという。朝宗の裔政宗は、元亀・天正の頃、芦名氏をはじめ各地の豪族を帰服させて驍名を奥羽に馳せ、慶長六年四月、国分氏の居城青葉城を修築して岩出山城から移り、千代の地名を仙台と改め、寛永十一年八月、将軍徳川家光から知行高六十二万石を賜わった。秀宗は政宗の長子であるが、庶子（母は飯坂氏）であるため、慶長十九年十二月二十八日、分家して伊予宇和島で十万石を賜わることとなり、秀宗の弟忠宗（母は政宗の正妻である三春城主田村清顕の女愛姫）が本家を相続した。忠宗の子綱宗の時に叔父宗勝（兵部大輔）が一ノ関三万石を分封されたが、甥の田村宗良（むねよし）および家老原田甲斐と結んで、宗家横領を企てるといういわゆる伊達騒動を起し、処罰されている。綱宗の子は綱村であり、弱冠で封を継ぎ、長ずるに及んで、励精治を図って祖業の恢弘に努め、中興の英主の聞えが高かった。秀宗の子孫は世々宇和島を領して第八代の宗城（むねなり）に及んだが、幕末の賢諸侯として公武の間に奔走し、つづいて明治創業の枢機に参画することが多かった。従って仙台の宗家が、戊辰の戦役に向背を誤って二十八万石に減封され、明治十七年七月、華族令制定の際に伯爵を授けられたのに比べると、宇和島の分家は、はじめ伯爵を賜わり、さらに維新の勲功で、二十四年四月、侯爵に陞る栄を担っているのである。

伊達宗城の経歴は、「伊達宗城在京日記」巻頭の「宇和島伊達家家譜」によって、一応知ることができるが、叙述の体裁が整わず、誤謬もあるので、改めて略記することにしよう。宗城は文政元年八月朔日、旗本山口直勝（相模守、三千石）の次男として生まれ、同十二年四月十三日、宇和島藩第七代の伊達宗紀（遠江守）の養子となって、大膳大夫に任ぜられた。弘化元年七月十六日、襲封して遠江守（のち伊予守）を称し、つづいて侍従を拝命したが、越前の松平慶永（越前守）・薩摩の島津斉彬（薩摩守）・土佐の山内豊信（土佐守）とともに一橋慶喜を将軍継嗣に擁立する一橋派であったことが幕府の忌諱にふれ、安政五年十一月二十三日、家督を弟宗徳（むねえ）（遠江守）に譲り、致仕するの余儀なきに至った。しかし文久・元治・慶応の頃には、勅を奉じて入京すること四回、朝幕間に尽瘁し、従四位上に叙せられ、左近衛権少将に任ぜられた。やがて王政復古が実現するや、新政府の議定に任ぜられ（慶応三・一二・

二八）・つづいて外国事務総督（明治元・正・十七）・外国事務局輔（元・二・二〇）を兼ね、外国官知事（元・閏四・二一）・民部卿兼大蔵卿（二・九・一二）を経て大蔵卿専任（三・七・一〇）となり、二年九月二十六日には、復古翼賛の功により終身禄千五百石を下賜されるに至った。

明治四年四月二十八日、宗城は欽差全権大臣として清国に使したが、これは維新以来における樽俎折衝の手腕を買われたのによるのであろう。宗城は外務大亟柳原前光・同権大亟津田真道を従えて、五月十七日東京を発し、上海を経由して天津に至り、六月十七日から直隷総督李鴻章と協議を重ね、七月二十九日、日清修好条規十八箇条および通商章程、海関税則を締結調印した。つづいて首都北京に入ったが、皇帝穆宗（同治帝）幼少のため、皇帝の叔父に当る恭親王と総理各国事務衙門に会して国書・贈品を呈し、九月十九日帰京した。その後宗城は修史館副総裁・麝香間祗候を命ぜられ、二十二年十一月には勲一等に叙せられて瑞宝章を賜わり、翌年十月旭日大授章を賜わった。そして二十五年十二月二十日、七十五歳で浅草今戸の邸で歿したのである。

伊達氏略系図

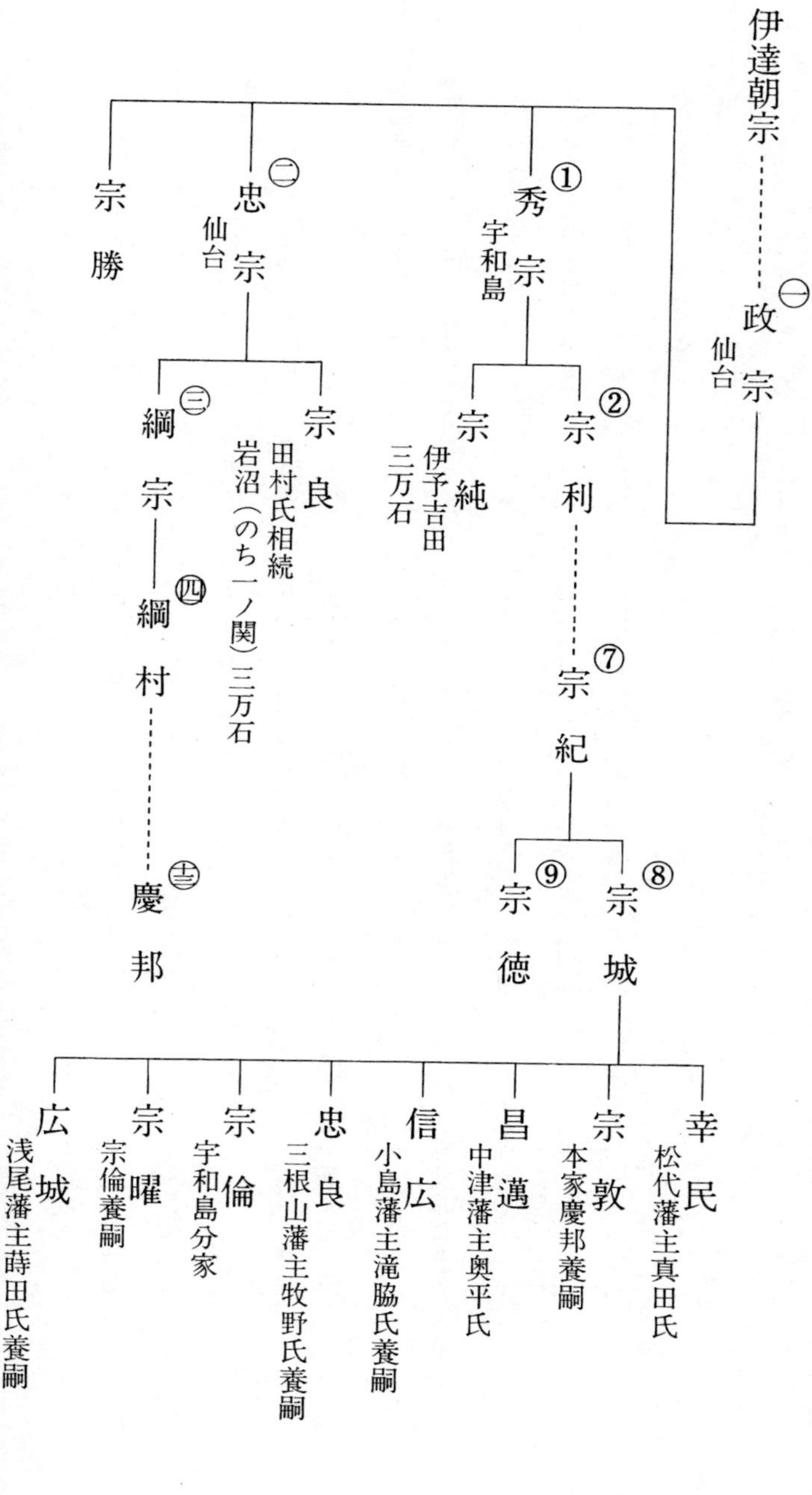

伊達朝宗
㊀政宗 仙台
①秀宗 宇和島
㊁忠宗 仙台
宗勝
②宗利
宗純 伊予吉田 三万石
㊂綱宗
宗良 田村氏相続 岩沼（のち一ノ関）三万石
㊃綱村
㊀慶邦
⑦宗紀
⑧宗城
⑨宗徳
幸民 松代藩主真田氏
宗敦 本家慶邦養嗣
昌邁 中津藩主奥平氏
信広 小島藩主滝脇氏養嗣
忠良 三根山藩主牧野氏養嗣
宗倫 宇和島分家
宗曜 宗倫養嗣
広城 浅尾藩主蒔田氏養嗣

二

伊達宗城関係の記録・文書は、かつて芝区三光町の伊達侯爵家に収蔵され、家史編纂所がその整理保存に当っていたが、今はすべて宇和島の別邸に移されている。史料は宸筆及詔勅類、御判物類、御系譜及御履歴類、御辞令書類、御家憲類、公文書及上書類、御直書類、御書翰類、御記録及御日記類などに分類され、御記録及御日記類の大半を占めるものは宗城公御手留日記であって、次の五十二冊から成っている。

弘化四年五月十五日から十二月晦日迄　四冊
嘉永元年正月九日から四月二日迄　一冊
同　六年四月廿七日から十二月晦日迄　四冊
安政元年正月元日から二年正月廿二日迄　六冊
同　二年二月五日から十二月廿日迄　五冊
同　三年正月十二日から四年正月四日迄　四冊
同　四年正月五日から五年正月六日迄　六冊
同　五年正月七日から六年三月六日迄　六冊

奉蒙御内勅上京始末密誌　一

文久三癸亥初冬依勅命上京前後手留　一冊

　同四甲子春正月十四日迄日誌　二　一冊

元治元、文久四甲子在京日録　三　一冊

慶応二丙寅九月十七日上京

　勅命ヨリノ手留　四　一冊

慶応三丁卯臘月再度上京日牒　五　一冊

蒙内勅上京日誌　五冊

明治二年二月十一日から閏十月五日迄　二冊

同　六年一月五日から十二月九日迄　二冊

同　八年一月一日から十一月廿日迄　一冊

同　九年一月一日から九月六日迄　一冊

日本史籍協会本「伊達宗城在京日記」は、御手留日記のうち「奉蒙御内勅上京始末密誌」から「慶応三丁卯臘月再度上京日牒」に至る五冊を刊行したものであって、「上京始末密誌」と「在京日録」をそれぞれ二巻に分ち、七巻として公刊したのである。

宗城は、在京日記の緒言に「文久以後世態漸く一変するに及び、朝廷の召に応じて上京する事前後四回、朝廷と幕府との間に立ちて周旋尽力の功頗る多く、島津久光・山内豊信・松平慶永と名声を等くし、世に四藩の称あり」と記されているように、第一回は文久二年十二月十八日入京して、翌三年三月二十七日退京、第二回は同三年十一月三日入京して、翌元治元年四月十一日退京、第三回は慶応三年四月十五日入京して、同年八月十八日退京、第四回は同年十二月二十三日の入京である。第一回上洛の目的とするところは、公武合体派の勢力を結集して尊攘の気勢を挫き、時局の匡救を図るにあったが、奔走は徒労に終り、空しく退京しなければならなかった。間もなく八月十八日の政変が起り、京都に漲っていた尊攘の気勢が衰えるという好機に恵まれ、宗城また入洛して（第二回）、朝議参予に任ぜられ、頻りに国事の周旋に努めたにも拘らず、将軍後見職一橋慶喜以下の幕府諸有司との間に意見の対立と感情の阻隔を生ずるという局面に直面し、帰藩を請うのやむなきに至ったのである。将軍慶喜の代となるに及んでは、宗城は重ねて入京して（第三回）、長州処分・兵庫開港二案件のため画策したのであったが、いぜん意見の行われざること多く、不満に堪えないで京を去っている。そして王政復古とともに宗城はただちに上京して（第四回）、新政府の要職に列し、献替の労を惜しまなかったのである。これら数度にわたる上洛は、島津久光・山内豊信・松平慶永のそれと前後して行われ、四侯の在京中の行動もおおむね同一歩調をとっていたので、左に表示しよう。

	伊達宗城	山内豊信	松平慶永	島津久光
(1)入京	文久2・12・18	文久3・1・25	文久3・2・4	文久3・3・14
退京	〃 3・3・27	〃 3・3・26	〃 3・3・21	〃 3・3・18
(2)入京	〃 3・11・3	〃 3・12・28	〃 3・10・18	〃 3・10・3
退京	元治1・4・11	元治1・2・28	元治1・4・19	元治1・4・18
(3)入京	慶応3・4・15	慶応3・5・1	慶応3・4・16	慶応3・4・12
退京	〃 3・8・18	〃 3・5・27	〃 3・8・6	〃 3・8・15
(4)入京	〃 3・12・23	〃 3・12・8	〃 3・11・8	—

三

文久二年の後半は諸大名の京都に上る者が陸続相次ぎ、参勤交代の制度が弛んで朝覲の制度がこれに代ろうとした時であった。伊達宗城もまた、藩主の宗徳が江戸を発して帰藩の途中、文久二年十二月二十七日、関白近衛忠熈邸に参候して天機を奉伺したが、その際、宗徳は、「父伊予守にハ先年以来殊に国忠丹誠之趣、兼達叡聞候。上京も有之、正論被聞食候ハ、可為御満足御沙汰候事」の内勅を賜わっており（日記、四—七頁）、十二月二日宇和島出発、十八日着京して、寺町四条下ル浄光寺の本陣に入った。そして翌三年正月三日、因州藩主池田慶徳（よしのり）（相模守）・長州藩世子毛利定広（長門守）・土佐藩主山内豊範（土佐守）・徳山藩主毛利元蕃（もとみつ）（淡路守）等とともに参内、小御所において竜顔を拝し、天盃を賜わる栄に浴した。

文久二年十二月二十六日、宗城は池田慶徳（徳川斉昭の第五子、一橋慶喜の兄）および肥後藩主細川慶順の弟長岡護美（良之助）とともに連署して、幕府は攘夷の朝旨を奉承しているのであるから、以後は在京諸侯の国事周旋をやめ、帰藩して内外のことに専念させるべきであると近衛関白に建議し、二十八日には関白邸に伺候して、中山忠能（権大納言）・正親町三条実愛（同）・飛鳥井雅典（権中納言）・三条実美（同）・阿野公誠（参議）等の議奏、坊城俊克（権中納言）・野宮定功（参議）の両武家伝奏の参集を求め、重ねて前説を主張した。当時、京都において声望が高かったのは長州・土佐の両藩であり、両藩は少壮気鋭の廷臣である三条および姉小路公知（右近衛権少将）と結んで尊攘を実現しようと画策していたのである。宗城等としては、長土両藩の勢力を京都から排除し、三条・姉小路等の後援を絶つことを考えたのであったが、「勤王之心も薄くヤ、将軍上洛前にも追々成候故、機嫌取いたし候ヤ」と、異論紛出してついに決定をみるに至らなかった（二六―三三頁）。宗城上京後、京都守護職である会津藩主松平容保（肥後守）が着任し、つづいて将軍後見職一橋慶喜・前土佐藩主山内豊信（容堂）・政事総裁職の前越前藩主松平慶永（春嶽）等も入京したので、公武合体派諸侯はしばしば会合して対策を凝議し、政局の不安は政令二途に出るためであり、この際幕府から断然政権を朝廷に返上するか、朝廷から重ねて庶政を幕府に委任するか、二者いずれかに決するのでなければ、治安は望まれないということに一決した。その結果三年三月四日、十四代将軍家茂が二百有余年の廃典を興して上洛するや、翌日、慶喜はまず参内して庶政委任の勅書を授けられたいと奏請して、優諚を賜わり、七日には家茂また参内して、勅諚の恩命を言上するところがあったのである（一六三―一六六頁）。

しかし尊攘派廷臣の活動は尊攘志士の活躍と相呼応してさかんを極め、政令はいぜん二途に出る有様を繰返するに過ぎなかった。かねて上京を延期していた薩摩藩主島津茂久の生父久光はようやく三月十四日に入京し、ただちに近衛前関白邸を訪れて中川宮尊融親王（朝彦親王、賀陽宮・久邇宮）・関白鷹司輔熈・慶喜・豊信等の参集を求め、浮浪の士の暴説を採用することの不当など、平素抱懐する意見を開陳したが関白以下黙して答えず、久光は不満に堪えないで、知恩院の旅宿に入った。十六日、宗城は久光を旅宿に訪ね、「知恩院島津へ参面晤、如旧知已心緒吐露、中く人傑也」と批評している（一七七頁）。しかし久光は滞京するのも無益と考えて、十八日帰藩の途につき、慶永も政事総裁職を辞せんことを請い、許可されないにも拘らず、二十一日無断帰国し、豊信と宗城はいずれも暇を乞うて、正式に離京したのである。公武合体のために力を尽す諸侯がなく、尊攘派は名を攘夷親征に借りて、討幕の決行を画策するという、逼迫せる情勢が訪れた。

尊攘派の勢力は、文久三年八月十八日の政変によって忽ち衰え、公武合体派は再びその勢力を挽回した。政変は会津・薩摩二藩の連合によって行われたが、主謀者は会津でなくむしろ薩摩であり、十九日、前関白近衛忠熙・権大納言忠房父子は久光に兵を率い、急ぎ上京することを命じている。つづいて二十八日には豊信に、さらに晦日には宗城に対し、それぞれ召命が伝えられた。従って久光は兵一万五千を率いて十月三日上京し、つづいて宗城と豊信も入京し、いったん帰府していた一橋慶喜もこれと前後して京都に入り、無断帰国で朝譴を蒙っていた慶永も、勅免の御沙汰を拝して入京したのであった。

宗城は十月十七日宇和島出発、翌十一月二日伏見に着いたが、薩摩藩士高崎佐太郎（正風）が訪れて、政変の顛末を詳細に報告している。これによると、高崎がまず尊攘派を排撃する計画をたてて、会津藩士の秋月悌次郎（胤永）等の賛成を求め、中川宮および前関白近衛忠熙父子・右大臣二条斉敬等を歴訪して、宮廷方面との連絡を密にし、宮より上奏、大事を決行するに至った経緯が窺われて、すこぶる興味を覚える（二〇八—二一四頁）。翌三日、宗城は入京して大雲院の旅宿に入ったが、薩藩士高崎猪太郎（友愛）が来訪、筑前藩家老黒田山城（増熊）から依頼されたとして、三条実美等の帰京に関する意見を求められている。越えて九日、宗城は参内して謁を賜わり、二十四日には新嘗祭を拝観するを許され「内侍三人ハ盛服ヲ庭上ゾロ〳〵引ク、実ニ神代もかくかと覚、難有奉存候、禁中女房之姿初テみる、実天乙女とも可申候」の感慨を洩らしている（二四四—二四六頁）。

宗城は以前から中川宮の知遇をうけていたが、今次の入京により、宮とはいっそう昵懇を加えたようである。恰も尊攘派は、宮が薩会二藩と協力して、己れらを排撃する政変を決行したことを恨み、宮は皇位簒立の奸謀をめぐらしているとか、呪咀鴆毒の密計をもくろんでいるなどと、さかんに中傷した。そのため十二月七日、宗城は慶喜・慶永・容保・久光をはじめ筑前藩世子黒田慶賛（よしすけ）（長知、下野守）・所司代稲葉正邦（長門守、淀藩主）・肥後藩主細川慶順弟長岡護久・同護美等とともに連署上表して、宮に関する浮説の事実無根なることを述べ（二五九―二六〇頁、二六五―二六八）、ついに宮の冤罪は雪がれ、浮説また消滅することとなった。越えて二十八日、宗城は慶喜・慶永・容保とともに再び連署の書を上り、前勧修寺門主済範法親王に還俗・親王宣下の沙汰あらんことを奏請した。済範法親王は伏見宮邦家親王の王子で中川宮の兄に当るが、失行あって勅勘を蒙り、久しく蟄居していたが、英邁の聞えが高かったため、諸侯は二十八日の奏請後もしきりに推戴の運動を進め、異論があったが（二八七頁）、元治元年正月九日、済範は旧譴を解かれて還俗を命ぜられ、のち山階宮の称号を賜わり、晃親王を唱えることとなったのである。

当時公武合体派諸侯の中心人物は島津久光であったが、久光は「公卿方優柔不断実に言ふへからず、已に決したる事も容易に実施せられず、斯てハ武家にて如何ほと勇決するも其詮なく、到底大事は行はれかたし、故に賢明諸侯を朝廷に召され、議奏の内に加へられ然るへし」（続再夢紀事第二、二七二頁）

と主張し、諸侯もこれに賛成、朝廷に対ししきりに入説した。かくて十二月晦日に至り、一橋慶喜・松平容保・松平慶永・山内豊信および伊達宗城の五人は朝議参予を命ぜられたが、久光のみは無位無官であるため遅れ、翌元治元年正月十三日、従四位下左近衛権少将に叙任されると同時に、参予の命を拝するに至ったのである。

　在京の諸侯は朝命を蒙って朝政に参与し、公武合体の運動を進めることになったが、幕府と慶喜と諸侯との関係は複雑をきわめ、政見の相違、感情の阻隔に妨げられて、成果を挙げることができなかった。すなわち幕府有司の多くは、水戸藩の勢力を背景とする慶喜に対し、必ずしも好意を寄せておらず、参予諸大名の国事周旋の如きもこれを忌憚し、慶喜が参予諸大名と気脈を通ずることが多いのを見ては、幕府の為を思わない者であると猜疑した。いっぽう参予諸大名としては、天下の耳目を一新する施策が行われないのは、慶喜の奮起が足らないためであると速断して、不満の意を洩らし、二月十一日、慶永・豊信・宗城・久光等は連署して長文の建議書を慶喜に提出し、英断をもって革新の実を挙げ、上は宸襟を安じ奉り、下は衆庶の要望に副うべきであると論じた。しかし施政はいぜん因循姑息に流れざるを得ない。四侯は幕府・慶喜の態度に失望して、豊信がまず帰藩し、つづいて宗城も「已刻後発京地、首尾能立ハ実不堪雀躍、亦爾後禁闕之御事変動之義考候テハ、一歩〳〵願望いたし候様也」（四二五）と衷情を述べて離京し、さらに久光・慶永も闕下を辞した。いったん雄藩の間に成立した公武合体派の連合は破れて、情勢は俄に不安となったのであった。

四

慶応二年六月、幕府は第二回征長の役を起したが、戦況幕府に不利であった折しも、将軍家茂は大坂城中で薨じ、一橋慶喜は宗家を相続して、長州藩と休戦協定を結んだ。九月七日、朝廷は慶喜の奏請を容れ、時局匡救のため二十四藩の藩主・前藩主・藩世子に上京を命じ、宗城も召命をうけたが、病と称してしばらく猶予を請うた（四三一―四三三）。やがて慶喜は将軍を襲職し、兵庫開港・長州処分二案件の善後処理に当ることになったので、慶喜は慶応三年二月十九日、尾張・紀伊・肥後・因州の四藩主、前藩主である肥前の鍋島直正（閑叟）・越前の松平慶永・土佐の山内豊信・宇和島の伊達宗城ならびに島津久光に令して、兵庫開港奏請の可否に関し、三月二十日までに意見を具申せしめ、かつその上京を促すところがあった（四三五―四三六）。よって久光まず入京し、つづいて宗城・慶永も着京したが、豊信はかなり遅れてから京地に入ったのである。

文久三年から元治元年にわたる京都滞在中、四侯は慶喜と意志の疏通を欠くこととなって、不平の余り帰国したが、今また四侯と慶喜との間に確執が生じて、政局を紛糾させたのもやむを得ない。五月十九日、慶永・宗城・久光の三人は二条城に上り（豊信は病気欠席）、老中板倉勝静（伊賀守、備中松山藩主）等と会見した後、将軍慶喜に謁し、まず長州の処分を行って、幕府反省の実を天下に示すことが先決であり、その後に兵庫を開くべきであると進言したが、慶喜は、兵庫開港を延期することができないと述べて応じなかった。四藩が先後緩急の順序があるとして、長州処分を主目的としていたのに反し、慶喜は兵庫開港の勅許を求めることを主眼と考え、両者の意見は全く対立したが、二十三日、慶喜は老中・所司代を従えて参内し、長藩を寛典に処するとともに、兵庫開港の勅許の二件を奏請した。朝議は容易に決しなかったが、慶喜の態度は強硬をきわめ、翌二十四日夜、奏請を聴許せられたのである（四八一―四九四頁）。宗城はその感想を日記に「大樹公今日之挙動、実ニ朝廷ヲ軽蔑之甚歟、絶言語候」と洩らしている。

幕府有司はかねてから四侯の上京を喜ばず、四侯また意見の行われないことが多いので失望し、豊信まず京を去り、やや遅れて慶永・久光・宗城が帰藩の途についた。四侯は文久以降、公武合体派として朝廷と幕府との間を調停することに努め、しぜん幕府との関係が円満を欠くに至ったが、仔細に観察するに、四藩の連携も決して強固なものではなかった。四藩の中心的存在であったのはもちろん薩藩であるが、慶応末年には薩藩は公武合体に甘んずることなく、長州と結んで反幕・討幕の行動をとろうとしている。いっぽう越前・土佐・宇和島の三藩は、その歴史的関係から幕府に背くことのできない立場にある。このことは、慶永・豊信・宗城が慶応三年の末、四度上京を試み、徳川氏の勢力を存続させることに奔走した事実に明らかであろう。

伊達家所蔵宗城関係史料の執筆に際し、畏友吉田常吉氏から特に助言を与えられた。同氏に対し謝意を表する。

伊達宗城在京日記

日本史籍協會叢書 139

大正五年四月二十五日發行
昭和四十七年十二月十日覆刻

編者 日本史籍協會
代表者 森谷秀亮
東京都三鷹市大澤二丁目十五番十六號

發行者 財團法人 東京大學出版會
代表者 福武直
一一三 東京都文京區本郷七丁目三番一號
振替東京五九九六四電話(八一一)八八一四

印刷・株式會社 平文社
本文用紙・北越製紙株式會社
クロス・日本クロス工業株式會社
製函・株式會社 光陽紙器製作所
製本・有限會社 新榮社

日本史籍協会叢書 139
伊達宗城在京日記（オンデマンド版）

Digital Publishing

2015年1月15日 発行

編　者　　日本史籍協会
発行所　　一般財団法人　東京大学出版会
代表者　渡辺　浩
〒153-0041　東京都目黒区駒場4-5-29
TEL 03-6407-1069　FAX 03-6407-1991
URL http://www.utp.or.jp

印刷・製本　　株式会社 デジタルパブリッシングサービス
TEL 03-5225-6061
URL http://www.d-pub.co.jp/

AJ038

ISBN978-4-13-009439-9　　Printed in Japan